Der Verlag der Mönche
von Münsterschwarzach

Aufrichtig den eigenen Weg gehen

Ein Mutmacher aus dem Kloster

Vier-Türme-Verlag

2. Auflage 2005

Textauswahl und Lektorat: Dr. Matthias E. Gahr, Dr. Richard Reschika
Umschlaggestaltung: Elisabeth Petersen. München
Umschlagmotiv: P. Gunther Kornbrust OSB,
Kreuzgang der Abtei Münsterschwarzach
Satz und Gesamtherstellung: Vier Türme GmbH – Benedict Press,
Münsterschwarzach

ISBN: 3-87868-327-8

Inhalt

Aufrichtig den eigenen Weg gehen – im Umgang mit anderen

Aufrichtig den eigenen Weg gehen – auf der Suche nach Gott

Aufrichtig den eigenen Weg gehen – im Leben mit Gott

Aufrichtig den eigenen Weg gehen – in Alltag und Familie

Aufrichtig den eigenen Weg gehen – im Umgang mit Gottes Schöpfung

Vorwort

Lange, lichtdurchflutete Gänge sind typisch für Klöster. Wer dort geht, geht nicht einfach nur, er wandelt! Über ihm erhebt sich ein freier Raum, um ihn herum ist es luftig. Und wer dann die Klosterkirche betritt, der hat so viel Platz über sich, dass er sich aufrichten kann.

Das ist der Sinn von Klöstern. Mindestens fünfmal am Tag gehen die Mönche in die Kirche, sie verbeugen sich vor Gott – und richten sich jedes Mal selbst dabei auf. Denn wie viel ist im Menschen, das ihn niederdrückt und beschwert? Es sind die alltäglichen Sorgen, die Sorgen um die Nächsten, die Probleme in Beruf und Familie. Zunehmend verkrümmen wir uns auch, weil der Druck in Arbeitsmarkt und Gesellschaft zunimmt, Unsicherheit und Angst lassen den Blick eng werden.

Deshalb machen es immer mehr Menschen wie die Mönche. Sie richten sich wieder auf, indem sie den Blick auf das Wesentliche richten, auf Gott. Sie finden Ihr Vertrauen wieder, zu sich selbst und ins Leben. Und so können sie sich auch in einer sich rasch verändernden Welt wieder orientieren. Sie hängen ihr Herz lieber an das Bleibende als an das Vergängliche. Sie müssen sich nicht mehr verdrehen, sondern können aufrichtig sein.

Der Vier-Türme-Verlag, der Verlag der Benediktinermönche von Münsterschwarzach, will genau diesem Anliegen dienen. Aus Anlass seines 50-jährigen Bestehens legt er ausgewählte Texte seiner Autoren vor. Weit über die Hälfte von ihnen sind Ordensleute. Sie versuchen, anderen an ihren Erfahrungen Anteil zu geben.

Der Weg zum aufrechten und lebendigen Leben beginnt, das ist schon die Erfahrung der frühen Wüstenväter, bei der aufrichtigen

Wahrnehmung seiner selbst. Wenn ich zu mir selbst JA sage, wie ich bin, bin ich schon ganz nah an Gott dran, der unbedingt JA zu mir sagt. Selbsterkenntnis kann dabei durchaus zunächst schmerzhaft und unangenehm sein. Weil die Mönche das wussten, schlossen sie sich bereits früh zu Gemeinschaften zusammen. Denn der Mitmensch, mit dem ich das Leben teile, spiegelt mir besonders schonungslos, wie ich bin. Doch gerade wo zwei oder drei beisammen sind, darf sich der Christ von seinem Gott umgeben wissen. Die Übung des fairen und frohen Zusammenlebens bleibt allerdings eine Aufgabe bis zum Ende.

Auf diesem Weg finde ich, wen meine Seele schon die ganze Zeit suchte. Auf einmal steht er da. Vielleicht gerade dann, wenn ich nicht mit ihm rechne. Festhalten kann ich den Geliebten meiner Seele aber nicht. Die Suche geht weiter. Aber ich kann mich immer weiter in seine Gegenwart einüben, in der wir leben, uns bewegen und sind. Ich kann lernen, mit ihm zu sprechen, was wir »Beten« nennen. Und wenn ich lang genug auf dem Weg bleibe, sogar das Gebet ohne Worte, das reine Schauen der Kontemplation erleben.

Die Gebete der Mönche sind immer kurz. Der Weg von der Kirche zum Refektorium ist mindestens so erfreulich und aufbauend wie der in die Kirche. Und nach dem Ora kommt wieder das Labora, die Arbeit. Was wir in der Kirche erlebt haben, muss sich jetzt bewähren. Jesus ist auch nicht auf dem Berg der Verklärung geblieben. Jetzt heißt es wieder, sich den scheinbar niederen Realitäten des Alltags, der Familie, des Berufs zu stellen. Doch auf dem Weg hat sich etwas gewandelt. SEINE Spuren sind überall zu finden. In ihnen finde ich – mich.

P. Dr. Mauritius Wilde OSB
Verlagsleiter

Aufrichtig den eigenen Weg gehen – im Umgang mit sich selbst

Wo unsere Schwächen liegen, da liegen auch unsere Stärken

Johanna Domek

In einem jeden Menschen liegen ganz verschiedene Kräfte und Neigungen. Allgemein kann man sagen: Wo unsere Schwächen liegen, da liegen auch unsere Stärken; und umgekehrt: Wo unsere Stärken liegen, da liegen auch unsere Schwächen. An diesem Punkt geschehen auch die häufigsten Sünden. Jemand sagte: Wir sündigen stets im Bereich unserer stärksten Gaben.[1] Und diese beiden Dinge hängen unlösbar zusammen: Die Erkenntnis unserer Sünden und die Erkenntnis der uns geschenkten Gaben.

Über die Sünde nachzudenken, ist sinnvoll, denn dabei entdecken wir unsere große Bedürftigkeit vor Gott, unsere Leere und Armut, und die Sehnsucht nach Gott wächst daran, – so wie man sich bisweilen an finsteren Tagen nach dem warmen Licht der Sonne sehnt. Aber wir wollen jetzt einmal miteinander auch über die andere Seite, die damit zusammenhängenden Gaben, nachdenken. An den Heiligen mit ihren so ausgeprägten Charakteren wird das Gemeinte besonders deutlich. Sehen wir beispielsweise auf die Apostelfürsten Petrus und Paulus.

Petrus, der in allem immer vorneweg ist, spontan und unüberlegt, gerade er wird von Christus in Dienst genommen für die Leitung der ersten Christengemeinde. Da ist er zwar auch ein paar Mal zaghaft, z.B. als es um die Form geht, in der Nicht-Juden in die aus dem Judentum erwachsende Christengemeinde aufgenommen werden sollen. (Gal 2,11 ff) Aber seine Spontaneität, seine Bereitschaft, Christus ins Neuland nachzufolgen, vom Geist der Liebe Gottes getrieben ganz neue Dinge zu wagen, die bleibt vorherrschend, stärker. Denken Sie an den Traum des Petrus in Joppe, und wie er ohne jedes Zögern mit den gerade ankommenden Leuten des Hauptmanns Kornelius mitgeht. (Apg 10,9–23a) Andererseits sündigt Petrus aber auch durch sein vorlautes Wesen, und das wohl nicht nur bis zum Kreuzestod Jesu, sondern auch später noch. Beides muss man sehen, Stärke und Schwäche. Wir können uns nur entscheiden: entweder wir nehmen den Petrus so an, wie er ist, oder wir sagen: »Wenn der so ist, so vorlaut, mir so auf die Nerven geht damit, dann soll er mir lieber nicht zu nahe kommen.« Nun, ich denke, den Petrus nehmen wir wohl so an, wie er ist, so im Nachhinein, da wir ihn nur noch den »heiligen Petrus« nennen. (Wie das wohl wäre, wenn der heilige Petrus heute in unserem Konvent lebte?) Aber wir müssen uns auch selbst so annehmen – und irgendwann auch die Menschen um uns herum, so wie sie sind. Genauso wünschen wir es ja für uns selbst von den anderen.

Sehen wir noch auf den inzwischen heiligen Paulus. Er hatte ja eine manchmal unheimliche Energie. Es ist ein und dieselbe Energie, die ihn antreibt, erst die junge Christengemeinde so fanatisch zu verfolgen und später das Evangelium durch alle möglichen Städte und Gegenden bis nach Rom hin zu verkündigen. Seine Schuld und sein Verdienst kommen aus der gleichen Quelle. Und in dem Maß er die Schuld der Vergangenheit von Christus heilen und in Dienst nehmen lässt, wird sie ihm zur Quelle innerer Gaben. Paulus war auch nach seiner Bekehrung vor Damaskus kein einfacher, friedlicher Mensch, mit dem sich leicht auskommen ließ. Erinnern Sie sich nur daran, wie er nach Jerusalem kommt und nur allmählich Zugang zur Jüngergemeinde findet. Dort bringt er soviel Unruhe ins gerade wachsende Gefüge der Gemeinde (in dieser Zeit streitet er sich viel mit den Hellenisten), dass man ihn nach Cäsarea bringt und von dort nach Tarsus zurückschickt. (Apg 9,28ff) Später erst holt ihn Barnabas von dort in die neue Gemeinde nach

Antiochia. (Apg 11,25f) Mit Paulus war nicht leicht auskommen. Aber die Spannung, die er in sich trug, die trieb ihn auch weiterzugehen, die trug das Evangelium zu den Heidenvölkern. Beides gehört zusammen, Stärke und Schwäche. Und wir können nicht nur die Hälfte nehmen. Und wie arm wären wir dran ohne Leute wie Paulus.

Auch mit den Gaben, die Gott uns schenkt, geht es ähnlich. Wir sollten das ganz nüchtern und demütig sehen. Wer empfindsam ist, ist auch leicht empfindlich. Wer kraftvoll ans Werk geht, wird manchmal auch grob. Wer wachen Sinn für Gerechtigkeit in der Welt hat, ist bisweilen schnell zu kritisch und mürrisch. Wem die Gabe des Sprechens, des Wortes eigen ist, der kann Gemeinschaft aufbauen, damit aber unter Umständen auch rasch das Gespräch an sich reißen, so dass die Menschen mit den leisen Tönen nicht durchkommen. Wer den Überblick hat und gut organisieren kann, redet den andern auch leicht in deren Sache herein. Stärken und Schwächen sind wie die zwei Seiten einer Münze. Was sollen wir also damit anfangen?

Ich meine, wir sollten anfangen, unsere starken und schwachen Seiten zu bejahen und anzunehmen wie eine Mutter ihre gottgeschenkten Kinder (in unserem Fall sind es Zwillinge), die die Zuwendung und Zärtlichkeit der Mutter übrigens gerade, wenn etwas schlimm ist und weh tut, am meisten brauchen. Beginnen wir wieder einmal damit, uns selbst anzunehmen. Nennen wir ruhig, ganz ehrlich und in großer Selbsterkenntnis die Stärke: Stärke, und die Schwäche: Schwäche. Wir werden uns daran freuen können und daran zu leiden haben. Und dann wollen wir all das nehmen, was wir – wie eine Mutter ihre Kinder – in die Arme geschlossen haben, und es Gott hinhalten und schenken, so stark und schwach wie es ist, damit er alles segnet, wie er die Kinder der Mütter im Evangelium gesegnet hat. Gerade die schwierigsten Kinder brauchen am meisten den Segen, gerade an unseren vermeintlich schwächsten Stellen brauchen wir den Herrn, der uns heilt und segnet. Seien wir da mindestens so hartnäckig wie die

Mütter im Evangelium. (Lk 18,15ff) Ich glaube, wir sollten das Verwundete und Böse in uns viel öfter verschenken. Und wenn wir uns so selbst wieder einmal angenommen und zu Christus getragen haben, uns ihm anvertraut haben, dann wollen wir auch versuchen, die andern um uns geradeso anzunehmen und zu Christus zu tragen. Denn wir wissen, wie sich der Mensch fühlt in seiner Armseligkeit und Bedürftigkeit. Eigentlich dürfte es uns da gar nicht so schwer fallen, die andern zu verstehen, die sich genauso ertragen müssen wie wir uns.

Das meint ja der hl. Benedikt im 72. Kapitel seiner Regel, wo er vom »guten Eifer, den die Mönche (und Nonnen) haben sollen«, spricht. Zweimal zitiert er in seiner Regel aus dem Römerbrief (Röm 12,10) den Vers: »Übertrefft einander in gegenseitiger Achtung«: in Kapitel 63 »Über die Rangordnung in der Klostergemeinde« und eben hier in Kapitel 72. Es ist bemerkenswert, wie Benedikt an dieser Stelle fortfährt, wo er von der gegenseitigen Achtung spricht. Er sagt: »Sie sollen ihre leiblichen und charakterlichen Schwächen in größter Geduld aneinander ertragen.« (Regel Benedikts 72,5) Achtung nicht nur da, wo wir und andere glänzen, sondern Achtung vor dem andern an den Schwachstellen; wirklich ertragen, tragen, wie die Freunde den Gelähmten auf der Bahre zu Christus trugen. (Lk 5,19) Jeder von uns braucht solche Freunde und kann ein solcher Freund sein. Tragen wir uns gegenseitig zu Christus. Beten wir, jede einzelne, heute Abend noch für eine andere Schwester, mit der wir vielleicht etwas Schönes erlebten oder aneinandergeraten sind oder die wir heute noch gar nicht angesehen haben. Probieren Sie es doch bitte, fünf Minuten lang wenigstens! Und tragen wir auch alle Welt, die uns heute begegnet ist, so zu Christus hin, jede Schwäche, jede Stärke, dankend und bittend. Und bleiben wir voll Vertrauen in dem Wissen, gerade dort, wo die Schwächen eines Menschen liegen, liegen auch seine – bisweilen verborgenen und unentdeckten – Stärken. Wenn Christus diese Stellen, die wir ihm nicht vorenthalten wollen, berührt, tauft, segnet und in Dienst nimmt, dann kann etwas Großartiges daraus werden! Sehen Sie sich die Heiligen an! Warum sollte es für Gott mit uns unmöglich sein? Beten wir so füreinander, bringen wir einander und die ganze starke und schwache Welt zu Jesus, wie eine Mutter ihre Kinder, wie die Freunde den Gelähmten, wie eine Schwester ihre Geschwister.

1 M. & D. Linn, Beschädigtes Leben heilen. Was Gebet und Gemeinschaft helfen können. Graz 1984/4, S. 171.

Sagen Sie ja zu sich selbst!

Reinhard Abeln, Anton Kner

Schwächen gehören zum menschlichen Wesen

»Du wagst dein Ja – und erlebst einen Sinn, Du wiederholst dein Ja – und alles bekommt Sinn. Wenn alles Sinn hat, wie kannst du anders leben als ein Ja!« Diese Worte stammen von Dag Hammarskjöld (1905–1961), dem früheren UN-Generalsekretär. Aus ihnen wird deutlich, worauf es letztlich im menschlichen Leben ankommt:

Mit dem Wörtchen »Ja« lässt sich alles umschreiben, was einen Menschen zum Menschen macht. Dieses kleine Wörtchen, das zugleich das kürzeste in der deutschen Sprache ist, sagt konkret aus, worin das Menschsein im tiefsten besteht und worum sich jeder von uns nach Kräften bemühen sollte.

Bernhard Rieger, Weihbischof der Diözese Rottenburg-Stuttgart, schreibt: »Viele Menschen können nicht ja sagen, nicht zu sich selber, nicht zu unserer Welt und auch nicht zu Gott. Belastende Fragen bedrängen sie. Ungewissheit, Zweifel, Widerspruch, Protest, Angst. Das Nein kommt ihnen eher auf die Lippen als das Ja. Deshalb brauchen wir Menschen, die das Ja vorleben und so Rechenschaft geben von der Hoffnung, die sie erfüllt.«

Auf ein Ja kommt es im Leben besonders an: das Ja zu sich selbst. Was bedeutet dieses Ja?

Ja bedeutet: Es ist so. Ich leugne es nicht. Ich bin so und so. Dies und jenes habe ich getan. Ich will nichts beschönigen. Ich bekenne mich dazu.

Ja bedeutet, dass ich zu meinen Fehlern, zu meinen Dummheiten stehe, dass ich sie nicht wegleugne, nicht abstreite, mir und den anderen nichts vormache.

Ja bedeutet, dass ich meine Krankheit annehme. Ich lege die Karten offen auf den Tisch und bekenne mich zu meinem Kranksein.

Ja bedeutet also: Ich bekenne mich zu etwas, gestehe mir (und anderen) etwas ein. Ob und wie dies gelingt, hängt von der Ehrlichkeit, besser gesagt von der Demut ab, die ich aufzubringen imstande bin. Es ist natürlich, dass ich mit 70 nicht mehr kann, was ich mit 40 spielend konnte.

Doch damit nicht genug. Ja bedeutet auch: Ich rücke mit der Sprache heraus. Ich spreche darüber, was mich bewegt, bedrückt, bekümmert. Der Volksmund sagt mit Recht: »Fressen Sie nicht alles in sich hinein! Werden Sie die Sache los, die Sie schon so lange umtreibt!«

Das ist ein Problem für diejenigen, die bisher alles in sich hineingedrückt haben, die versucht haben, ihre Fehler oder ihr Kranksein zu verschweigen, die alles vor ihrer Umwelt verheimlichen wollten. Dennoch gilt: Viele Probleme können nur gelöst werden, wenn man sie ausspricht und damit aus sich hinausbricht Der Mensch ist auf Kommunikation hin geschaffen. So weiß es bereits der biblische Schöpfungsbericht: »Es ist nicht gut, dass der Mensch allein sei, wir wollen ihm eine Gehilfin geben, die ihm entspricht.« Jeder Mensch braucht jemanden, der »seinem Herzen nahe steht« (Martin Buber), dem er alles sagen kann, was ihm auf der Seele liegt.

Ja bedeutet aber schließlich noch etwas: Ich bin mir nicht böse, weil ich so bin und dieses und jenes getan habe. Eine solche Haltung verlangt allerdings nicht nur Ehrlichkeit, sondern auch ein beachtliches Maß an menschlicher Reife.

Es gibt Menschen, die es sich nie verziehen haben, dass sie Fehler gemacht haben. Andere wollten es nicht wahrhaben und auch nicht annehmen, dass sie krank geworden sind. Sie wollten immer ihren »Mann stehen«, eine »gute Figur machen«. Niemand sollte merken, dass sie etwa unglücklich und gedrückt waren.

Irgendwo stand einmal der schöne und zutreffende Satz geschrieben: »Im Ja-sagen offenbart der Mensch nicht nur seine Wahrhaftigkeit, sondern auch seinen inneren Adel. Es ist keine Schande, schwach zu sein, Angst zu haben, versagt zu haben, hinter dem Soll zurückzustehen.« Wir leben in keiner heilen Welt.

Kein Mensch kommt in absoluter Vollendung vor. Der Mensch ist zwar das genialste, aber auch das anfälligste Wesen, das es gibt. Schwächen gehören zu seinem Wesen. (Nebenbei: Orientteppiche, die nicht hier und da kleine Webfehler aufweisen, sind dem Kenner verdächtig ...)

Leider trifft man immer wieder auf Menschen, die andere wegen ihres Versagens hochnäsig aburteilen: »So etwas nennt sich Hausfrau, Akademiker, Lehrer...« Oder: »So etwas nennt sich Christ...« Wer so handelt, ist nicht nur naiv, sondern lieblos; er weiß nichts vom Leben, hat keine Ahnung, was in einem Menschen steckt.

Wir haben große Vorbilder

In der Heiligen Schrift stoßen wir auf große Gestalten, die sich zu ihren Fehlern und Schwächen bekannt haben, die ihre Ängste und Nöte eingestanden haben, die sich so angenommen haben, wie sie sind, kurzum: die Ja gesagt haben.

Der alttestamentliche Prophet Jeremia (einer der größten religiösen Geister der Menschheit) zum Beispiel hat eingestanden, dass er am Ende ist und mit Gott nicht zurechtkommt. (Jer 20,1ff) In seiner Verbitterung macht er sogar Gott den Vorwurf, dass er an seinem Unglück schuld sei, und verflucht sein Schicksal; doch bald ringt er sich wieder zu neuem Vertrauen durch. Er ähnelt darin Hiob.

Auch der Apostel Paulus hat ja gesagt und sich so angenommen, wie er ist. Er war ehrlich genug, um einzugestehen, dass er »in Schwäche und in Furcht, zitternd und bebend« (1 Kor 2,3) nach Korinth gekommen ist, um dort das Zeugnis Gottes zu verkündigen.

Sogar Christus hat am Ölberg ein Geständnis abgelegt und gesagt: »Ich bin zu Tode betrübt« (Mt 26,38) Angst und Traurigkeit – biblische Übersetzung für Niedergeschlagenheit, Depression – ergriffen ihn, als er im Garten Getsemani zu Petrus und den beiden Söhnen des Zebedäus diesen Satz sprach und noch hinzufügte: »Bleibt hier und wacht mit mir!«

Übrigens: Christus hat sich in seiner Situation ausgesprochen. Er hat zu seinem Vater im Himmel gebetet. Und diese Aussprache, dieses Gebet hatte »Erfolg«. Die Niedergeschlagenheit hat sich zwar nicht in Jubel verwandelt, aber Jesus stand auf, ging seinen Leidensweg: »Und es kam ein Engel und stärkte ihn.« (Lk 22,43)

Wenn dieses »Problem Nummer eins«, das Ja – zu sich selbst, zu seinen Fehlern, zu seiner Krankheit, zum Nachlassen seiner Kräfte – gelöst wird, ist ein wesentlicher Schritt getan, um das Leben sinnvoll – und christlich – zu bewältigen. Das kostet zwar manchmal viel Kraft und Selbstüberwindung, aber man sollte sich stets darum bemühen.

Gott kennt uns

Ein Psalmwort kann uns Mut machen, wir selbst zu sein. Es weist uns darauf hin, dass wir nicht nur vor den Menschen leben, sondern vor allem vor Gott. Er kennt uns. Vor ihm brauchen wir nichts zu verbergen. Ihm brauchen wir keine Rolle vorzuspielen.

Vor Gott dürfen wir wir selbst sein. Seinem Urteil stellen wir uns voll Vertrauen: »Herr, du hast mich erforscht, und du kennst mich. Ob ich sitze oder stehe, du weißt von mir. Von fern erkennst du meine Gedanken. Ob ich gehe oder ruhe, es ist dir bekannt. Du bist vertraut mit allen meinen Wegen.« (Ps 139,1–3) Christen sollten wissen, dass dieses Psalmwort helfen kann, den Mut zu finden, man selbst zu sein.

Sich selbst Freund sein

Anselm Grün

In Gesprächen höre ich oft die Klage: »Ich sehne mich so sehr nach Freundschaft. Aber ich habe keinen Freund. Immer wenn mir ein Mann, eine Frau, sympathisch ist und ich ihre Freundschaft suche, sind sie entweder abweisend oder sie haben schon einen Freund oder eine Freundin.« Ich frage dann oft zurück: »Bist du dir denn selber Freund? Du kannst die Freundschaft nicht erzwingen. Aber du kannst dir selber Freund sein.« Viele fragen dann: »Wie geht das denn?«

Wenn wir von der deutschen Sprache ausgehen, dann heißt, sich selbst Freund sein: sich selbst lieben, sich schonen, schützen, sich selbst beistehen, gut mit sich selbst umgehen. Wenn ich darauf fixiert bin, einen Freund oder eine Freundin zu bekommen, werde ich ständig enttäuscht werden. Aber zu mir selbst freundlich sein, das kann ich lernen. Allerdings ist das gar nicht so leicht. Wir haben ein ganz bestimmtes Bild von uns. Und oft genug lieben wir nur dieses Bild. Aber wir lieben uns nicht so, wie wir sind.

Was Matthias Claudius von der Freundschaft mit einem anderen schreibt, das gilt auch für die Freundschaft sich selbst gegenüber: Wolltest du am Freund »nur die liebenswürdigen Eigenschaften lieben und ehren, wofür wärst du denn sein Freund? Du musst deinen Freund mit Allem, was an ihm ist, in deinen Arm und in deinen Schutz nehmen«. Das ist einmal eine Sache der Entscheidung. Ich muss mich für mich selbst entscheiden, für meinen Leib, für mein Gewordensein, für meine Empfindsamkeit, für meine Stärken und für meine Schwächen. Es braucht den Willen dazu, auch die weniger liebenswürdigen Eigenschaften in mir zu lieben und zu ehren. Das verlangt, dass ich die Illusionen aufgebe, die ich mir von mir und meinem Leben gemacht habe. Erst dann werde ich fähig, auch das weniger Schöne und Gute in mir zu lieben und mich mit mir auszusöhnen. Versöhnen heißt von der Sprachwurzel her: küssen. Ich soll das küssen, was mir bei mir selbst am unangenehmsten ist. Dann werde ich das Liebenswürdige selbst in dem entdecken, was mir auf den ersten Blick am schwersten fällt, an mir anzunehmen.

Nach der Entscheidung für mich kommt die Freundlichkeit mir gegenüber. Ich muss mit einem milden Blick auf mich schauen, so wie ich geworden bin. Und ich muss versuchen, mich an mir selbst zu freuen, dankbar zu sein, dass ich bin und dass ich so bin. Wer gegen sich selbst wütet, wer hart ist gegen sich und seinen Leib, der wird auch nicht fähig sein, einem anderen Menschen freundlich zu begegnen. Selbst wenn er einen Freund oder eine Freundin möchte, wird der andere spüren, dass von ihm etwas Hartes und Abweisendes ausgeht. So wie wir mit uns umgehen, so wirken wir auch auf den andern, selbst wenn wir das Gegenteil möchten. Die unbewusste Ausstrahlung ist stärker als das, was wir bewusst wollen. Daher ist die wichtigste Bedingung, einen Freund geschenkt zu bekommen, sich selber Freund zu sein. Das können wir immer. Da brauchen wir nicht auf andere zu warten. Die Griechen sprechen von der »Philautie«, von der Freundschaft sich selbst gegenüber. Sie besteht in der Sorge um das eigene Selbst und das eigene Wohlbefinden als Voraussetzung, ein guter Freund sein zu können.

Zur Freundschaft gehören die Treue und das Aushalten. Wer meint, er müsse sich jedem anpassen, um bei ihm beliebt zu sein, der wird keine wirkliche Freundschaft erfahren. Wir müssen uns selbst treu sein, anstatt uns immer wieder zu verbiegen. Einem verbogenen Menschen möchte niemand Freund sein. Nur wenn einer zu sich selbst steht, sich selbst aushält, auch wenn ihm manches schwer fällt, wird er fähig zur Freundschaft. Dann weiß ein Freund, worauf er sich einlässt. Wenn der andere immer wieder zurückweicht, um sich anzupassen, weiß ich nicht, woran ich bin. Und ich verliere die Lust am andern. Denn ich spüre ihn gar nicht. Ich treffe ihn nicht an, weil er keinen Stand hat, an dem ich ihn berühren kann.

Oben sagte ich schon, dass von der deutschen Sprachwurzel her zur Freundschaft das »Schonen« gehört. Nur wenn ich mich selbst schone, wird der Freund spüren, dass er in meiner Nähe sein kann, ohne ständig verletzt zu werden. Ich schone mich, wenn ich aufhöre, mich selbst zu verurteilen und mich zu entwerten. Ich schone mich, wenn ich mich selbst behutsam und rücksichtsvoll behandle. Nur in einem Schonraum kann die zarte Blume wachsen und aufblühen. Ich muss mir selber einen Schonraum geben, damit ich zu der Blüte heranreifen kann, die Gott mir zugedacht hat. Und Freundschaft braucht einen Schonraum. Denn sie ist wie etwas Zartes und Verletzliches, das nur in einem Raum der Rücksichtnahme und Behutsamkeit gedeihen kann.

Glauben als Weg zum wahren Selbst

Anselm Grün

Was in uns durch Jesus Christus geschehen ist, und wer wir durch ihn geworden sind, das sagt uns vor allem das Johannesevangelium. In diesem Evangelium begegnen wir Jesus weniger als dem, der die Menschen heilt und ihnen die Botschaft vom Reich Gottes verkündet, sondern als dem, der sich selbst offenbart, der das Geheimnis seiner eigenen Existenz erschließt, und der uns zeigt, dass wir in ihm schon ewiges Leben gewonnen haben. Jesus zeigt uns, wie er unser Sein verwandelt hat. Er offenbart uns unser neues Sein. Wir sind die, in denen Gott selbst Wohnung genommen hat, die von Gottes Geist erfüllt sind. Und Jesus weist uns einen Weg, wie wir unserem Sein gemäß leben können.

Johannes will in seinem Evangelium auf die Fragen der Gnosis antworten, die die Herzen der Menschen am Ausgang des 1. Jahrhunderts bewegten. Die Menschen sehnten sich nach Erleuchtung, nach Erkenntnis. Sie spürten: Das, was wir hier treiben, worum wir uns mühen und kämpfen, das kann doch nicht alles sein. Es muss doch ein Fenster geben, durch das das wahre Licht aus dem Himmel zu uns kommt, das Licht, das unsere Dunkelheit erleuchtet. Und es muss doch ein anderes Leben geben als das, was wir hier Leben nennen, mehr als den Kampf, im Vergleich mit den anderen gut abzuschneiden. Es muss doch wahres Leben geben, Leben in Fülle, Leben in Freiheit, Leben in Freude und Liebe. Und es muss doch mehr geben als die Zerrissenheit unseres Herzens, mehr als die Spaltung der Menschen untereinander. So sehnten sich die Menschen nach Einheit, nach Einheit zwischen Gott und den Menschen, nach Einheit mit sich selbst und nach Einheit unter den Menschen. Erleuchtung, Erkenntnis, Leben, Licht, Wahrheit, Liebe und Einheit, das waren die Schlüssel begriffe der Gnosis, die auch Johannes in seinem Evangelium übernimmt.

Johannes antwortet auf die Sehnsüchte und Fragen seiner Zeitgenossen. Und er kleidet seine Antwort in die Worte Jesu. Jesus ist der, der vom Himmel gekommen ist und uns Licht und Leben bringt. Johannes nimmt die Fragen der Gnosis ernst. Er tut sie nicht ab als gnostische Tendenz, wie das heute so oft geschieht. Unsere Zeit gleicht der Zeit der Gnosis. Auch heute sehnen sich die Menschen nach Erleuchtung, nach Bewusstseinserweiterung, nach Einheit mit dem Kosmos, nach Alleinheit. Dabei greifen sie nach allen Methoden und Wegen, die ihnen auf dem spirituellen Markt angeboten werden, um zu solchen Einheitserfahrungen zu gelangen. Statt ihre Suche nach Einheit und Erleuchtung zu verurteilen, sollen wir uns ihnen genauso stellen, wie es das Johannesevangelium am Ende des 1. Jahrhunderts getan hat.

Gerade das mystische Evangelium des Johannes könnte uns Antwort auf unsere Fragen geben. Johannes beschreibt Jesus als das Licht, das vom Himmel herabgekommen ist, um uns in unserer Dunkelheit zu leuchten. In ihm hat sich wirklich ein Fenster aufgetan, und wir können einen Blick werfen in die Welt des Himmels, in die Welt Gottes. Er ist es, der uns den Schleier lüftet und uns das Geheimnis Gottes erschließt: »Niemand hat Gott je gesehen. Der Einzige, der Gott ist und am Herzen des Vaters ruht, er hat uns Kunde gebracht.« (Joh 1,18) Doch er hat uns nicht nur von Gott erzählt, in ihm ist Gottes Herrlichkeit selbst aufgeleuchtet. In ihm ist das ewige Wort, durch das die ganze Welt geschaffen ist, der Urgrund alles Seins»Fleisch geworden, und hat unter uns gewohnt. Und wir haben seine Herrlichkeit gesehen, die Herrlichkeit des einzigen Sohnes vom Vater, voll Gnade und Wahrheit.« (Joh 1,14)

Wenn die Welt durch das Wort geworden ist, dann ist sie für uns verstehbar, vom gleichen Geist durchdrungen, den wir in uns haben. Und wenn dieses Wort Mensch wird, für uns anschaubar und angreifbar, dann geht uns auch das Geheimnis der Welt auf, dann wird auf einmal alles klar.

Christus gab uns die Macht, Kinder Gottes zu werden, »die nicht aus dem Blut, nicht aus dem Willen des Fleisches, nicht aus dem Willen des Mannes, sondern aus Gott geboren sind.« (Joh 1,13) Die Frage ist, woher wir uns definieren. Definieren wir uns vom Erfolg her, von der Anerkennung durch andere, von unserer Wirkung, von unserem Schein, dann sind das Definitionen auf der Ego-Ebene, Definitionen des Fleisches, Definitionen aus dem Willen des Mannes. Jesus zeigt uns den Weg, uns anders zu definieren, als Kinder Gottes, als Menschen, die aus Gott geboren sind und nicht aus der Gunst der Menschen, die ihren Ursprung in Gott haben, und nicht in menschlicher Zuwendung. Jesus will uns an unseren göttlichen Kern erinnern. Das klingt zunächst sehr abstrakt, zu schön, um wahr zu sein, so weit weg, dass wir nicht wissen, wie wir damit leben sollen. Aber wenn wir uns an das Modell der transpersonalen Psychologie erinnern, dann bekommen diese Aussagen Jesu auf einmal ein anderes Gewicht. Jesus beschreibt unser wahres Selbst. Unser Geheimnis besteht darin, dass wir aus Gott geboren sind. Wenn wir das ernst nehmen, dann relativieren sich viele Probleme, dann können wir uns anders den Problemen unseres Lebens zuwenden, dann haben wir einen inneren Abstand dazu.

Neulich hielt ich einen Kurs für eine Mädchenklasse. Alle waren sehr nett und offen für das, was ich ihnen sagte. Aber sie waren vor allem mit der Frage beschäftigt, wer wessen Freundin ist. Ein Mädchen hatte die Freundin innerhalb der Klasse gewechselt und dadurch die Klasse gespalten. Alles drehte sich nur noch um Beziehungsprobleme. Sie definierten sich von ihren Beziehungen zueinander. Das war der Maßstab, der bestimmte, ob sie sich zufrieden oder unzufrieden, gut oder schlecht, glücklich oder unglücklich fühlten. Da ging mir auf, wie recht Johannes hat, wenn er uns nicht von unseren Beziehungen her definiert, sondern von unserem wahren Wesen. Die meisten Mädchen waren fromm. Aber ihre Gebete kreisten darum, dass sie die richtige Freundin fänden und sich nicht allein fühlten. Der Glaube wurde ganz auf die Beziehungsebene herabgezogen. Jesus fordert uns jedoch auf, diese Ebene im Glauben zu übersteigen. Wenn mir aufgeht, was es heißt, aus Gott geboren zu sein, dann ist es nicht mehr so entscheidend, ob ich aus dem Wohlwollen dieses oder jenes Menschen geboren werde, ob ich Anerkennung und Zuwendung bekomme oder nicht.

Mein Novizenmeister, Pater Augustin, den ich sehr verehre, weil er mir auf meinem geistlichen Weg gute Hinweise gegeben hat, sagte oft, dieses oder jenes Problem müsse ich übernatürlich lösen. Wenn ich Schwierigkeiten mit Mitbrüdern hätte, sollte ich diese geistlich bewältigen. Er meinte damit, ich solle beten und meditieren, an statt mich zuviel um die Probleme zu kümmern. Oder ich solle für den Mitbruder beten, dann würde ich ihn in einem anderen Licht sehen.

Oft wehrte ich mich gegen solche übernatürlichen Lösungen. Sie kamen mir zu billig vor, sie schienen mir zu schnell das Problem zu überspringen. Doch nun sehe ich das etwas anders. Manche Probleme mit Mitmenschen lassen sich auch durch noch so viele Gespräche nicht lösen. Da ist es eine Hilfe, auf eine andere Ebene zu gehen, auf der es nicht mehr so wichtig ist, wie dieser oder jener Mitbruder denkt. Ich merke, dass es nichts nützt, das ständige Streben nach Anerkennung nur dadurch zu lösen, dass man doch mehr auf seine guten Seiten und auf die tatsächlichen Bestätigungen sehen solle. Man muss diese Ebene übersteigen und sich fragen: Woher will ich mich definieren, von meinem Wert vor Gott, von meinem Geheimnis, dass ich Sohn Gottes bin?

Das wäre so eine übernatürliche Lösung. Der Glaube überspringt die Ebene nicht, sondern übersteigt sie. Überspringen würde bedeuten, dass ich gar nicht wahrnehme, wie sehr ich mich nach Anerkennung und Zuwendung sehne. Ich würde es einfach verdrängen. Ich würde das Problem nicht angehen, sondern mich in die heile Welt des Glaubens flüchten, in die Höhle bei Gott. Übersteigen heißt dagegen, dass ich zugebe, wie sehr es mich schmerzt, dass andere mehr Liebe und Zuwendung bekommen als ich, aber ich fixiere mich nicht darauf. Ich gestehe es mir zu, dass ich auf meiner Ego-Ebene eben noch empfindlich bin und verletzlich. Aber ich übersteige diese Ebene und wende mich dem eigentlichen Geheimnis meines Seins zu, dass ich Kind Gottes bin.

Wenn ich das meditiere, dann kreise ich nicht mehr um meine Anerkennung, ich erfahre mich neu. Ich bekomme Abstand zu meinem Bedürfnis. Es beherrscht mich nicht mehr. Aber es genügt eben nicht, sich das nur theoretisch klarzumachen. Unsere Definition von der Ego-Ebene her sitzt uns so sehr im Fleisch, dass wir uns bewusst in die andere Definition einüben müssen, durch Meditation, Gebet, Liturgie und Bibellesung. Wir müssen es uns von Gott immer wieder sagen lassen, wer wir sind. Das Wort Gottes muss mehr Macht in uns gewinnen als das Wort des Menschen.

Für die Entwicklung des Menschen ist es sicher nötig, sich auch der Ego-Ebene zu stellen. Ich darf meine mangelnde Anerkennung durch Menschen nicht dadurch kompensieren, dass ich mich in die Höhle meines Herzens zurückziehe, in der ich bei Gott bin. Für einen Jugendlichen wäre das Flucht vor der Realität. Es gehört auch dazu, um seinen Stand im Leben zu kämpfen. Man muss das Ich erst entwickeln, bevor man es loslassen kann. Es geht nicht um die Alternative, Suche nach Ichstärke und Sichübersteigen auf das eigene Selbst hin, sondern um die Relativierung der Ego-Ebene.

Ich gestehe ihr ihre Berechtigung zu, aber ich lasse mich nicht von ihr beherrschen. Ich bin nicht fixiert darauf, sondern kann auch auf die Ebene des transpersonalen Selbst steigen, um von da aus die Bedürfnisse der Ego-Ebene in einem anderen Licht zu sehen.

Ich verleugne sie dann nicht, sondern sehe sie von einem höheren Standpunkt aus. Sie sind nicht mehr wie ein Berg, über den ich nicht drüber sehen kann, sondern sie lösen sich auf und stürzen ins Meer. Das meint Jesus, wenn er vom Glauben sagt: »Wenn jemand zu diesem Berg sagt: Heb dich empor, und stürz dich ins Meer!, und wenn er in seinem Herzen nicht zweifelt, sondern glaubt, dass geschieht, was er sagt, dann wird es geschehen.«(Mk 11,23)

Im Glauben übersteige ich die Ebene, auf der sich die Probleme auftürmen. Ich sehe über den Berg. Der Berg wird klein, er stürzt ins Meer. Johannes entfaltet in seinem Evangelium, was wir durch Jesu Kommen in die Welt geworden sind. Er offenbart uns unser neues Sein und das Geheimnis Jesu, in dem wir uns selbst mit unseren Möglichkeiten erkennen können.

Im ersten Kapitel lässt er Johannes, den Täufer, Zeugnis geben von Christus als dem wahren Messias. Und die ersten Jünger sind fasziniert von diesem Jesus und folgen ihm nach. Sie spüren, dass sie den gefunden haben, nach dem sie sich gesehnt hatten, »über den Moses im Gesetz und auch die Propheten geschrieben haben.« (Joh 1,45). Im zweiten Kapitel schildert Johannes die Hochzeit zu Kana. Das äußere Geschehen ist Symbol für das Geheimnis Jesu selbst. In Jesus hält Gott Hochzeit mit den Menschen. Mit dieser Hochzeitsgeschichte deutet Johannes das Geheimnis der Menschwerdung Gottes. So wie Mann und Frau in der Hochzeit miteinander eins werden, so wird in Jesus Christus unsere menschliche Natur eins mit Gott.

In Jesus Christus haben wir teil an der unendlichen Liebe Gottes, da werden wir in die Einheit mit Gott hineingehoben. Wir erfahren das Geheimnis des Menschen, dass Gott selbst zu uns gekommen ist, um mit uns ein Fest zu feiern, das Fest unserer Vermählung mit Gott. In Christus leuchtet uns Gottes Herrlichkeit auf. Unser Wasser wird zu Wein, das bisschen Liebe, das wir haben, wird durch die göttliche Liebe Jesu verwandelt in Wein, der uns nie mehr ausgehen wird. (vgl. Joh 2,1–12) Unser Leben bekommt einen neuen Geschmack, einen göttlichen Geschmack der Liebe und der Ekstase.

Alle Wunder und Handlungen Jesu sind für Johannes Zeichen, Zeichen von Gottes Herrlichkeit, Zeichen dafür, dass Jesus uns das Licht und das Leben gebracht hat. So ist die Vertreibung der Händler aus dem Tempel (vgl. Joh 2,13–22) Zeichen dafür, dass er durch seine Menschwerdung unseren Leib zum Tempel Gottes gemacht hat. Wir selbst gleichen oft einer Markthalle. Wir handeln und wechseln, wir vergleichen uns mit anderen und möchten nur unseren Vorteil. Doch das ist ein sehr reduziertes Selbstverständnis. Auf dieser Ebene gehen wir an unserem eigentlichen Geheimnis vorbei. Christus deckt uns unser Geheimnis auf: wir sind Tempel Gottes. Gottes Herrlichkeit will in unserem Leib wohnen. Wenn wir durch Jesus das Geheimnis unseres Lebens, unseres Leibes, unserer Existenz verstanden haben, können wir auch anders leben. Wir definieren uns dann nicht mehr von unserer Rolle her, die wir bei den Menschen spielen, von dem Wert, den wir bei ihnen haben, von der Währung, mit der wir bei ihnen gehandelt werden, sondern wir definieren uns von unserem wahren Wesen her, von dem Geheimnis, dass Gott selbst in uns wohnt und uns mit seinem Licht, mit seinem Leben, mit seiner Liebe, mit seiner Herrlichkeit erfüllt.

Und so entfaltet Johannes das Geheimnis Jesu und unser Geheimnis immer mehr. Im dritten Kapitel spricht Jesus mit Nikodemus über die Wiedergeburt. Die Geburt Jesu, die Menschwerdung Gottes in Jesus, will uns auch das Geheimnis unserer Geburt, unserer eigentlichen Herkunft zeigen. Wir sind nicht nur die, die unsere Eltern gezeugt, die unsere Mutter geboren hat, sondern wir sind aus dem Heiligen Geist geboren, aus Gott. Das ist unser wahres Wesen. »Was aus dem Fleisch geboren ist, ist das Fleisch; was aber aus dem Geist geboren ist, das ist Geist.« (Joh 3,6) Wir sind aus dem Geist geboren. Daher stehen wir nicht mehr unter der Herrschaft anderer Menschen, wir sind nicht von ihrem Willen abhängig, nicht von ihrem Wohlwollen gezeugt, sondern von Gott. Unser wahrer Grund ist Gott. Und daher leben wir in Freiheit, unabhängig von dem, was Menschen über uns sagen. Wir leben von der Gnade Gottes, von seiner Zuwendung, von seiner Zärtlichkeit, von der Geborgenheit, die er uns schenkt, von seinem Wohlwollen und von seiner Liebe. Das ist das wahre Geheimnis unseres Lebens.

In den nächsten Kapiteln zeigt uns Johannes, dass Jesus unsere wahre Sehnsucht erfüllt. Im Gespräch mit der Samariterin erweist sich Jesus als das Wasser, das in uns zur sprudelnden Quelle wird und uns ewiges Leben schenkt. (vgl. Joh 4,14) Weder das Trinken noch die Zuwendung vieler Männer können den wahren Durst dieser Frau löschen, das kann nur Gott. In Jesus erfüllt er unseren tiefsten Durst, den Durst der Seele nach Lebendigkeit und Fülle. Und er macht uns lebendig, er befreit uns von Lähmungen und Hemmungen, von Starre und Verkrampfung. Jesus erklärt seine Wunder. Die Heilung des Gelähmten zeigt, dass er wahres Leben schenken kann, das nicht beeinträchtigt wird von Ängsten und Hemmungen, ein Leben, das selbst den Tod überstiegen hat. Und seine Brotvermehrung im sechsten Kapitel lässt uns in Jesus das wahre Brot erkennen, das vom Himmel herabkommt und unseren Hunger stillt. Lebendiges Wasser und lebenspendendes Brot und erleuchtendes Licht, das ist das Wesen Jesu, das er in den Streitgesprächen im siebten und achten Kapitel noch weiter entfaltet.

Im neunten Kapitel heilt Jesus einen Blinden, um zu zeigen, dass er das wahre Licht ist, das in die Welt gekommen ist, um uns sehend zu machen, um alle Dunkelheit aus unserem Herzen zu vertreiben und um uns im Lichte wandeln zu lassen. Und er ist der gute Hirt. Er kennt uns. Er begleitet uns auf unseren Wegen. Ja, er gibt sein Leben für uns, damit wir das Leben in Fülle haben. Dieses Geheimnis, dass der Hirt sein Leben für seine Schafe gibt und ihnen dadurch ewiges Leben schenkt, wird dann in den folgenden

Kapiteln bis einschließlich Passion entfaltet. Wer an Jesus glaubt, bleibt nicht im Tode. Das zeigt er in der Auferweckung des Lazarus. Am Kreuz wird Jesus den Herrscher dieser Welt besiegen und alle an sich ziehen, die an ihn glauben. Durch seinen Tod werden wir der Herrschaft der Finsternis entrissen und für immer Kinder des Lichts.

Das Geheimnis seines Leidens und Sterbens und seines Hinübergangs zum Vater im Tod und in der Auferstehung deutet Johannes zuerst in den Kapiteln 13–17, bevor er es dann in den Kapitel 18–21 beschreibt. Leiden und Tod Jesu sind die letzte Konsequenz seiner Menschwerdung. Gottes Herrlichkeit hat sich so tief zu den Menschen herabgelassen, dass sie sich selbst in seinen Tod hineinbegibt. Die Fußwaschung zeigt, dass sich Jesus im Tod bis zu den schmutzigen Füßen des Menschen hinab beugt, um ihn von Grund auf rein zu machen. Er beugt sich bis zu seiner Sünde hinab, um auch sie durch seine Liebe abzuwaschen. In den Abschiedsreden lässt uns Jesus noch mal in das Geheimnis seines Wesens schauen.

Da entfaltet er das neue Sein, das er uns durch seinen Tod und seine Auferstehung geschenkt hat. In seinem Tod ist Jesus leibhaft von uns gegangen. Aber er lässt uns nicht als Waisen zurück. Er schenkt uns seinen Geist. Und in diesem Geist werden wir ihn sehen.

»Ihr aber seht mich, weil ich lebe und weil auch ihr leben werdet. An jenem Tage werdet ihr erkennen: ich bin in meinem Vater, ihr seid in mir, und ich bin in euch.« (Joh 14,19)

In diesem Wort sagt uns Jesus, wer wir durch ihn geworden sind. Wir sind lebendig geworden. Leben war ein Schlüsselwort der Gnosis. Nach Leben haben sie sich gesehnt, nicht nach dem reduzierten Leben, nach dem Scheinleben, sondern nach echtem Leben, nach Leben in Fülle. Dieses Leben Jesu ist in uns. Wir werden leben durch seinen Geist. Wenn ich dieses Wort in mich hineinfallen lasse, dann erfahre ich mich neu, dann entdecke ich erst meine innere Lebendigkeit. Ich komme in Kontakt zur Quelle des

Lebens in mir. Und der Kern dieser Lebendigkeit ist das: »Ihr seid in mir, und ich bin in euch.« Dieses Wort kann man nicht mehr erklären. Man muss es zu schmecken versuchen, wie es die Mönche in der »lectio divina«, in der täglichen meditativen Lektüre der Bibel, empfehlen. Dann erlebt man sich neu, dann geht einem das Geheimnis des eigenen Seins auf. Das neue Sein braucht aber auch Formen des Ausdrucks. Für Jesus drückt es sich im Halten der Gebote aus: »Wer meine Gebote hat und sie hält, der ist es, der mich liebt; wer aber mich liebt, wird von meinem Vater geliebt werden, und auch ich werde ihn lieben und mich ihm offenbaren.« (Joh 14,21) »Wenn jemand mich liebt, wird er an meinem Wort festhalten; mein Vater wird ihn lieben, und wir werden kommen und bei ihm wohnen.« (Joh 14,23)

Das Halten der Gebote ist nach Jesus nicht etwas Äußerliches, sondern in ihm konkretisiert sich das neue Sein. Wenn wir spüren, wer wir sind, dann leben wir von selbst nach seinem Wort, dann suchen wir von selbst nach einem Ausdruck für unsere Existenz. Und wir werden bei dieser Suche auf die Gebote Jesu stoßen. In ihnen drückt sich unser neues Sein aus. Wenn eine Erkenntnis nur im Kopf bleibt, vergeht sie wieder. Sie braucht den leib haften Ausdruck, damit sie in uns lebendig bleibt. Die Gebote sind also nicht äußerlich, sondern sie helfen uns, die Erfahrung des neuen Seins durchzuhalten und sie in alle Lebensbereiche hinein zu inkarnieren.

Johannes beschreibt das neue Sein durch das Bild vom Weinstock und den Reben. So wie die Rebe am Weinstock hängt und von seinem Leben durchströmt wird, so hängen wir an Christus. Jesus spricht in diesem Zusammenhang immer wieder vom Bleiben in ihm. »Wer in mir bleibt und in wem ich bleibe, der bringt reiche Frucht.« (Joh 15,5) Das Bild vom Weinstock scheint uns allzu weit weg von unserer Alltagserfahrung zu sein.

Ich brauche lange, um davon berührt zu werden. Aber wenn ich mich in dieses Bild hineinvertiefe, dann ahne ich etwas vom Geheimnis meines Lebens. Mein Geheimnis besteht darin, dass ich eins bin mit Jesus Christus, dass ich von seinem Leben durchpulst werde, dass ich in ihm lebendig werde und Frucht bringe. Wenn ich mir vorstelle: Das bin ich, das ist meine Wirklichkeit, dann trete ich meinem Alltag mit seinen Problemen anders gegenüber. Ich entnehme den Worten Jesu zwar keine korrekte Handlungsanweisung.

Aber weil ich durch dieses Bild in Berührung komme mit meinem eigentlichen Selbst, kann ich wirklichkeitsgerechter leben. Ich übertreibe nicht die Bedeutung meiner Arbeit, meiner Wirkung bei den Menschen, es bekommt alles seinen richtigen Stellenwert. Auf einmal ist es gar nicht mehr wichtig, ob jemand heute an mich denkt, mir einen Brief schreibt oder mich anruft. Es ist nicht mehr wichtig, ob ich von Mitbrüdern übergangen werde, oder ob mir einer aus seiner Unzufriedenheit heraus verletzende Worte an den Kopf wirft. Das ist im Vergleich zum Geheimnis meines Lebens unbedeutend. Ich mache mir keine Vorwürfe, wenn mich die Worte immer noch treffen, wenn trotz aller Meditation Ärger in mir hochsteigt oder Eifer sucht mich beherrscht. Ich lasse das zu. Aber ich ziehe mich zurück auf mein eigentliches Sein. Und das wird davon nicht berührt. Das ist angeschlossen an den Kreislauf Christi, das ist eingetaucht in Gott. Mein Rückzug auf mein transzendentes Selbst ist keine Flucht vor dem Verletztwerden. Ich mache mich dadurch nicht unangreifbar. Im Gegenteil, ich bin weiter verwundbar. Aber die Wunde geht nicht bis an die Substanz. Ich identifiziere mich nicht mit ihr. Ich stehe nicht unter dem psychologischen Leistungsdruck, mit meinen Kränkungen besser zurechtkommen zu müssen. Ich brauche nicht alle Energie, gegen meine Verletzlichkeit anzukämpfen. Die Ego-Ebene mit all ihren Bedürfnissen und Wunden darf weiter existieren. Aber ich bin nicht auf diese Ebene reduziert.

Im Glauben kann ich eintauchen in die Wirklichkeit Gottes, in die Wirklichkeit meines Seins. Und von daher verlieren die Kränkungen ihre Macht über mich. Insofern ist der Glaube doch eine Lebenshilfe. Aber er ist es gerade dadurch, dass er nicht als Hilfe missbraucht wird, sondern als Weg, sich auf Gott einzulassen, mit ihm eins zu werden. Weil ich von mir weg auf Gott schaue, lösen sich manche Probleme auf. Denn die Probleme werden gerade dann bedrohlich, wenn ich mich mit ihnen identifiziere. Wenn ich meine Identität in Gott finde, dringen die Probleme nicht mehr bis an meine Wurzeln vor.

Jesus entfaltet das Geheimnis unseres Seins am Schluss der Abschiedsreden noch weiter: »Wie du, Vater, in mir bist und ich in dir bin, sollen auch sie in uns sein. Ich habe ihnen die Herrlichkeit gegeben, die du mir gegeben hast; denn sie sollen eins sein, wie wir eins sind, ich in ihnen und du in mir. So sollen sie vollendet sein in der Einheit.« (Joh 17,21–23)

Einheit, Einssein ist ein weiterer Schlüsselbegriff der Gnosis. Die Menschen sehnen sich nach Einheit, nach Einheit mit sich selbst, mit der Schöpfung, mit den Menschen und mit Gott. Jesus antwortet auf diese Sehnsucht, indem er aufzeigt, dass wir mit uns selbst und miteinander ganz eins sein können, weil Gott selbst mit uns eins geworden ist. Christus hat uns seine Herrlichkeit gegeben. »Doxa« heißt es im Griechischen. Das meint die Fülle, die Gestalt, die Form. Christus hat uns mit der Herrlichkeit Gottes erfüllt und uns so das Bild enthüllt, das Gott sich von einem jeden von uns gemacht hat. Er hat uns an unser eigentliches Selbst herangeführt. Wir sind durch ihn der inneren Zerrissenheit enthoben, der Zerrissenheit zwischen Geist und Materie, zwischen Verstand und Gefühl, zwischen Gott und Mensch. Wir sind durch ihn eins geworden mit uns selbst, mit unserem Schatten, mit unserem Licht, mit unserem Wesen.

Einssein mit mir selbst bedeutet auch Einverstandensein mit meinem Leben, Ausgesöhntsein mit meiner Vergangenheit und den Wunden, die sie mir geschlagen hat, Einverstandensein mit dem, was mir Gott gerade zumutet in meiner Arbeit, in der Gemeinschaft, in der ich stehe, mit mir selbst. In dieser Erfahrung der Einheit und des Einverstandenseins gelingt auf einmal, wonach ich mich schon immer gesehnt habe: endlich mich selbst annehmen zu können, restlos ja zu sagen zu mir und meinem Leben. Doch dieses Gelingen ist nicht das Ergebnis meiner eigenen Anstrengung, sondern der Erfahrung der Einheit mit Gott, die mir Jesus in seinen Abschiedsreden zugesagt hat. Die Selbstannahme gelingt mir nicht von selbst, auch wenn ich mich noch so oft dazu antreibe. Ich brauche dazu eine Erfahrung, die mich übersteigt. Wenn all das, was mir so oft aufstößt und mich an mir ärgert, mit Gott eins ist, und wenn ich in der Meditation diese Einheit mit Gott erfahre, dann ist auch alles in mir eingetaucht in Gott, dann kann ich von Gott her auch eins sein mit mir selbst, einverstanden mit meinen Schwächen.

Die Einheit mit mir und mit Gott führt auch zur Erfahrung der Einheit mit den Menschen und zur Solidarität mit der ganzen Menschheit. In Gott werden wir eins mit den Sorgen und Nöten aller Menschen. Aber in dieser tiefen Einheit mit Gott stören die Bedrängnisse durch andere nicht unseren Frieden. Schwierige Mitmenschen mit ihrer Unzufriedenheit und mit ihren Aggressionen wühlen uns nicht im Innersten auf. Wir brauchen uns aber auch nicht mehr von ihnen zurückzuziehen, um uns vor ihnen zu schützen. Im reinen Schweigen vor Gott können wir uns mit ihnen eins fühlen, ohne von ihrer Zerrissenheit selbst zerrissen zu werden. Weil wir in Gott mit ihnen eins sind, sind wir mit den Menschen auf einer tieferen Ebene eins als auf der Ebene der Gefühle. Es ist die Einheit, die Siddharta bei Hermann Hesse gespürt hat, als er am Fluss saß und die Menschen mit ihren irdischen und oft genug infantilen Sorgen und Wünschen beobachtete. Er fühlte sich eins mit diesen Kindermenschen, spürte ein tiefes Mitleid, war einverstanden mit allem und fühlte überall Gottes Geist wehen.[1]

Die Erfahrung der Einheit ist Gnade, Geschenk Gottes. Jesus sagt uns, dass diese Einheit schon in uns ist. Aber wir spüren sie nicht. Wir können uns in der Meditation dieser Wirklichkeit öffnen, aber ob wir sie wirklich erfahren, das liegt nicht mehr in unserer Macht. Wir sind so tief geprägt von den Worten, die wir täglich hören und selbst sagen, dass die Worte Jesu uns fremd klingen. Wir tun uns schwer, ihnen zu folgen. So müssen wir uns immer wieder vorsagen: das ist die eigentliche Wahrheit unseres Lebens. Gott ist wirklich in uns, und wir sind in ihm. Dann kann es sein, dass wir in der Meditation doch etwas von unserem wahren Wesen ahnen, von unserer Einheit mit Gott, mit den Menschen und mit uns selbst. Wenn wir nach einer solchen Meditation wieder in unseren Alltag zurückkehren, dann ist unser Schreibtisch vermutlich genauso unaufgeräumt wie zuvor. Aber wir gehen die Arbeit in einer anderen Verfassung an. Wir haben Abstand zu dem Rollenspiel, das wir bei unserer Arbeit oft genug spielen müssen. Wir spielen es mit in dem Wissen, dass unser Selbst noch in ganz andere Dimensionen getaucht ist, und dass uns das Mitspielen nicht vom Geheimnis Gottes trennen kann.

Den Tod Jesu schildert Johannes als ein Gehen zum Vater. Das ewige Wort Gottes, das unter uns gewohnt hat, geht nun wieder, um auch für uns beim Vater eine W0hnung zu bereiten. Im Tod haucht Jesus seinen Geist aus, damit er uns erfüllt und belebt. Aus seiner geöffneten Seite treten Blut und Wasser hervor, Bild für die Sakramente, vor allem für Taufe und Eucharistie, die uns ewiges, unvergängliches und göttliches Leben schenken. Nach seiner Auferstehung haucht Jesus die Jünger an und erfüllt sie so mit seinem Geist. Wir leben nun, ohne Jesus weiter sehen zu können. Aber wir sind von seinem Geist durchdrungen. Und in seinem Geist können wir leben wie er, ein Leben in Fülle, ein Leben des Lichtes und der Liebe, ein Leben in Freiheit und Herrlichkeit. Johannes hat uns das Evangelium geschrieben, »damit ihr glaubt, dass Jesus der Christus, der Sohn Gottes ist, und damit ihr durch den Glauben Leben in seinem Namen habt.« (Joh 20,31) Unsere Lebendigkeit ist also das Ziel von Jesu Kommen in unsere Welt. Jesus hat uns gezeigt, was Leben ist, und er hat uns seinen Geist geschenkt, damit nun auch wir wahrhaft leben können, leben nicht mehr auf dem reduzierten Niveau unserer oberflächlichen Sichtweise, sondern leben in den Dimensionen, die Jesus uns erschlossen hat.

[1] Vgl. H. Hesse, Siddharta, Berlin 1923, S. 126f.

Sorge dich um deinen Nächsten so wie um dich selbst
Bertold Ulsamer

Frauen und Männer, die Helfen als Beruf oder Lebensaufgabe gewählt haben, sind in der Gefahr, sich nicht genug um sich selbst zu sorgen – vor lauter Sorge um den hilfsbedürftigen Nächsten. Für mich ergibt sich die Notwendigkeit der Sorge um sich selbst aber schon aus dem Jesuswort »Liebe deinen Nächsten wie dich selbst«.

Sich selbst zu lieben ist die Voraussetzung, um andere lieben zu können. Wer nur für andere Zeit hat und für sich selbst keine, wer nur den Bedürfnissen und Nöten anderer Aufmerksamkeit schenkt, aber nicht den eigenen, hat zu wenig Selbstliebe. Dahinter steckt die psychologische Erkenntnis, dass es unmöglich ist, einen anderen mehr zu lieben als sich selbst. Die Liebe zu sich selbst bestimmt das mögliche Ausmaß der Liebe zu anderen. Wer sich selbst wenig liebt, wird auch, so sehr er sich anstrengt und abmüht, wenig mitmenschliche Liebe, wenig echtes Mitgefühl für seinen Nächsten übrig haben. Denn wenn man sich selbst bekämpft, »gnadenlos« mit seinen eigenen Schwächen und Fehlern umgeht – woher soll da Mitgefühl für die Schwächen und Fehler anderer kommen?

Ich möchte diesen Satz wegen seiner elementaren Bedeutung noch einmal wiederholen: Die Liebe zu sich selbst bestimmt das mögliche Ausmaß der Liebe zu anderen. Gleichzeitig zeigt dieser Satz in eine gute Richtung: Wer anfängt, sich selbst mehr zu lieben, wird auch seine Mitmenschen mehr lieben können.

An dieser Stelle ist es vielleicht angesagt, auch das Wort »lieben« näher zu umschreiben. Wer es sich gut gehen lassen will auf Kosten anderer, liebt sich nicht notwendigerweise. Hinter einer solchen Haltung stecken oft große Verletzungen und als Folge Hass und Verachtung für die Umwelt, die dann nach Kräften ausgenutzt wird. Dann lebt jemand vielleicht gut, aber er liebt sich deswegen nicht.

»Lieben« meint dementsprechend nicht eine eingebildete, egoistische Haltung sich selbst gegenüber. Wer sich selbst für besser hält als andere, der macht sich etwas vor, der versteckt bestimmte Seiten seiner Persönlichkeit, die ihm unangenehm sind, vor sich selbst. Er besitzt diese Seiten dennoch, seine Mitmenschen nehmen sie auch wahr, aber er blendet sie vor sich selbst aus.

Da mag sich jemand großzügig und liebevoll in seinem Beruf seinen Klienten gegenüber verhalten, aber da gibt es wunde Punkte. Wenn jemand einen solchen Punkt berührt, zum Beispiel eine bestimmte Kritik äußert, dann verändert sich der sonst so liebevolle Mensch. Das Gesicht spannt sich an, der Ton wird schärfer, und plötzlich taucht eine völlig neue und andere Seite auf. Das ist menschlich und normal. Schwierig wird es nur dann, wenn der Betreffende diesen Teil von sich völlig ausblendet oder als »wesensfremd« bekämpft.

Vielleicht ist es ein Vorteil von Elternschaft, dass Vater- und Muttersein zur Selbsterkenntnis beitragen. Eltern können sich heute kaum vormachen, immer nur liebevoll, gewährend und verständnisvoll zu sein. Kinder treiben fast jeden Vater und fast jede Mutter irgendwann einmal zur Weißglut. Kinder haben die Fähigkeit, ja, wie es scheint, manchmal sogar den Willen und die Absicht, verborgene Seiten der Eltern ans Licht zu bringen.

Zum Lieben gehören bestimmte Qualitäten. Wenn ich jemanden liebe, dann muss ich ihn zunächst »sehen«. Nicht in der üblichen Art und Weise, dass ich jemanden anschaue und ihn dabei einordne und mein Urteil über ihn fälle. Ich muss den anderen sehen, so wie er ist, ganz und gar, ohne dass schon irgendwelche Beurteilungen dazwischen treten. Denn mit einem Urteil wie »das ist schön« oder »das ist schlecht« wird der Blick getrübt.

Wer anfängt, sich mehr zu lieben, der muss als erstes anfangen, sich selbst – genauso unvoreingenommen – zu sehen und kennen zu lernen. In jedem Menschen gibt es Licht und Schatten. Im Schatten stecken Anteile, die wir als bedrohlich und unangenehm erleben. Im Grunde dreht es sich um zwei Bereiche: Schmerz und Zorn. In der Tiefe tragen wir die Schocks und Wunden, die wir irgendwann im Laufe unseres Lebens, vor allem in der Kindheit, empfangen haben. Und darüber liegt eine Schicht von Zorn und Wut. Den Schatten kennen zu lernen ist schwierig und lästig, weil wir ihn oft ablehnen und bekämpfen.

Aber Ablehnung und Bekämpfung helfen wenig. Wenn ich mich vom Schatten zum Licht wegdrehe, bleibt der Schatten. Er bleibt im Rücken, wo ich ihn nicht sehen kann. Aber um sich selbst zu lieben, ist es wichtig, den Schatten anzuschauen, sich zu entdecken, wie man wirklich ist. Mit dem, unvoreingenommenen Blick nehme ich die Realität wahr: »So bin ich.« Oder bei bestimmten unangenehmen Wesenszügen: »So kann ich auch sein.«

Zum Lieben kommt noch ein zweiter Schritt dazu: das Mitgefühl. Mit Mitgefühl meine ich ein tiefes Verständnis aus einem liebevollen Herzen heraus. Wir wissen, dass wir mit anderen mitfühlen können. Aber mit uns selbst? Auch das ist möglich. Das Gegenteil ist eine harte, gnadenlose Haltung sich selbst gegenüber. Selbst die eigene Schuld kann gesehen und mit diesem Mitgefühl angeschaut und anerkannt werden – ohne sie deswegen zu verdrängen. Familien-Aufstellungen helfen uns zu diesem Verständnis. Wenn wir unsere Familie, vor allem unsere Eltern, mit neuen Augen liebevoller anschauen, dann wächst auch eine neue, liebevolle Haltung gegenüber uns selbst.

Der Dialog mit meinen Gedanken und Gefühlen

Meinrad Dufner, Anselm Grün

Spiritualität von unten bedeutet, auf Gottes Stimme in unseren Gedanken und Gefühlen, in unseren Leidenschaften und Bedürfnissen zu hören. Hier spricht Gott zu uns. Wenn wir darauf hören, entdecken wir das Bild, das Gott sich von uns gemacht hat. Dabei dürfen wir die Emotionen und Leidenschaften nicht bewerten. Alle haben einen Sinn. Es kommt nur darauf an, zu verstehen, worauf Gott mich darin hinweisen möchte.

Viele verurteilen sich wegen ihrer negativen Gefühle wie Zorn und Ärger, Eifersucht und Lustlosigkeit. Sie versuchen – oft »mit Gottes Hilfe« –, gegen diese Gefühle anzugehen, um sie loszuwerden. Spiritualität von unten würde bedeuten, dass ich mich aussöhne mit meinen Leidenschaften und Emotionen. Alle können mich zu Gott führen. Ich muss nur in sie hineinsteigen und sie fragen, was sie mir sagen möchten.

Statt gegen meine Eifersucht zu kämpfen und mich zu verurteilen, dass sie trotz aller Spiritualität immer noch in mir ist, könnte ich sie anschauen und fragen: Welche Sehnsucht steckt in meiner Eifersucht? Auf welche Bedürftigkeit verweist sie mich? Woher kommt meine Eifersucht? Wovor habe ich Angst? Ist es die Angst vor dem Verlassenwerden, die Angst, nicht der wichtigste Mensch für meinen Freund oder meine Freundin zu sein? Wenn ich mir meine Eifersucht demütig eingestehe, dann kann sie mich zu Gott führen. Dann kann ich mich in meiner Bedürftigkeit, in meiner Angst vor dem Verlassenwerden Gott hinhalten und ihn bitten, meine Sehnsucht nach einer Liebe zu erfüllen, auf die ich mich verlassen kann.

Für die Spiritualität von oben sind die Leidenschaften vor allem da, um beherrscht und überwunden zu werden. Das Ideal der Gelassenheit, der Nächstenliebe, der Freundlichkeit verlangt, dass ich Zorn und Wut beherrsche. Doch in meiner Wut kann oft genug Gott zu mir sprechen und mich auf den Schatz hinweisen, der in mir vergraben liegt. Wenn ich in meine Wut hineinhöre, sagt sie mir vielleicht, dass ich gegen mein wahres Wesen lebe, dass ich die Gestalt nicht zugelassen habe, die Gott mir zugedacht hat. Die Wut weist oft darauf hin, dass ich anderen zuviel Macht gegeben habe. Ich habe immer nur die Erwartungen der anderen erfüllt und nicht auf mich und meine Bedürfnisse gehört. Ich habe nicht selbst gelebt. Andere sind mir zu nahe gekommen. Sie haben meine Grenze überschritten und mich verletzt.

Anstatt die Wut zu unterdrücken, wäre der Dialog mit ihr der Weg, den Schatz in mir zu entdecken, das Bild in mir zu finden, das

Gott sich von mir gemacht hat. Die Wut ist die Kraft, den anderen, der mich verletzt hat, aus mir herauszuwerfen und so eine gesunde Distanz zu ihm zu schaffen. Erst wenn ich den anderen aus mir herausgeworfen habe, kann ich ihm auch vergeben und so wirklich frei werden von seiner Macht über mich. Gerade bei Frauen, die als Kinder sexuell missbraucht worden sind, ist es wichtig, dass sie mit ihrer Wut in Berührung kommen und den, der sie missbraucht hat, aus sich herauswerfen. Das ist die Bedingung, dass ihre Wunde heilen kann.

Es gibt aber auch eine Wut, die mich einfach beherrscht, mit der ich nicht mehr in den Dialog treten kann. Ich kann ihren Sinn nicht erkennen, ich kann die Sprache der bellenden Hunde in ihr nicht verstehen. Dann kann sie zum Brunnen werden, in den ich springen muss, so wie Goldmarie im Märchen »Frau Holle« dort, wo sie nicht mehr weiterkam, wo alles Überlegen zwecklos war, in die Tiefe springen musste. Vielleicht entdecke ich dann auf dem Grund meines Brunnens auch eine Blumenwiese, so dass sich auf einmal alles in mir und um mich herum verwandelt. Oder ich finde auf dem Grund meiner Wut eine Quelle von Energie, und meine Wut verwandelt sich dann in die Lust am Leben. Oder ich erkenne in meiner Ohnmacht, meine Wut loszuwerden oder mit ihr gut umzugehen, dass ich meine eigene Anstrengung aufgeben und mich einfach nur in Gottes Hände hinein ergeben muss. Dann verweist mich meine Wut auf meine Beziehung zu Gott. Ich werde die Wut nie loswerden. Aber sie kann immer wieder zu einem Ansporn werden, mich Gott anheimzugeben.

Es sind also immer wieder drei Wege der Spiritualität von unten: erstens der Dialog mit den Gedanken und Gefühlen, zweitens das Hinabsteigen bis auf den Grund, das Sichhineinspüren in die Emotionen und Leidenschaften, das Zu-Ende-Spüren, bis sie sich wandeln und ich auf ihrem Grund neue Möglichkeiten entdecke und Gott finde, und drittens die Kapitulation vor Gott, das Eingeständnis, dass ich aus eigener Kraft nie weiterkommen werde, das Sichergeben in Gott hinein, das Sichfallenlassen in Gottes gute

Hände, oder wie es das Märchen von »Frau Holle« beschreibt, der Sprung in den Brunnen.

Manche meinen, Jähzorn sei eine Charaktereigenschaft, die man nicht ändern könne. Aber wenn ich einen Dialog mit meinem Jähzorn beginne, zeigt er mir vielleicht, dass er ein Schrei nach Leben ist. Oft verweist er auf Situationen in der Kindheit, in denen sich jemand in seiner Einmaligkeit, in seinen eigenen Gefühlen nicht ernst genommen fühlte. Damals war es vermutlich lebensnotwendig, sich gegen das »Nichternstgenommenwerden« so jähzornig zu wehren, damit man nicht noch mehr auf seinen Gefühlen herumtrampelt und sie dadurch abwürgt. Damals war der Jähzorn wichtig zum Überleben. Aber jetzt ist er keine gute Strategie mehr. Im Gegenteil, viele leiden an ihrem Jähzorn und machen sich selbst und ihrer Umgebung das Leben schwer.

Der Dialog mit dem Jähzorn könnte uns mit dem darin verborgenen Wunsch in Berührung bringen, unsere eigenen, ganz persönlichen Gefühle haben zu dürfen. Aber es gibt auch Menschen, denen der Dialog mit ihrem Jähzorn nicht weiterhilft. Sie müssen sich in aller Demut mit ihren unbeherrschten Gefühlen aussöhnen und sich von ihrem Jähzorn immer wieder in die eigene Ohnmacht führen lassen, in der ihnen nichts anderes übrig bleibt, als sich in Gott hinein zu ergeben.

Viele Menschen leiden an irgendwelchen Ängsten. Eine häufige Reaktion ist, dass sie die Angst entweder durch eine Therapie in den Griff bekommen wollen, oder indem sie unablässig darum beten, dass Gott ihnen die Angst nehmen möge. Aber in beiden Fällen sind sie auf ihre Angst fixiert und möchten sie unbedingt loswerden. Aber dann verstehen sie die Botschaft ihrer Angst nicht. Ohne Angst hätten wir auch kein Maß. Da würden wir uns ständig überfordern. Eine übertriebene Angst weist uns oft auf eine falsche Lebenseinstellung hin.

Oft ist der Perfektionismus die Ursache unserer Angst. Wenn ich überall der Beste sein muss, wenn ich in einer Diskussion immer perfekte Argumente haben muss, wenn ich erwarte, dass alle meine Beiträge toll finden, dann habe ich ständig Angst, mich zu blamieren. Meine Erwartungen sind so hoch, dass sie mir Angst machen. Die kognitive Verhaltenstherapie meint, die Angst würde uns auf falsche Grundannahmen hinweisen, etwa auf die Grundannahme: »Ich darf keinen Fehler machen, sonst bin ich nichts wert. Ich darf mich nicht blamieren, sonst werde ich abgelehnt.« Der Dialog mit unserer Angst könnte uns helfen, menschlichere Grundannahmen zu entwickeln: »Ich darf sein, wie ich bin. Ich darf Fehler machen. Ich darf mich blamieren. Meine Würde ist in mir. Sie kann mir durch eine Blamage nicht genommen werden.«

Allerdings geht es nicht um einen Trick, von meiner Angst frei zu werden. Die Angst kann mich einladen, besser mit mir umzugehen und ein angemesseneres Bild von mir zu finden. Es kann aber auch sein, dass alles Reden mit meiner Angst nichts nützt, dass sie trotzdem bleibt und mich lähmt. Dann treibt mich die Angst zu Gott. Dann bleibt mir nichts anderes übrig, als meine Ohnmacht einzugestehen, dass ich mit meiner Angst nie fertig werde. Dann ist die Angst die Talsohle, von der ich mich abstoßen kann, um in Gott hinein zu finden. Dann zwingt mich die Angst, sie spirituell anzugehen, mich in ihr Gott hinzuhalten oder ein Bibelwort in meine Angst zu sprechen wie: »Muss ich auch wandern in finsterer Schlucht, ich fürchte kein Unheil, du bist ja bei mir.« (Ps 23,4) Oder: »Der Herr ist bei mir, ich fürchte mich nicht. Was können Menschen mir antun?« (Ps 118,6) Dann wäre die Angst eine spirituelle Herausforderung und ein »Test«, wie ernst ich Gott und seine Zusagen nehme.

Wenn ich wirklich daran glaube, dass Gott bei mir ist, dann verfliegt dadurch die Angst nicht. Aber ich könnte doch mitten in meiner Angst einen Anker haben, an dem ich mich festhalten kann. Ich würde mich mit, meiner Angst aussöhnen und mich nicht bei jedem Anflug von Angst gleich in Panik hineinsteigern. Eine andere Hilfe ist, sich die Angst einzugestehen, aber zugleich daran zu glauben, dass in mir ein Raum ist, zu dem die Angst keinen Zutritt hat. Meine Emotionen sind von der Angst geprägt, aber in meine Tiefe kann die Angst mir nicht folgen.

Manchmal haben wir vor uns selbst Angst. Wir haben unsere Aggressionen verdrängt und sind voller Angst, dass sie explodieren könnten. Eine Frau zum Beispiel hat die irrationale Angst, dass sie ihr Kind, das sie doch so liebt, umbringen könnte. Der Dialog mit dieser Angst könnte ihr zeigen, dass sie neben ihrer Liebe auch Aggressionen dem Kind gegenüber hat. Es ist ja verständlich, dass eine Mutter, die sich 24 Stunden um das Kind kümmert, auch Aggressionen spürt. Sie möchte auch mal für sich allein sein. Die Aggressionen zeigen ihr, dass sie mehr Distanz zu ihrem Kind braucht. Aber in ihrer Spiritualität von oben konnte sie es sich nicht vorstellen, dass sie auch aggressiv sein dürfte. Sie hatte ein hohes Mutterideal. Als Mutter müsste sie immer liebevoll zu ihrem Kind sein. Je höher sie dieses Ideal ansetzte, desto stärker regte sich der Gegenpol, die Aggression. So könnte der Dialog mit ihrer Angst die Mutter dazu führen, in ihrer Sorge um das Kind auch für sich selbst besser zu sorgen. Die Angst hat immer einen Sinn. Wir müssten nur ihre Sprache verstehen, dann könnten wir auch den Schatz entdecken, auf den sie uns verweisen möchten.

Es gibt allerdings auch Ängste, die mit der menschlichen Existenz notwendig gegeben sind: die Angst vor der Einsamkeit und die Angst vor dem Tod. Hier geht es darum, die Angst zuzulassen und ihr auf den Grund zu folgen. Im Tiefsten bin ich einsam. Es gibt Bereiche, in die mir niemand folgen kann. Da fühle ich mich allein. Hermann Hesse versteht das Menschsein als Einsamsein: »Leben ist Einsamsein. Kein Mensch kennt den andern, jeder ist allein.« Für Paul Tillich ist Religion das, was jeder mit seiner Einsamkeit anfängt. Wenn ich mich aussöhne mit meiner Einsamkeit und mit meiner Angst vor ihr, dann könnte ich das Geheimnis meiner Existenz entdecken. »Wer die letzte Einsamkeit kennt, kennt die letzten Dinge« sagt Friedrich Nietzsche.

Die Einsamkeit, das Alleinsein könnte mich zu der tiefen Erfahrung führen, dass ich mit allem eins bin. Letztlich verweist mich meine Einsamkeit auf Gott. Der katholische Philosoph Peter Wust hat das in seiner letzten Einsamkeit vor dem Sterben erfahren: »Ich glaube, der tiefste Grund aller menschlichen Einsamkeit ist das Heimweh nach Gott.« Im Sterben ist jeder einsam. »Sterben bedeutet letzte und restlose Einsamkeit. Es macht einsam und lässt einen in die äußerste Einsamkeit eintauchen.«[1] So könnte mich die Einsamkeit herausfordern, mich ganz und gar Gott hinzugeben. Dann wird die Einsamkeit für mich fruchtbar werden, zur Quelle meiner Spiritualität.

Trotz des Glaubens an die Auferstehung wird immer noch die Angst vor dem Sterben bleiben. Ich kann die Angst nur zulassen und mir sagen: »Ja, ich werde sterben. Ich kann durch einen Unfall sterben oder durch Krebs oder Herzinfarkt. Ich kann mich letztlich nicht davor schützen.« Wenn ich das zulasse, werde ich gezwungen, über mein Menschsein nachzudenken: Worin besteht mein Leben, was ist der Sinn meines Lebens? Die Angst vor dem Sterben führt mich zu den Grundfragen menschlicher Existenz. Durch die Angst hindurch können mir die christlichen Wahrheiten neu aufgehen, dass ich durch die Taufe schon jenseits der Schwelle lebe, dass ich mit Christus schon gestorben bin und der Tod keine Macht mehr über mich hat. In mir ist etwas, was der Tod nicht mehr zerstören kann. Das Bild, das Gott sich von mir gemacht hat, ist unvergänglich. Es wird im Tod erst in seiner wahren Schönheit aufleuchten.

Die Spiritualität von unten geht auch anders mit unseren Trieben um. Sie versucht nicht, sie zu beherrschen, sondern zu verwandeln. Sie fragt, wozu die Triebe uns antreiben möchten. Es gibt heute viele, die Essprobleme haben. Manche kämpfen ihr Leben lang vergeblich dagegen an. Fasten kann zwar ein guter Weg sein, von der Esssucht frei zu werden. Aber wenn ich mich mit Fasten bestrafe, weil ich zuviel gegessen habe, dann werde ich immer um das Thema Essen oder Fasten kreisen. Wichtiger wäre, dass ich mich frage, warum ich immer so viel essen möchte, welche Sehnsucht hinter meiner Esssucht steckt. Wenn ich mit dieser Sehnsucht in Berührung komme, dann wird sich auch die Sucht verändern. Im Essen steckt die Sehnsucht nach Genießen. Die Heilung bestünde eher darin, das Genießen zu lernen und mir das gute Essen zu gönnen. Das Ziel des geistlichen Lebens ist ja nach der mittelalterlichen Mystik, Gott zu genießen, »frui deo«. Wer sich jeden Genuss verbietet, wird auch von Gott nichts erfahren. Die wahre Askese ist nicht Verzichten und Abtöten, sondern Einübung in die Menschwerdung, Einüben auch ins Genießen.

Ähnlich ist es mit der Sexualität. Wir haben sie oft in den Turm eingesperrt, aus Angst, die bellenden Hunde würden uns zerreißen. Aber dann fehlt uns die Kraft der Sexualität für unsere eigene Lebendigkeit und für unsere Spiritualität. Eine Spiritualität, die die Sexualität einsperrt, muss ständig Angst haben vor den lauernden Begierden, die einen überfallen. Es ist eine negative Sicht von Sexualität, wenn sie nur das zu Beherrschende ist. Sexualität ist die wichtigste Quelle für unsere Spiritualität. Wenn wir uns mit ihr anfreunden und wie der junge Mann im Märchen gut mit ihr reden, dann könnte sie uns auf den Schatz in unserer Tiefe hinweisen, auf den Schatz unserer Lebendigkeit und unserer spirituellen Sehnsucht. Sie könnte uns vielleicht sagen: »Versuche, wirklich zu leben und zu lieben. So wie du jetzt lebst, lebst du an dir und am Leben vorbei. Gib dich nicht zufrieden mit einem immer nur korrekten Leben! In dir ist eine größere Sehnsucht nach Leben und Liebe. Traue deiner Sehnsucht! Gib dich dem Leben hin, gib dich den Menschen hin, liebe sie mit deinem Herzen! Und liebe Gott mit ganzem Herzen, liebe ihn mit deinem Leib und mit deiner Leidenschaft! Ruhe nicht, bis du dich in Gott hinein übersteigst und mit ihm eins wirst!«

Aber es geht nicht nur darum, in den Turm hinabzusteigen und mit meiner Sexualität zu sprechen, um den Schatz zu entdecken, zu dem sie mich führen möchte. Oft überfällt uns die Sexualität, dann kommen wir gar nicht dazu, mit ihr zu sprechen. Sie hat uns einfach. Viele leiden an der Selbstbefriedigung. Und jeder Kampf dagegen endet meistens in der Enttäuschung. Anstatt sich dann mit Schuldgefühlen zu bestrafen, wäre es hilfreicher, sich seine Ohnmacht einzugestehen, seine Sexualität jemals in den Griff zu bekommen. Für viele ist es heilsam, dass sie ihre Sexualität nicht beherrschen können. Das zwingt sie zum demütigen Eingeständnis, dass sie Menschen sind aus Fleisch und Blut, dass sie sich nicht mit Gewalt zu rein geistigen Menschen machen können.

Die Mönche sprechen immer wieder davon, dass wir zuerst unsere Ohnmacht eingestehen müssen. Dann erst nimmt Gott den Kampf von uns. So heißt es in einem Apophthegma: »Ein Bruder befragte sich beim Altvater Agathon wegen der Unzucht. Er erklärte ihm: Wohlan, wirf dein Unvermögen vor Gott, und du wirst Ruhe finden.«[2] Erst wenn der junge Mönch seine Ohnmacht bekennt, dass er die Sexualität nicht beherrschen kann, kann Gott ihn durch die Ohnmacht hindurch zu neuer Freiheit führen. Es gibt beide Erfahrungen: durch Ohnmacht gegenüber seiner Sexualität den Frieden mit sich und Gott erlangen oder die Verwandlung der Sexualität, wie sie etwa im Tantrismus geübt wird. Dort wird die sexuelle Erregung bewusst eingesetzt, um spirituelle Kräfte zu wecken. Die Sexualität gilt hier als spirituelle Kraft, die uns auf Gott hin treibt.

In der Spiritualität von unten nehmen wir unsere Sexualität dankbar an, weil sie uns immer wieder daran erinnert, dass unser geistliches Leben in der Lust am Leben gipfelt, dass wir nicht bloß korrekt leben sollen, sondern über uns hinauswachsen dürfen in der Ekstase in Gott hinein. Wir haben in unserer geistlichen Tradition Sexualität meistens zu negativ gesehen als die Leidenschaft, die uns von Gott trennt. Natürlich kann uns die Sexualität so bestimmen, dass sie uns Gott gegenüber verschließt. Aber es gibt auch die spirituelle Erfahrung, dass das Sichregen der Sexualität immer auch eine spirituelle Energie mit sich bringt, dass die Sexualität uns immer wieder an unsere Sehnsucht erinnert, mit aller Leidenschaftlichkeit und Liebe mit Gott zu verschmelzen und in ihm die Erfüllung unserer Sehnsucht zu erleben.

Tief in uns sitzt der Ehrgeiz, dass wir mit unseren negativen Gefühlen wie Traurigkeit und Empfindlichkeit zurechtkommen. Aber oft genug spüren wir, dass wir diese Gefühle nicht einfach durch positives Denken vertreiben können. Auch das Beten hilft oft nicht weiter. Manche bitten Gott ständig, dass er sie von ihrer Depression befreien möge. Aber sie kreisen dann in ihrem Beten nur noch um sich selbst.

Eine Schwester litt immer wieder darunter, dass sie von abgrundtiefer Traurigkeit befallen wurde. Nichtbeachtung durch eine Mitschwester, Unzufriedenheit über ihre Arbeit, Überforderung oder irgendein anderer Anlass konnten ihre Fröhlichkeit mit einem Schlag in düstere Traurigkeit verwandeln. Und immer wieder macht sie sich Vorwürfe, dass sie trotz therapeutischer und geistlicher Begleitung nicht weiterkommt. Sie ist von sich enttäuscht und zweifelt an sich selbst. Es wäre irrig zu meinen, es gäbe einen spirituellen oder einen psychologischen Trick, der sie für immer von diesen traurigen Phasen befreien würde. Die Frage ist, warum sie überhaupt von ihrer Traurigkeit befreit werden möchte. Ist das wirklich Gottes Wille oder nur ihr eigener? Entspricht ihre Traurigkeit nicht ihrem Ideal einer Schwester, die immer aus Gott lebt, die durch Gebet und Meditation immer gelassener wird und über den Dingen steht? Aber ist dieses Ideal wirklich auch Gottes Bild von ihr? Oder will sie dem Bild Gottes ihr eigenes Bild überstülpen, das mehr nach ihrem Geschmack wäre, vollkommener und idealer? Will sie Gott dazu benutzen, ihr bei der Erfüllung der eigenen Ideale zu helfen?

Lange Zeit meinte sie, sie könne sich durch Gebet und Meditation von der eigenen Empfindlichkeit befreien. Doch das ist kein Weg. Denn dann würde sie Gott dazu benutzen, von den ihr peinlichen Gefühlen loszukommen. Aber sie hätte eigentlich gar kein Interesse an Gott. Wenn es ihr in ihrer Spiritualität vor allem um Gott geht und nicht um ein gelassenes und zufriedenes Leben, dann findet sie Gott nicht an ihrer Traurigkeit vorbei, sondern nur durch sie hindurch. Der richtige Weg wäre, sich die Traurigkeit und Empfindlichkeit einzugestehen: »Ja, ich bin verletzt, es tut mir weh.«

Wenn ich nicht nur mit meiner Traurigkeit rede, sondern in sie eintauche, ihr auf den Grund gehe, dann kann sie sich für mich verwandeln in einen bitter-süßen Geschmack. Dann spüre ich auf einmal, dass meine Traurigkeit ein intensives Gefühl ist, dass ich in ihr etwas von der Schwere des Lebens und vom Geheimnis des Seins überhaupt erahne. Mir tut es dann gut, diese Traurigkeit zuzulassen. Sie kann durchaus zu einem schönen Gefühl werden, zur Ahnung, dass noch viele Illusionen von mir zerbrechen müssen, bis ich die Wahrheit meines Lebens und die Wahrheit Gottes erkennen und spüren kann.

Oft gibt es gerade im zwischenmenschlichen Bereich Probleme, bei denen es nicht hilft, die Sprache der bellenden Hunde zu verstehen. Wenn ich mich in einer Gemeinschaft immer wieder ausgeschlossen und missverstanden fühle, dann kann ich zwar nach den Ursachen fragen und versuchen, mich selbst mehr ins Gespräch zu bringen, um Missverständnisse zu klären. Aber oft bleibt das Gefühl des Ausgeschlossenwerdens und Unverstandenseins. Es hat dann keinen Zweck, sich ständig darum zu mühen, endlich verstanden und angenommen zu werden. Je mehr ich darum kreise, von allen akzeptiert zu werden, desto weniger werde ich es erfahren. Da bleibt mir nur übrig, die Situation in der Gemeinschaft als spirituelle Herausforderung zu sehen.

Es gibt sowohl in einer klösterlichen Gemeinschaft als auch in der Ehe Situationen, die so verfahren sind, dass sie nicht gelöst werden können. Sie zwingen mich, in Gott meinen Halt und meine Geborgenheit zu suchen. Gerade wenn mir die Gemeinschaft meine Bedürfnisse nicht erfüllt, muss ich mich fragen, wie ernst ich das Psalmwort nehme: »Der Herr ist mein Hirt, nichts wird mir fehlen.« (Ps 23,1) Ist Gott nur die Bestätigung meines Wohlbefindens oder kann ich mit Theresa von Avila sagen, dass Gott allein genügt?

Unlösbare Probleme im Miteinander könnten ein Test sein, wie weit ich Gott wirklich ernst nehme. Da kann ich lernen, ganz auf Gott zu bauen, meine Sehnsucht auf Gott allein zu richten und von ihm allein das Heil und die Erfüllung zu erwarten. Wenn ich bei anderen Geborgenheit und Heimat nicht finde, dann muss ich sie in mir suchen. Es gibt in mir einen Raum, in den die Nadelstiche meiner Mitmenschen nicht eindringen, einen Raum der Stille, in dem Gott in mir wohnt, in dem ich wahrhaft daheim sein kann, weil Gott, das Geheimnis, selbst in mir wohnt. Es ist dann meine Entscheidung, ob ich ständig um mein Unverstandensein kreise und darüber jammere, oder ob ich es dazu benutze, tiefer in Gott hineinzuwachsen.

Das sind nur einige Beispiele, die uns zeigen sollen, wie die Spiritualität von unten konkret aussehen könnte. Sie zeigt sich vor allem darin, dass wir uns hinabbeugen zu dem, was in uns ist, dass wir die Gefühle ernst nehmen, die in uns auftauchen, dass wir uns nicht verurteilen für irgendein Gefühl, für irgendeine Leidenschaft. Wir rechnen vielmehr damit, dass Gott gerade hier zu uns sprechen, dass er uns darauf hinweisen möchte, dass wir an unserem Wesen vorbeileben.

Der Dialog mit den Gefühlen und Leidenschaften könnte uns auf verdrängte Bereiche aufmerksam machen, die wesentlich zu uns gehören und ohne die unser Leben ärmer wäre. Oder die Emotionen, die wir uns sonst verbieten, könnten uns mit dem Bild in Berührung bringen, das Gott sich von uns gemacht hat, das wir aber überdeckt haben mit den eigenen Idealbildern. Unser Idealbild ist oft genug, beherrscht und gelassen, friedlich und freundlich zu sein. Aber mit diesem Idealbild verstellen wir das Bild, das Gott sich von uns gemacht hat. In mir will vielleicht etwas ganz anderes leben, etwas Einmaliges, etwas, das Gott nur in mir entfalten möchte, das ich aber unterdrücke, weil es nicht meinen Vorstellungen entspricht.

Ich spüre aber zugleich, dass sich jetzt auch in meine Spiritualität von unten immer wieder der Ehrgeiz einschleicht, dass ich mich selbst ändern kann, dass ich den Weg zu Gott selbst finde, zwar etwas anders als in meiner Jugend, aber eben doch selbst. Spiritualität von unten würde aber gerade heißen, dass ich mir eingestehe, niemals eine Methode zu finden, mich selbst zu erlösen, mich selbst zu verwandeln. Ich muss mir vielmehr immer wieder sagen: Trotz all deiner spirituellen Bemühungen, trotz all der Bücher, die du schreibst, wirst du dich immer mit den gleichen Problemen herumschlagen, wirst du nie deine Empfindlichkeit und deinen Ehrgeiz loswerden. Erst dieses Eingeständnis meiner Ohnmacht kann mich wirklich für Gott öffnen. Da spüre ich, dass ich meine Hände nur noch auftun muss, um mich in Gott hinein zu ergeben.

1 C. Schütz, Einsamkeit, in: Lexikon der Spiritualität, Freiburg 1998, S. 277.
2 Weisung der Väter, übersetzt von B. Miller, Trier 1998, Nr. 103.

Aufrichtig den eigenen Weg gehen – im Umgang mit anderen

Das Geheimnis des anderen

Mauritius Wilde

Die Aufklärung hat dem Menschen mehr Klarheit gebracht. Der Mensch hat den Mut gefunden, sich seines eigenen Verstandes zu bedienen und so nicht mehr den dunklen Mächten, zum Beispiel der Natur oder dem Schicksal, hilflos und bewusstlos ausgeliefert zu sein. Er fand, besonders mit Hilfe der Wissenschaften, Gesetzmäßigkeiten heraus, nach denen Mensch und Welt sich mit ziemlich großer Sicherheit verhalten. Wir können hinter die Aufklärung nicht mehr zurück.

Doch wo hat uns die Aufklärung hingeführt? Dort, wo es immer heller wird, sieht man irgendwann vor lauter Licht gar nichts mehr. Sehen kann man nur, wo Hell und Dunkel gemischt vorhanden sind. Ein Beispiel, in dem durch immer größere Aufklärung größere Unklarheit eingetreten ist: Für die Sexualität gilt in unserer Gesellschaft selbstverständlich die totale Aufklärung. Jedes Kind kennt heute schon sehr früh verschiedene sexuelle Techniken. Den Sinn seiner Sexualität hat es damit aber noch nicht erfasst, auch nicht deren eigentliche Schönheit und Faszination. Es scheint bei der Aufklärung etwas Wesentliches verlorengegangen zu sein: das Geheimnis.

Für den kleinen Prinzen spielt das Geheimnis eine große Rolle. Jeder Planet, auf den er kommt, ist nicht nur fremd, sondern auch geheimnisvoll. Das ist etwas mehr als fremd. Denn die Fremdheit lässt erzittern, vielleicht zurückschrecken, das Geheimnis aber zieht an. »Wenn das Geheimnis zu eindrucksvoll ist, wagt man nicht zu widerstehen« schreibt der Erzähler des kleinen Prinzen. Befremdlich war das kleine Persönchen mitten in der Wüste, dass von ihm ohne sich vorgestellt zu haben – verlangte, er solle ein Schaf zeichnen. Aber der Flieger spürte nicht nur das Fremde, er spürte ein Geheimnis hinter dem Männchen, das unwiderstehlich war.

Nun ist es das besondere des Geheimnisses, dass es nicht gleich klar auf der Hand liegt, dass es nicht gleich verstanden werden kann und darf. Klar auf der Hand und »verständlich« sind Äußerlichkeiten. Zum Beispiel das Alter eines Menschen, sein Gewicht, die Zahl seiner Geschwister, das Einkommen seines Vaters. Dies ist leicht erklärbar. Hier kann man schnell Aufklärung erhalten. Aber über den Menschen selbst weiß man dann noch nichts, über sein Geheimnis, über sein Herz. »Das Wesentliche ist für die Augen unsichtbar« verrät der Fuchs dem Prinzen.

Und das Geheimnis ist der Motor, der mich überhaupt in die Welt des anderen eingehen lässt. Das, was mir an ihm nicht klar ist, was ich nicht verstanden habe, was ich aber gern erfahren würde, weil es mir – irgendwie doch – einen Sinn zu machen scheint. Eine Welt, die auf Zahlen, Technik und Computer setzt, kann mit Geheimnissen nichts anfangen. Sie sieht nicht das Geheimnis, das in jedem Menschen steckt, in jedem Volk, in jeder Religion, in jeder Kultur. Und wenn sich der andere beharrlich der Berechenbarkeit entzieht, wenn er in seinem Verhalten für mich nicht kalkulierbar ist, dann flößt er mir Angst ein, gegen die ich mich nur mit Gewalt wehren kann. Vielleicht war dies einer der tieferen Beweggründe der Golfkriege. Die islamische Welt, die ganz anders zu denken, zu fühlen und zu glauben scheint als die westliche, war für den Westen nicht kalkulierbar. So hat man zugeschlagen, statt das Geheimnis zu respektieren und sich auf die Suche danach zu machen.

»Was machst du mit fünfhundert Millionen Sternen?« fragte der kleine Prinz. Darauf der Geschäftsmann: »Fünfhunderteine Million sechshundertzweiundzwanzigtausendsiebenhunderteinunddreißig. Ich bin ein ernsthafter Mann, ich nehme es genau.« Unsere Zeit nimmt alles wissenschaftlich genau. Aber leider nimmt sie das Falsche genau. Das Unwesentliche und Äußerliche. Denn wen oder was bewegen solche Zahlen? Wen ziehen sie an?

Wer das Geheimnis im anderen ernst nimmt, dem enthüllt sich sein Geheimnis. Das ist eine weitere Botschaft des kleinen Prinzen. Der sieht wirklich etwas, freilich nicht mit den Augen oder dem Computer, sondern mit dem Herzen. Der Flieger ist fast am Verdursten. Der kleine Prinz schlägt ihm vor: »Suchen wir einen Brunnen.« Dem Flieger ist sofort die Hoffnungslosigkeit dieses Unternehmens bewusst. Einen Brunnen in der Unendlichkeit der Wüste zu finden ist aussichtslos. Trotzdem geht er mit dem kleinen Prinzen mit. Schon hier zieht ihn also das Geheimnis, ohne dass er darum wüsste. Unterwegs schließt ihm der Prinz auf: »Die Wüste ist schön. Es macht die Wüste schön, dass sie irgendwo einen Brunnen birgt.« Jetzt gehen dem Flieger die Augen auf. Dass die Wüste, die er schon immer geliebt hatte, ein Geheimnis birgt, geht ihm jetzt auf. Und dass dieses Geheimnis die Wüste so schön macht. Nun vollzieht sich ein Wechsel. Der, der ihn auf die Reise brachte hin zum Geheimnis der Wüste, wird müde. Und so nimmt der, der vorher geführt wurde, nun seinen Führer in den Arm und trägt ihn durch die Wüste. Und ganz unspektakulär, als sei es eine Selbstverständlichkeit, entdeckt er bei Tagesanbruch tatsächlich den Brunnen.

Diese Geschichte beschreibt, wie ich zum Geheimnis des anderen vordringen kann. Zunächst besteht – rational betrachtet –

kaum eine Aussicht, es je zu finden. Und doch ist das Geheimnis des anderen auch die Rettung meines Lebens. So mache ich mich auf den Weg, wider alle Hoffnung. Dies ist die Stufe des »Ich verstehe dich nicht«. Unterwegs, beim Eingehen in die Welt des anderen, erschließt sich sein Geheimnis. Noch habe ich es nicht unmittelbar erreicht. Es geht mir nur als Geheimnis auf. Wo vorher nur Befremdliches, Nichtverstehen, Ratlosigkeit, Hilflosigkeit war, geht mir jetzt auf, dass im anderen ein tiefes Geheimnis ist, das ihn so faszinierend und schön macht, und das mich zu ihm hinzog, schon als ich noch gar keinen Grund hatte, in seine Welt hineinzugehen. Im Bewusstsein dieses Geheimnisses gehe ich weiter. Wurde ich vorher noch geführt, so werde ich jetzt selbst zum Mystagogen, zum Einweiser ins Geheimnis, und bahne mir meinen Weg durch die Welt des anderen. Und auf einmal, unerwartet und doch nicht mehr überraschend, bin ich da. Beim Geheimnis des anderen.

Es ist also möglich, den anderen kennen zu lernen, ihm zu begegnen. Ich muss aber bis zu seinem Geheimnis vorstoßen, dass auf dem Grund seiner Gestalt liegt, nicht an der Oberfläche. Der andere verliert dadurch nicht seine Geheimnishaftigkeit. Aber es kann nun sein, dass ich zum ersten Mal wieder, und diesmal berechtigt, sagen kann: »Ich verstehe. Ich verstehe dich.« Wer das Geheimnis des anderen sehen durfte, der versteht ihn. Aber erst dann.

Es gibt einige Szenen in den Evangelien der Bibel, in denen Jesus etwas voraussieht, gleichsam hellseherische Fähigkeiten hat. Auch der kleine Prinz kann hellsehen (zum Beispiel den Brunnen in der Wüste). Aber wir erkennen jetzt, dass Hellsehen keine magische Begabung von einigen wenigen Begnadeten oder Spezialisten ist, sondern dass derjenige hell sieht, der durch das Dunkel von Fremdheit und Geheimnis gegangen und bis zum Geheimnis vorgedrungen ist. Der sieht die Dinge und Menschen gleichsam von innen, von ihrem wesentlichen Grund her, und kann dann Selbstverständlichkeiten voraussehen. Echte Aufklärung muss durch das Dunkel hindurch. Sonst bleibt sie an der Oberfläche.

Den Bruder und die Schwester lieben
Anselm Grün

Das Gebot der Nächstenliebe scheint uns zu überfordern. Wie kann ich einen Menschen lieben, der mir unsympathisch ist, der in mir negative Gefühle auslöst? Ich kann doch meine Gefühle nicht vergewaltigen, ich kann doch nicht mir selbst und dem anderen gegenüber unehrlich sein. Wenn wir vom Begriff der Liebe als Umwandeln der umgedeuteten Wirklichkeit oder als Gutbehandeln des als gut Gesehenen ausgehen, dann zwingt uns die Liebe nicht, unsere negativen Gefühle zu unterdrücken und ein künstliches Wohlverhalten allen Menschen gegenüber an den Tag zu legen.

Wozu wir uns zwingen müssen, das ist die neue Sicht des anderen. Wir müssen unsere Vorurteile in Frage stellen und versuchen, den anderen bewusst einmal mit der Brille des Glaubens zu betrachten und in ihm an einen guten Kern zu glauben. Zur Liebe dürfen wir uns nicht zwingen. Die Liebe folgt aus dem Glauben. Unsere Aufgabe ist es, unser Verhalten in Übereinstimmung mit unserer Sichtweise zu bringen. Sonst sind wir in uns selbst gespalten. Aber wir brauchen in uns keine Gefühle der Liebe zu erzeugen. Wenn wir im anderen eine Sehnsucht nach dem Guten entdecken, werden in uns auch positivere Gefühle hochkommen. Lieben bedeutet dann, den anderen so zu behandeln, dass wir seine Sehnsucht nach dem Guten ernst nehmen, dass wir das Gute in ihm immer mehr hervorlocken, dass wir dazu beitragen, dass das Gute in ihm das Krankhafte und Unheile, das Böse und Dunkle immer mehr überwindet, so dass der ganze Mensch gut wird. Lieben heißt, den anderen gut machen, ihn immer mehr in einen guten Menschen verwandeln.

Wenn der Glaube das Erkennen einer Lösung zweiter Ordnung ist, so führt die Liebe diese Lösung durch. Wie der Glaube, so verlässt auch die Liebe die Ebene, auf der man endlose Spiele spielt. Ein endloses Spiel ist das Spiel von Sieg und Niederlage. Manche Menschen können nur auf der Ebene von Sieg und Niederlage miteinander umgehen. Entweder bin ich stärker oder schwächer als der andere, entweder siege ich oder er. Einer muss immer verlieren. Doch das ist ein Spiel ohne Ende. Denn wenn ich einmal verloren habe, so kämpfe ich darum, das nächste Mal zu gewinnen. Und wenn ich nicht gegen den gleichen Partner gewinnen kann, suche ich mir andere aus, die ich besiege. Denn ich kann es nicht aushalten, ein ewiger Verlierer zu sein.

Die Liebe verlässt diese Ebene von Sieg und Niederlage, sie überspringt sie und geht mit dem anderen auf einer höheren Ebene um. Sie sieht ihn nicht als Konkurrenten, sondern als einen Menschen, in dem viel Gutes steckt. Und sie ist daran interessiert, das Gute in ihm zu verstärken, seine Möglichkeiten in ihm zu wecken und ihn leben zu lassen. Sie braucht die Niederlage des anderen nicht, um an den eigenen Wert und die eigene Kraft glauben zu können. Wer in sich oder vielmehr in Gott seinen Grund und seinen Wert gefunden hat, der kann auch den anderen in seinem Wert gelten lassen. Das ist weniger anstrengend als der ständige Druck, über den anderen siegen zu müssen.

Indem ich die Ebene von Sieg und Niederlage überspringe, entziehe ich mich dem ständigen Kampf, mich behaupten zu müssen. Und auf einmal entdecke ich viel positivere Möglichkeiten, mit dem anderen umzugehen. Ich kann mich an seinem Wert freuen. Das schmälert nicht meinen Wert, sondern gibt mir im Gegenteil Anteil an seinem Reichtum. Es braucht nur viel Phantasie, die Ebene von Sieg und Niederlage zu überspringen und so eine Lösung zweiter Ordnung zu erreichen. Im Wesen der Liebe liegt es ja, sich von Intuitionen leiten zu lassen, sich phantasievolle Lösungen auszudenken, neue Wege und Möglichkeiten zu entdecken. Die Liebe macht erfinderisch. Manchmal ist sie auch ein bisschen verrückt. Aber ihre verrückten Lösungen sind menschlicher als das endlose Spiel auf der Ebene von Sieg und Niederlage.

Wir erschweren uns häufig die Liebe zu den Menschen, indem wir uns zu hohe Ideale davon machen. Das gilt für unsere Beziehung zum Nächsten. Da nehmen wir uns immer wieder vor, den anderen zu lieben. Und dann sind wir maßlos enttäuscht, dass der andere einen völlig konträren Standpunkt einnimmt, dass er uns widersteht oder uns gar bekämpft. Wir verwechseln oft Liebe mit Harmonie. Es wäre doch so schön, wenn alle harmonisch miteinander leben könnten. Aber das ist eben eine Utopie. In unserer Sehnsucht nach Harmonie sind es ja meist die anderen, die diese Harmonie stören. Und dann haben wir auf einmal Probleme, die Spielverderber weiter zu lieben.

Die echte Liebe stellt keine Bedingungen an die anderen. Sie nimmt sie, wie sie sind. Sie konstatiert ganz nüchtern, was in ihnen ist: Unzufriedenheit, Aggressivität, Machtstreben, Suche nach Anerkennung, Intrige, aber eben auch Sehnsucht nach dem Guten. Die Liebe macht sich nichts vor, sie verwandelt das Faktische. Sie weckt das Gute im kranken und kaputten Menschen. Die Liebe hat keine Angst vor Konflikten. Denn sie übersteigt die Ebene des Konfliktes. Sie fragt auch in einem Konflikt, was dem anderen wirklich gut tut. Indem die Liebe die Ebene übersteigt, beißt sie sich in einem Konflikt nicht an den Emotionen fest, sondern bleibt konsequent in der Suche nach der echten Lösung. Die Sehnsucht nach Harmonie weicht der harten Realität aus und flüchtet in eine Scheinwelt. Die Liebe stellt sich der Wirklichkeit, sie lässt sich auf sie ein und wandelt sie um. Verwandeln kann man nur, was man angenommen hat. Diesem Grundgesetz des Lebens folgt die Liebe, indem sie bejaht, was sie vorfindet.

Utopische Vorstellungen erschweren oft die Liebe zwischen den Partnern in einer Ehe oder Freundschaft. Da schwärmt man von der gegenseitigen Liebe und fällt dann aus allen Wolken, wenn der Partner das Geschirr nicht abgespült hat. Der Höhenflug der Liebe endet in den Banalitäten des Alltags. Für Benedikt von Nursia zeigt sich die brüderliche Liebe ganz konkret in der Bereitschaft, die täglichen Dienste zu übernehmen und gewissenhaft und sorgfältig auszuführen. Die Liebe muss Fleisch werden und die Realität des Lebens annehmen. Die Realität ist oft nüchtern und besteht aus tausend Kleinigkeiten. Dem anderen begegne ich eben nicht nur in seinen hehren Gedanken und Gefühlen, sondern auch in seinen Gewohnheiten, die mir auf die Nerven gehen.

Für Benedikt zeigt sich daher die Liebe gerade auch im Ertragen der gegenseitigen Schwächen und Gebrechen. (vgl. Regel Benedikts, Kapitel 72) Statt utopischen Vorstellungen nachzuhängen, lässt sich die Liebe auf die Wirklichkeit des anderen und des konkreten Miteinanders ein, sie verschließt die Augen nicht vor der Wirklichkeit, aber sie überspringt die Ebene, auf der man sich gegenseitig reibt. Sie sieht durch das Sichtbare hindurch auf das Unsichtbare im anderen, auf seine gute Absicht, auf seinen guten Kern, auf seine positiven Möglichkeiten. Und sie behandelt ihn von dieser Ebene aus. Dadurch relativieren sich viele Reibereien. Sie werden nicht mehr so schrecklich wichtig. Sie werden nicht verleugnet und verdrängt, sondern angenommen und verwandelt. Die Utopie endet in Resignation, die Liebe dagegen geht die alltäglichen Probleme aktiv an, mit viel Phantasie, mit Geduld und einem langen Atem, und mit Humor, der eine typische Lösung zweiter Ordnung darstellt. Diese Eigenschaften der Liebe hat Paulus im Korintherbrief in klassischer Weise beschrieben: »Die Liebe ist langmütig (makrothymos, magnanimitas, weitherzig, mit einem langen Atem), die Liebe ist gütig (chresteuetai, sie macht gut) ... Sie erträgt alles, glaubt alles, hofft alles, hält allem stand.« (1 Kor 13,4.7)

Die Liebe stellt sich der Realität, sie hält ihr stand, sie erträgt sie und wandelt sie um, weil sie in ihr an das Gute glaubt, das Gott da hineingelegt hat. Und weil sie von Gott erhofft, dass er mit seiner Liebe alles zu verwandeln vermag.

Mitleid zeigen und Barmherzigkeit tun

Lothar Kuld

Mitleid zeigen

In der Diskussion um Mitleid hängt natürlich auch viel davon ab, was man unter Mitleid versteht. Die einen sagen Mitleid und meinen damit etwas anderes als Mitgefühl. Mitleid ist für sie verächtlich, Mitgefühl ein Zeichen von Empfindung. Im Grunde meinen Mitleid und Mitgefühl das gleiche. Das Wort Mitgefühl bringt die mehr psychologische Seite des Mitleids ins Spiel und findet deshalb heute eher Anerkennung. Mitleid im Sinne von Mitgefühl ist ein Gefühl, das jeder Mensch kennt und ihn mit seinem Mitmenschen verbindet. Mitfühlend dürfen wir alle sein. Mitgefühl dürfen wir zeigen. Das Mitgefühl ist Teil unserer emotionalen Intelligenz.[1]

Mit seiner Hilfe können wir uns in andere Menschen hineinversetzen und uns vorstellen, wie ihnen zumute ist. Die Geschichte der Menschheit begann nicht damit, dass irgendwann einer unserer Vorfahren ein Werkzeug gebaut hat, um sich sein Leben bequemer zu machen, sondern mit dieser Fähigkeit, sich den anderen vorzustellen, sich vorzustellen, wie er fühlt und wie er denkt, und mitfühlend mit ihm zu teilen, was er hat. Damit begann menschliche Gemeinschaft.[2]

Die Fähigkeit, sich vorzustellen, dass ein anderer leidet, ist Mitleid. Mitleid macht die Überzeugung stark, dass es für mich unbedingt wichtig ist herauszufinden, ob ein anderer leidet, und dann nicht zu ruhen, bis das Leiden, das vermeidbar wäre, abgestellt ist. Mitleid ist mit der Überzeugung verbunden, dass das Leiden eines Menschen, auch das eines ganzen Volkes, aufgehoben und beseitigt werden sollte, wo immer und soweit das möglich ist. Mitleid und Mitgefühl sind Brücken zum Mitmenschen. Sie zeigen mir, was einem Menschen an Lebensglück und Anerkennung fehlt. Mitleid ist die Empörung und Rebellion gegen das Unglück und Unrecht, das einem anderen angetan wird. Ich kann es vielleicht nicht ändern, aber ich kann die um ihr Lebensglück Gebrachten und Vergessenen, wenn nichts mehr zu tun bleibt, in Erinnerung behalten und dem Vergessen entreißen und so würdigen. Mitleid in diesem Verständnis ist eine starke Quelle der Veränderung. Es motiviert zum Handeln.

Bleibt die Frage: Warum ich? Warum soll ich handeln, wenn es so viele andere gibt, die nichts tun, die schweigen oder wegsehen. Diese Frage ist in der Tat nicht immer vernünftig zu entscheiden. Vieles geschieht spontan. Man hat dafür nicht immer Gründe. Eine Schülerin, die zwei Wochen lang in ein Heim für pflegebedürftige alte Menschen ging, sagte mir, dass sie nachmittags, wenn sie nach Hause kam, überhaupt keine Lust mehr hatte, am nächsten Tag wieder dorthin zu gehen. Sie sah diese Menschen, die am Ende ihres Lebens standen. Aber dann, sagte sie, schöpfte sie Kraft aus dem Mitleiden. Sie ging wieder hin und was sie am Nachmittag gedacht hatte, war wie weggeblasen, erzählte sie. Sie hatte das Gefühl, das Richtige zu tun.

»Mitleidenschaft« (Compassion) wäre das richtige Wort für diese Handlung des Mitgefühls. Sie geht bis an die Grenzen und weiß, dass Hilfsbereitschaft an Grenzen kommt, an die eigenen und an die des anderen. Und sie achtet darauf, dass diese Grenzen nicht überschritten werden. Menschen mit Mitgefühl wollen keine leidfreie Welt schaffen. Sie sortieren die Alten und Kranken und Kleinen nicht aus, sondern verbünden sich mit ihnen. Sie haben ein Gespür dafür, dass sie selber Menschen sind, nicht stärker und nicht gesünder und nicht größer als andere Menschen, und Gesundheit und Behinderung, Stärke und Hinfälligkeit, Glück und Leid, Schönheit und Missbildung nie so verteilt sind, dass die einen alles »Gesunde«und die anderen den »schlechten« Rest haben. Mitleid ist kein Selektionswort. Es erklärt Menschen, die alt sind, nicht zu Leidenden, und Menschen die behindert sind, nicht zu armen Kreaturen.

Das menschliche Leben ist breiter und vielfältiger, als man denkt. Das anzuerkennen löst viele Blockaden. Wir brauchen die

Mitmenschen nicht alle zu lieben, das können wir nicht, wie wir wissen, und das tun wir auch nicht. Aber wir können sie anerkennen als Menschen, so wie sie nun einmal sind. Wir brauchen sie uns nicht gleichzumachen. Und wir müssen das auch nicht, wenn wir Mitleid empfinden. Die Not eines anderen Menschen rührt mich an und drängt zum Handeln. Ich werde also versuchen, seine Lage zu verbessern, nicht aber ihn, den Menschen. Er mag als Mensch ein anderes Leben führen als ich, andere Überzeugungen, andere Vorstellungen, eine andere Moral und einen anderen Glauben und eine andere Sprache und Kultur haben, ich komme ihm mitfühlend als einem Menschen nahe, der sein kann und sein darf wie er ist. Dem Gefühl des Mitleids tut dies zunächst keinen Abbruch. Es stellt sich ein und ist da und fragt nicht, ob es gerechtfertigt ist. Deshalb kann Mitleid ja auch ausgenutzt, missbraucht und getäuscht werden. Mitleid und Mitgefühl zu zeigen erfordert deshalb Mut, viel mehr Mut als der coole Rückzug ins scheinbar gleichgültige Ich. Gleichgültigkeit ist keine Alternative. Cool sein, sich nicht vom Leid eines anderen anrühren lassen, ist ein seelisches Notprogramm.

Barmherzigkeit tun

Psalm 136 preist Gottes Compassion mit der gesamten Schöpfung. Gottes Barmherzigkeit ist universal. Sie gilt jedem, der leidet, auch den Tieren: »Der Gerechte sorgt für seines Viehs Bedürfnisse.« (Spr 12,10) Die Armen stehen unter dem besonderen Schutz Jahwes: »Wer den Geringen bedrückt, schmäht dessen Schöpfer; aber ihn ehrt, wer sich des Armen erbarmt.« (Spr 14,31) »Wer seinen Nächsten missachtet, sündigt; aber wohl dem, der sich der Elenden erbarmt!« (Spr 14,21) Oder noch anders: »Wer sich erbarmt des Hilfsbedürftigen, leiht an Jahwe aus, und er (Jahwe) wird ihm seine Guttat vergelten.« (Spr 19,17) Barmherzigkeit zeigt sich im Tun. Die Bibel besteht auf dem Tun: »Wisst Ihr nicht, wie das Fasten ist, das ich liebe? So spricht der Herr Jahwe: Ungerechte Fesseln öffnen und des Joches Stricke lösen; die Bedrückten frei entlassen und jegliches Joch zerbrechen; dein Brot dem Hungrigen brechen und obdachlose Arme aufnehmen in dein Haus; den Nackten, den du siehst, bekleiden und dich deinen Mitmenschen nicht entziehen.« (Jes 58,6–8)

Dieses Verständnis tätigen Mitleids setzen die frühen Christen fort. Der Verfasser des ersten Johannesbriefs formuliert unmissverständlich, dass es auf das Tun der Barmherzigkeit ankommt: »Wenn einer die Güter der Welt besitzt und seinen Bruder Not leiden sieht und sein Herz vor ihm verschließt, wie kann in dem Gottes Liebe bleiben? Liebe Kinder! Wir wollen nicht mit Worten lieben und mit der Zunge, sondern in Tat und Wahrheit.« (1 Joh 3,17)

Als klassisches Beispiel christlicher Barmherzigkeit gilt der barmherzige Samariter. Aber wir werden gleich sehen, dass aus diesem Gleichnis keine Lehre herauszuholen ist, die nur die Christen beträfe: Bei Lukas heißt es: »Er sah ihn (den Überfallenen) und wurde von Mitleid ergriffen (esplagchnisthe).« (Lk 10,33) Um zu verstehen, warum Jesus diese Geschichte erzählt und sich mit dieser Geschichte gleichsam in das Menschheitsgedächtnis hineinerzählt hat, müssen wir den Rahmen, das Vorgespräch genauer lesen: »Und siehe; ein Gesetzeskundiger stand auf, um ihn auf die Probe zu stellen, und. sagte: Lehrer, was muss ich tun, um ewiges Leben zu erben? Er aber sagte zu ihm: Was steht im Gesetz geschrieben? Was liest du? Der antwortete und sagte: Du sollst den Herrn, deinen Gott, lieben aus deinem ganzen Herzen und mit deiner ganzen Seele und mit deiner ganzen Kraft und mit deiner ganzen Einsicht, und deinen Nächsten wie dich selbst. Er aber sprach zu ihm: Richtig antwortetest du; tu dies, und du wirst leben. Der aber wollte sich rechtfertigen und sprach zu Jesus: Und wer ist mein Nächster? Da sprach Jesus: Ein Mensch stieg hinab von Jerusalem nach Jericho und fiel unter die Räuber, die zogen ihn aus und versetzten ihm Schläge, gingen weg und ließen ihn halbtot liegen. Durch Zufall aber stieg ein Priester herab auf jenem Weg, er sah ihn und ging vorbei. Gleicherweise kam auch ein Levit an den Ort, er sah ihn und ging vorbei. Ein Samariter aber, der unterwegs war, kam zu ihm, er sah ihn und wurde von Mitleid ergriffen. Und er kam ihm nahe, verband seine Wunden, goss Öl und Wein darauf, setzte ihn aufsein eigenes Lasttier, führte ihn in eine Herberge und sorgte für ihn. Und am Tag darauf nahm er zwei Dinare, gab sie dem Herbergswirt und sprach: Sorge für ihn, und was immer du dazu aufwendest, bei meinem Zurückkommen werde ich es dir zurückgeben. Wer von diesen dreien dünkt dir, dem unter die Räuber Gefallenen Nächster geworden zu sein? Der aber sprach: Der das Erbarmen mit ihm getan hat. Jesus sprach zu ihm: Geh, und tu es in gleicher Weise.« (Lk 10,25–37)

Der Samariter handelt aus Mitleid. Er reflektiert nicht, ob seine Hilfe angemessen ist, er wägt nicht erst ab, handelt streng genommen also gar nicht ethisch, wenn ethisch Handeln heißt, aufgrund von Wahlmöglichkeiten sich zu entscheiden und daraufhin selbstverantwortet und bewusst zu handeln. Nein, der Samariter hilft aus einem Impuls heraus, ohne zu wissen und zu überlegen, was die Situation von ihm fordert, und was er von seiner Hilfeleistung hat. Er sieht hin und weiß. Die Geschichte hat insofern keine Moral und kein Ethos. Sie zeigt etwas ganz einfach Menschliches. Der Samariter reagiert als ein Mensch, der sich von Mitgefühl überwältigt einem »Halbtoten« nähert. Er reagiert mit unglaublicher Selbstverständlichkeit und tut, was getan werden muss, während die religiösen Führer in dieser Geschichte, Priester und Levit, kläglich versagen. Sie handeln vermutlich aus religiösen Motiven (Tote galten als unrein) und versagen deshalb. Der Samariter hat solche Motive nicht. Vielleicht ist er gerade deshalb in der Lage, das menschlich betrachtet Nächstliegende zu tun. Daraus folgt: Religion ist keine Garantie dafür, dass ein Mensch Mitleid zeigt. Sie ist unter Umständen sogar ein Hindernis. Nicht nur der moderne Mensch in der Ego-Falle handelt vielleicht nicht. Es handelt auch der Mensch nicht, der alle Bibelstellen von Gottes Barmherzigkeit kennt. Doch darin liegt gar nicht so sehr die Provokation dieses Gleichnisses. Der Samariter handelt, weil er keine religiösen Barrieren hat. Er könnte kulturelle Unterschiede geltend machen, wenn wir annehmen, dass der Überfallene Jude ist. Aber das wissen wir nicht genau. Sein Mitleid und Mitgefühl anerkennen jedenfalls keine religiösen, kulturellen oder sozialen Grenzen. Nichts stoppt ihn. Er muss nicht religiös und nicht Samariter sein, um Hilfsbereitschaft zu entwickeln. Eine christliche Ethik des Helfens ist deshalb im Grunde nicht wirklich nötig und – entgegen immer noch verbreiteten Vorstellungen – aus der Samaritergeschichte auch nicht zu gewinnen.

Die theologische Diskussion dieses Sachverhalts findet in der Rahmenhandlung zu dieser Geschichte statt. Sie nimmt ihren Anfang in einem Streitgespräch über die Frage, was ein Mensch tun müsse, um das »ewige Leben« zu erlangen. Die Antwort der Schrift lautet: »Du sollst den Herrn, deinen Gott, lieben mit deinem ganzen Herzen und mit deiner ganzen Seele und mit deiner ganzen Kraft und mit deinem ganzen Denken und deinen Nächsten wie dich selbst.« (Lk 10,27) Beide Gebote sind Zitate aus dem Ersten Testament: »Du sollst Jahwe, deinen Gott, lieben aus deinem ganzen Herzen und mit aller Kraft!« (Dtn 6,5) und: »Räche dich nicht ... sondern liebe deinen Nächsten wie dich selbst.« (Lev 19,18)

»Und wer ist mein Nächster?«, wird Jesus gefragt. Daraufhin erzählt er das Gleichnis vom barmherzigen Samariter. Das Gleichnis hat eine lange Auslegungsgeschichte. Gerd Theißen[3], dem wir nun folgen, interpretiert es im Blick auf die Krise des Helfens, die von drei Einwänden bestimmt ist: 1. Zur Ideologie einer Ego-Gesellschaft gehört die Vorstellung, Hilfe sei Selbstausbeutung. Der Helfer könne sich nicht richtig vom Hilfsbedürftigen abgrenzen, er habe eine Art Helfersyndrom. 2. Mitleid und Barmherzigkeit haben mit Macht zu tun. Der Helfer helfe nur sich selbst. 3. Hilfsbereitschaft ist letztlich egoistisch. Sie diene nur den eigenen Nachkommen und der eigenen Gruppe, der Streuung und Verbreitung der eigenen Gene.

Es lohnt sich, mit diesen Argumenten das Gleichnis vom barmherzigen Samariter zu lesen. Dann zeigt sich ein Modell mitleidigen Handelns, das vom Samariter zu tun verlangt, was er leisten kann, nicht mehr, nicht weniger. Er hat bestimmt kein Helfersyndrom und beutet sich nicht aus. Er verabschiedet sich von dem Überfallenen, sobald er den zweiten Helfer, der den Verletzten übernimmt, gefunden hat. Die Zuwendung des Samariters bleibt auf jeden Fall zeitlich begrenzt. Er kann sich offenbar gut lösen. Er bleibt nicht, bis er selbst nichts mehr hat, sondern setzt seinen Weg alsbald fort.

Vielleicht aber genießt er die Macht, einen so hilflosen Menschen vor sich zu haben? Er ist der Starke, und dort ist der Schwache? Um hier weiterzukommen, müssen wir den Unterschied zwischen Barmherzigkeit und Nächstenliebe im antiken Umfeld beachten. In der orientalischen Antike war Barmherzigkeit in der Tat ein Gnadenerweis der Mächtigen. So denkt auch die Bibel die Barmherzigkeit Gottes. Barmherzigkeit war ein Geschehen unter grundsätzlich Ungleichen. Die Mächtigen und Reichen, die auf gesellschaftliches Ansehen Wert legten, rühmten sich ihrer Barmherzigkeit. Barmherzigkeit war eine Statusfrage und hatte ihren Platz in einer autoritären Gesellschaft mit ausgeprägten Standesunterschieden.

Dagegen war (und ist) die Nächstenliebe ein Konzept der Beziehung unter Gleichen. Es taucht ebenfalls in der (römischen) Antike schon auf und ist wie Freundschaft nur unter Gleichgestellten und Gleichberechtigten denkbar. Nächstenliebe in dieser Bedeutung einer Beziehung zwischen Menschen, die sich als gleich und ebenbürtig erachten, ist symmetrisch. Nächstenliebe gibt es nur zwischen Menschen, die sich gegenseitig als gleichwertig akzeptieren. Der »Nächste« ist immer nur der, der mir gleich ist und den ich als mir gleich akzeptiere. Der Nächste ist der mir gleiche Mensch. Wenn es am Ende der Zehn Gebote heißt: »Du sollst nicht begehren das Haus deines Nächsten. Du sollst nicht begehren das Weib deines Nächsten, noch seinen Knecht, noch seine Magd, noch sein Rind, noch seinen Esel, noch irgend etwas, was deinem Nächsten gehört.« (Ex 20,17), dann ist mit dem »Nächsten« der vermögende Nachbar gemeint, nicht irgendein mittelloser und hilfsbedürftiger Mensch. Die Liebe zum Nächsten gibt es nur unter Gleichen. Jedes Machtgefälle muss ausgeschlossen sein.

Offensichtlich hatten schon die frühen Christen damit ein Problem. Denn die sozialen Unterschiede bestanden natürlich auch in ihren Reihen fort, und es scheint, dass es sehr wohl Statusunterschiede gab und Unterschiede in der Beachtung der einzelnen Gemeindemitglieder gemacht wurden, so dass der Verfasser des Jakobusbriefs seine Adressaten eindringlich mahnen muss, jeden in der Gemeinde ohne Rücksicht auf seinen Status, arm oder reich gleich zu behandeln: »Wenn ihr das königliche Gesetz erfüllt nach der Schrift: Liebe deinen Nächsten wie dich selbst, so tut ihr recht; wenn ihr aber die Person anseht, tut ihr Sünde und werdet überführt vom Gesetz als Übertreter.« (Jak 2,8f)

Im Gleichnis vom barmherzigen Samariter treffen zwei aus der Gesellschaft ausgeschlossene Menschen aufeinander. Der Überfallene ist ausgeschlossen aufgrund seines bösen Geschicks, der Samariter aufgrund seiner Außenseiterrolle auf jüdischem Gebiet. Zwischen beiden Menschen besteht in dieser Hinsicht Symmetrie, und sie begegnen sich auf dieser Ebene als gleiche. Ein Machtgefälle besteht kaum. Und einen Vorteil kann der Samariter aus seiner Hilfsbereitschaft auch nicht ziehen. Es ist sehr unwahrscheinlich, dass der Überfallene die gleichen Gene hat. Es ist unklar, ob der »halbtot« daliegende Mann tatsächlich überlebt. Nicht abzusehen ist, ob der Überfallene dem Samariter mit Gleichem vergelten kann. Das würde voraussetzen, dass zwischen beiden nun eine lange Beziehung entsteht. Der Samariter aber geht weiter, nachdem er erste Hilfe geleistet hat. Alle- Erwägungen, ob der Samariter nicht doch nur an sich gedacht haben könnte, greifen bei dieser Geschichte also nicht.

Und es kommt noch eine Schwierigkeit hinzu, die sich erst am Ende der Geschichte auflöst: Der Samariter ist nicht von vornherein »der Nächste«. Das wird er erst durch die Frage und den Kommentar, den Jesus seiner Geschichte anfügt. »Welcher von diesen dreien (Priester, Levit, Samariter) scheint dir der Nächste geworden zu sein, dem, welcher unter die Räuber fiel?« (Lk 10,36) Die Fragestellung ist entscheidend. Jesus fragt nicht: »Wer ist der Nächste gewesen?«, sondern: »Wer ist der Nächste geworden?« Darum geht es: Wie wird ein Mensch zum Nächsten? Im griechischen Text liegt hier ein kleines Wortspiel vor. Frei übersetzt fragt Jesus nämlich: »Welcher von diesen dreien scheint dir dem, welcher unter die Räuber fiel, nahe gekommen zu sein?« Das ist offensichtlich und ganz handfest der Samariter. Der »Nächste« ist der, der sich auf das Opfer zu bewegt und ihm dadurch »der Nächste« wird. Das erscheint banal, ist aber für das Verständnis, wer im christlichen Verständnis einem Menschen der Nächste ist, entscheidend. Der Nächste ist nicht jener, der aufgrund seines Status als Familienmitglied oder aufgrund der Rechtslage Anspruch auf Hilfe hat. Das macht ihn noch nicht zum Nächsten. Der Nächste ist der, den und dem wir uns zum Nächsten machen, dem wir uns nähern, um Hilfe leisten zu können. Dabei kommen wir ihm unwillkürlich »nahe«. In christlichem Verständnis ist »Bruder« und »Schwester« dann nicht nur der Mensch, mit dem ich genetisch verwandt bin, sondern prinzipiell jeder Mensch.

Gehen wir nochmals an den Anfang der Geschichte. Für Priester, Levit und Samariter war der Überfallene »halbtot«. Die Frage, ob es sich lohnt, noch zu helfen, musste sich allen drei stellen. Wenn wir annehmen, dass der Überfallene Jude war (das wird nicht ausdrücklich gesagt), müssten Priester und Levit ihm als einem Volksgenossen am nächsten stehen und am ehesten helfen. Sie geben ihn jedoch auf. Er ist aus ihrem Leben herausgefallen. Diesem Verlorenen, Aufgegebenen und Aussortierten wendet sich der Samariter zu. Der Verlorene, Aufgegebene, Aussortierte ist sein »Bruder« und gehört zu jenen »geringsten«, mit denen sich der Weltenrichter in der großen Gerichtsrede des Matthäusevangeliums selbst identifiziert. (Mt 25,31–46) »Ich hungerte, und ihr gabt mir zu essen, ich dürstete, und ihr gabt mir zu trinken, fremd war ich, und ihr führtet mich ein, nackt, und ihr umkleidetet mich, krank war ich, und ihr schautet nach mir, im Gefängnis war ich, und ihr kamt zu mir.« (Mt 25,35f)

Am Schluss des Samaritergleichnisses hat man fast vergessen, dass das Gleichnis im Anschluss an die theologische Frage nach dem »ewigen Leben« erzählt wird. Das »ewige Leben« erlangt, wer das Doppelgebot der Liebe erfüllt, sagt der Gesetzeslehrer, und Jesus stimmt ihm ausdrücklich zu. Er sagt ihm: »Tu das, und du wirst leben.« (Lk 10,28) Was heißt hier »leben«? Die christliche Rede vom jüngsten Gericht, vom Weltenrichter und ewigen Leben ist ein wenig aus der Mode gekommen. Man kann dieser Mythologie wenig abgewinnen. Kaum einer glaubt daran. Dennoch sollte man den Impuls, der in diesen Bildern vom Endgericht und in der Sehnsucht nach »ewigem Leben« steckt, nicht vergessen. Endgericht meint, dass jedes Leben wichtig ist, keines verloren geht und gerade das übergangene, aufgegebene, aussortierte und weggeworfene Leben von Gott angeschaut wird und vor Gott Wert hat.

Ewiges Leben in diesem Sinne ist mehr als biologisches Leben. In biologischer Sicht unterliegt das Leben des Menschen der Selektion. Mit der modernen Reproduktionsmedizin beginnt der Mensch, die Selektion selbst in die Hand zu nehmen. Das beschädigte Leben, in das zu investieren unendliche Mühe kostet, wird immer früher erkannt und kann aussortiert werden. Um der biologisch und evolutionär notwendigen Auslese willen nimmt der Mensch den Tod in Kauf. Das ist das Leben. »Ewiges Leben« beginnt, wenn die Selektion des verlorengegebenen Lebens aufhört. Der Imperativ des Samaritergleichnisses lautet: Rette das Verlorene! Der christlichen Nächstenliebe, schreibt Theißen, werden die Argumente für das Helfen schnell ausgehen, »solange man nur von einem Leben im biologischen Sinne spricht und Hilfe dadurch begründen will, was biologisch (und evolutionär) funktional ist«; und zwar »gerade dort, wo christliche Nächstenliebe immer ihre besondere Aufgabe gesehen hat: bei den zerstörten, zerrütteten, hilflosen Menschen, die oft nur noch ein Schatten ihrer selbst sind.[4]

In den neutestamentlichen Wundergeschichten, in denen immer wieder vom Erbarmen Jesu gesprochen wird, in den Seligpreisungen der Bergpredigt und ihrer Ethik (»Seid barmherzig, wie euer Vater im Himmel barmherzig ist«, Lk 6,36) und in der Gerichtsrede des Matthäusevangeliums (Mt 25,31–46) lenkt Jesus den Blick gerade auf jene, die im Selektionsdruck verloren gehen, und nennt sie »Brüder« (und »Schwestern« wäre zu ergänzen; Mt 25,40). Die christliche Nächstenliebe hat ein Verständnis von Leben, das Selektion, Auslese und Vernichtung, nicht akzeptiert und deshalb den Tod aus dem Leben herausnimmt. »Wir wissen, dass wir aus dem Tod ins Leben hinübergegangen sind, weil wir die Brüder lieben.«(1 Joh 3,14) Das »ewige Leben« beginnt nicht im Jenseits, sondern in dieser Welt, wenn wir Mitleid und Solidarität gerade mit denen zeigen, die scheinbar oder tatsächlich nicht mehr dazugehören. Das nennt Jesus »Vollkommenheit«. »Vollkommen« (Mt 5,48) ist der Mensch, dessen Compassion prinzipiell jedem Menschen gilt, nicht nur den Freunden und der eigenen Familie. Das tun ja alle, sagt Jesus, und fällt leicht, ist aber eben noch nicht alles und deshalb nicht vollkommen. Jesu Imperativ lautet dagegen: »Seid vollkommen, wie euer himmlischer Vater vollkommen ist!« (Mt 5,48) Mit anderen Worten: Nehmt in euer Leben hinein, was immer euch begegnet. Lasst es zu. Grenzt es nicht aus. Dann bekommt euer Leben »Fülle«. Leben »in Fülle« ist »ewiges Leben«. Dazu fordert Jesus seinen Gesprächspartner auf.

1 D. Goleman, Emotionale Intelligenz, München 1997.
2 Vgl. L. Boff, Das Prinzip Mitgefühl, Freiburg, S. 23.
3 G. Theißen, Die Bibel diakonisch lesen: Die Legitimitätskrise des Helfens und der Barmherzige Samariter, in: Diakonie – Biblische Grundlagen und Orientierungen, hrsg. v. G. Schäfer & T. Strohm, Heidelberg 1990, S. 376–401.
4 Ebd., S. 393.

Ehrfurcht vor den Menschen

Alois Seuferling, Anselm Grün

Die Ehrfurcht vor Gott, die Ehrfurcht vor dem Menschen und die Ehrfurcht vor der Schöpfung hängen eng miteinander zusammen. Benedikt gebraucht das Wort »reverentia« (Ehrfurcht) vor allem im Zusammenhang mit dem Beten. So sollen sich alle Brüder beim »Ehre sei dem Vater«von ihren Sitzen erheben »aus tiefer Ehrfurcht vor der heiligen Dreifaltigkeit« (Regel Benedikts 9,7). Und er schreibt ein eigenes Kapitel über die Ehrfurcht beim Gebet. (Regel Benedikts 20) Die Ehrfurcht ist die Grundhaltung beim Beten. Sie hat ein Gespür für das Geheimnis Gottes. Gott ist immer der Ehrfurchtgebietende, der unendliche und erhabene Schöpfer: »Wenn wir mächtigen Leuten etwas nahe legen wollen, wagen wir das nur mit Demut und Ehrfurcht. Wie viel mehr müssen wir zum Herrn, dem Gott des Alls, mit aller Demut und in lauterer Hingabe flehen!« (Regel Benedikts 20,1f) Es ist wieder der Schöpfer, der hier mit Ehrfurcht angebetet wird.

Neben der Ehrfurcht im Gebet spricht Benedikt aber auch von der Ehrfurcht, die wir Menschen gegenüber zeigen sollen. Die Ehrfurcht gilt einmal den Oberen gegenüber: »Muss man also den Obern etwas fragen, so stelle man die Bitte mit Ehrfurcht.« (Regel Benedikts 6,7) Aber mit der gleichen Ehrfurcht sollen die Mönche sich auch gegenseitig begegnen: »Die Jüngeren sollen also die Älteren ehren, die Älteren die Jüngeren lieben. Wenn man einen andern beim Namen rufen will, darf man ihn nicht mit dem bloßen Namen anreden, sondern die Älteren sollen die Jüngeren mit dem ›Bruder‹-Namen, die Jüngeren einen Älteren ›Nonnus‹ rufen, was soviel heißt wie ›Ehrwürdiger Vater‹ (quod intelligitur paterna reverentia).«(Regel Benedikts 63,10–12) Und Benedikt beschreibt in einer Zeit, in der alle menschlichen Umgangsformen zerfielen, wie die Ehrfurcht im Umgang miteinander konkret aussehen soll. »Wo immer sich Brüder begegnen, bitte der Jüngere um den Segen des Ältern. Wenn ein Oberer vorbeigeht, stehe der Jüngere auf und biete ihm den Platz zum Sitzen an. Der Jüngere nehme sich nicht heraus, sich hinzusetzen, ehe ihn der Ältere dazu auffordert. Es geschehe, was die Schrift sagt: ›Übertrefft euch in gegenseitiger Achtung!‹ (honore invicem praevenientes).« (Regel Benedikts 63,15–17)

Es geht im alltäglichen Umgang miteinander um die Ehrfurcht vor dem Geheimnis des anderen und darum, dass einer für den anderen zum Segen werden soll. Jeder Mensch ist für den anderen eine Quelle des Segens. Wo wir uns das einander zugestehen, gehen wir anders miteinander um. Da gibt es keine Konkurrenz und kein misstrauisches Beobachten, ob die anderen nach den Normen leben. Da bestimmt eine positive Grundhaltung das Verhältnis der Menschen untereinander. Dieser Glaube, dass einer für den anderen zum Segen werden kann, entspricht zutiefst der Schöpfungsspiritualität.

Der Grund der Ehrfurcht vor den Menschen ist der Glaube, dass uns in jedem Menschen Christus begegnet. In den Gästen, in den Kranken, in den Armen und Pilgern, in jedem Fremden wird Christus selbst aufgenommen: »Gäste, die ankommen, empfange man alle wie Christus; weil er selber sagen wird: Ich war fremd und ihr habt mich aufgenommen. Allen erweise man die Ehre, die ihnen zusteht, besonders denen, die mit uns im Glauben verbunden sind, und den Pilgern.« (Regel Benedikts 53,1f) Die benediktinische Gastfreundschaft ist im Laufe der Jahrhunderte sprichwörtlich geworden. Sie setzt die Gastfreundschaft fort, die in der frühen Kirche das Kennzeichen der Christen war und die sowohl den Griechen wie Römern heilig war. Denn im Fremden, den man aufnahm, so waren die Griechen überzeugt, kann uns Gott selbst begegnen. Der Grieche Lukas schildert Jesus als den göttlichen Wanderer, der immer wieder bei den Menschen als Gast einkehrt und ihnen Heil und Frieden als göttliche Gastgeschenke vermacht. Gott selbst sucht in Jesus sein Volk heim: »Durch die barmherzige Liebe unseres Gottes wird uns besuchen das aufstrahlende Licht aus der Höhe.« (Lukas 1,78) Von diesem Glauben der frühen Christen her wird verständlich, wenn Benedikt schreibt: »Bei der Begrüßung begegne man allen Gästen, die ankommen oder fortgehen, in tiefer Demut: Man neigt den Kopf oder wirft sich ganz zur Erde nieder, um in den Gästen Christus zu verehren (adoretur = anbeten), der auch wirklich aufgenommen wird.« (Regel Benedikts 53,6f)

Daher zählen nicht die sozialen Unterschiede, sondern allein die Würde des Menschen, die jeder hat, weil er ein Geschöpf des liebenden Vaters ist und weil in ihm Christus selbst als der innerste Grund ist. So zitiert Benedikt im Kapitel über den Abt Paulus (Gal 3,28) wo er die Erfahrung der frühen Christen von der gleichen Würde aller Menschen ausdrückt: »Denn ob Sklave oder freier Mann, in Christus sind wir alle eins.« (Regel Benedikts 2,20) Dieser Glaube an Christus im Bruder und in der Schwester hat zu einer Kultur des menschlichen Miteinanders geführt, die uns heute großenteils abhanden gekommen ist. Es ist eine Kultur der Ehrfurcht, in der jeder sein darf, wer er ist, in der jeder das einmalige Bild, das Gott sich von ihm gemacht hat, leben kann. Die Ehrfurcht will nicht in das Geheimnis des Menschen eindringen, sie lässt ihm seinen persönlichen Raum. Heute gibt es eine schamlose Jagd nach den Intimitäten eines Menschen. Der Rufmord, zu dem diese Sensationslust oft führt, zeigt, wie lebensverneinend eine solche Kulturlosigkeit im Umgang miteinander letztlich ist. Die benediktinische Ehrfurcht und Achtung vor dem Geheimnis jeden Menschen täte uns da gut, damit eine neue Kultur im Umgang miteinander wachsen kann.

Die Ehrfurcht vor den Menschen hat für Benedikt ganz konkrete Auswirkungen für die Arbeit miteinander. Das wird vor allem deutlich in den Führungskapiteln, im Kapitel über den Abt und den Cellerar. Vom Cellerar verlangt Benedikt vor allem, dass er die Brüder nicht betrüben soll. Nicht der wirtschaftliche Gewinn steht im Mittelpunkt, sondern die Achtung vor dem Menschen. Was Benedikt vom Abt und Cellerar fordert, das ist heute genauso aktuell wie damals. Menschen werden heute nicht nur auf dem Altar des Profits geopfert, sondern oft genug auch auf dem Altar der eigenen Ideologie. Das kann eine spirituelle Ideologie sein oder eine politische. Auch die Ökologie kann zur Ideologie werden. Dann wird sie blind für den Wert des einzelnen Menschen. Wir müssen uns immer davor hüten, die Menschen in das Korsett unserer Ideologie zu zwängen. Es geht darum, den Wert des einzelnen zu sehen und dem konkreten Menschen gerecht zu werden. Die Ehrfurcht sprengt alle Ideologie. Sie neigt sich vor dem einzelnen

Menschen und lässt ihn in seiner Einmaligkeit. Der Mensch wird nicht verbogen, sondern aufgerichtet.

Wie die Ehrfurcht vor dem Geheimnis jedes einzelnen konkret aussehen kann, beschreibt Benedikt in den bei den Kapiteln über den Abt. Das Ziel ist nicht die Disziplin, nicht das Durchsetzen aller Vorschriften und Befehle, sondern das Wachstum des einzelnen und der Gemeinschaft. Wachstum ist ein typischer Begriff der Schöpfungsspiritualität. Wir sollen nicht nur mit der Natur, sondern auch miteinander so umgehen, dass jeder einzelne mehr und mehr in die Gestalt wachsen kann, die ihm Gott zugedacht hat. Führen heißt für den Abt, dass er der Eigenart der einzelnen dient, dass er in ihnen Leben hervorlockt. »Dem Charakter und der Fassungskraft jedes einzelnen suche er zu entsprechen und sich allen so verständnisvoll anzupassen, dass er an der ihm anvertrauten Herde nicht nur keinen Schaden leidet, sondern sich am Gedeihen einer guten Herde freuen kann.« (Regel Benedikts 2,32)

Die Ehrfurcht vor dem einzelnen zeigt sich gerade im Umgang mit schwachen Brüdern, die sich immer wieder über die Normen hinwegsetzen. Benedikt weiß, dass Obere oft nur die Ideale einer Gemeinschaft sehen und dabei den einzelnen überfordern. Vor lauter Eifer für den Willen Gottes übersehen sie die Fassungskraft des einzelnen. Daher fordert Benedikt vom Abt: »Muss er zurechtweisen, so gehe er klug vor und tue nicht zuviel des Guten, damit das Gefäß nicht zerbricht, wenn er den Rost allzu eifrig auskratzen will.« (Regel Benedikts 64,12) Die Kunst des Führens besteht für Benedikt darin, dass der Abt die Gabe der Unterscheidung besitzt, die sogenannte »discretio«, die Benedikt die Mutter aller Tugenden nennt: »So ordne er alles mit Maß, damit die Starken finden, was sie suchen, und die Schwachen nicht weglaufen.« (Regel Benedikts 64,19) Beide müssen herausgefordert werden, sowohl die Starken als auch die Schwachen, aber keiner auf Kosten des anderen, sondern jeder so, wie es seiner Fassungskraft entspricht.

Die Ehrfurcht vor dem Geheimnis des Menschen, vor dem Geschöpfsein, vor der Würde jedes einzelnen und der Glaube an

Christus in jedem Menschen haben zu einer eigenen Kultur des menschlichen Umgangs geführt. Wenn man in eine Familie oder in eine Klostergemeinschaft kommt, spürt man sofort, wie die Menschen dort miteinander umgehen. Für den benediktinischen Stil ist charakteristisch, dass man das Geheimnis des einzelnen stehen lässt, dass man nicht neugierig in alles eindringen will, wie das heute im Medienzeitalter modern ist. Der Umgang miteinander ist von Herzlichkeit geprägt, aber auch von einer vornehmen Distanz, die falsche Kumpanei oder verbürgerlichtes Miteinander ausschließt. Und er zeichnet sich aus durch Toleranz. In jedem wird Christus gesehen, auch in den Gästen, die keinen frommen Eindruck machen, die längst aus der Kirche ausgetreten sind und die skeptisch sind gegenüber jeder Religion. Auch sie haben in einem Benediktinerkloster Platz. Sie dürfen dort nach den Wurzeln ihres Geheimnisses suchen.

In manchen Schulen, aber auch in Firmen und Vereinen spürt man sofort am Umgang miteinander, dass da keine Achtung voreinander ist, sondern letztlich Verachtung. Manchmal lugt die Menschenverachtung hinter einer freundlichen Fassade hervor. In anderen Gruppierungen ist das Miteinander von Rivalität und Konkurrenz geprägt. Der andere ist grundsätzlich der Gegner, der bekämpft und besiegt werden muss, damit ich selbst gut herauskomme. Ein solches Miteinander widerspricht der Schöpfungsspiritualität. Da geht es nicht um das Wachsen des einzelnen, sondern nur um den Sieg des Stärkeren. So eine kriegerische Mentalität führt nicht nur zu einer Unmenge besiegter, gebeugter und verletzter Menschen, sondern letztlich auch zur Ausbeutung der Welt. Die Missachtung des Menschen spiegelt sich wider in der Missachtung der Schöpfung. Auch sie wird nur benutzt, um den eigenen Vorteil zu verfolgen. Es braucht für den achtsamen Umgang mit den Menschen und mit den Dingen eine neue Spiritualität, die den Wert des einzelnen erkennt, die das Geheimnis in jedem und in allem sieht und es bestaunt.

Dem Nächsten vergeben

Fidelis Ruppert, Anselm Grün

Wenn Benedikt sagt, man solle Unrecht geduldig ertragen und bereit sein um der Gerechtigkeit willen Verfolgung zu leiden, so könnte man das als ein rein passives Hinnehmen verstehen. So kann es aber nicht gemeint sein, wie die anderen Texte zeigen. Wenn er sagt, man solle bei einem Zwist vor Sonnenuntergang wieder Frieden schließen, und wenn er morgens und abends seine Mönche an die Pflicht zu verzeihen erinnert, so setzt dies eine aktive Haltung voraus. Frieden schließen und einem anderen verzeihen kann eine große seelische Anstrengung erfordern, die den ganzen Menschen herausfordert. Wie schwer das ist, kann aus folgendem Text deutlich werden:

»Vergeben ist keine leichte Sache. Wenn wir gerade einmal mild gestimmt oder von Gefühlen bewegt sind, fällt es uns nicht besonders schwer. Aber kaum einer entgeht der Versuchung, seine Geste der Versöhnung bald wieder zurückzunehmen. Was wir Vergebung nennen, ist oft nichts anderes als ein Freilassen auf Bewährung ... Wir warten ungeduldig auf greifbare Zeichen der Bußfertigkeit; wir wollen sichergehen, dass der Reumütige nicht rückfällig wird – aber diese Situation kann ein Leben lang andauern, und unsre Haltung ist genau das Gegenteil von dem, was das Evangelium lehrt, mehr noch, was es uns zu tun gebietet.«[1]

Wir machen unser Verzeihen oft von der Reue des Schuldigen abhängig. Es ist ja schon etwaswert, wenn wir bereit sind, die dargebotene Hand der Versöhnung zu ergreifen und das Gewesene nicht mehr nachzutragen. Was aber, wenn der Schuldige keine Reue zeigt und einem sogar weiterhin Unrecht tut? Dann fällt das Verzeihen außerordentlich schwer. Eindrucksvolle Vorbilder haben wir in Jesus selbst und im Diakon Stephanus. Beide beten für ihre Feinde um Verzeihung, obwohl diese nicht im geringsten von ihrem mörderischen Werk ablassen. Es fliegt deshalb kein Stein weniger auf das Haupt des Stephanus, aber er ist trotzdem bis zu seinem letzten Atemzug bereit, seinen Feinden zu vergeben. Hier zeigt sich sehr deutlich, wie viel innere Kraft es fordern kann, von Herzen zu verzeihen. Es genügt dazu kein passives Hinnehmen, sondern es fordert einen äußersten Einsatz an Liebe. Das wird auch noch an einem Vergleich mit dem Alten Testament deutlich:

An drei markanten Stellen der Heiligen Schrift können wir die Stufen eines Aufstiegs nachzeichnen: Im Buch Genesis sehen wir den gewalttätigen Lamech, der sagt, für eine Kränkung werde er sich siebenundsiebzigfach rächen. (Gen 4,24) Kommen wir zum Sinai, so lautet das Gesetz: Auge um Auge, Zahn um Zahn; und hören wir Jesus, so werden wir belehrt: Siebenundsiebzigmal sollst du deinem Bruder vergeben. [2]

Hier wird so recht deutlich, wie anspruchsvoll Christsein ist, und wie sehr es ein geradezu extremes Maß an Liebe fordert. Kein Wunder, dass wir so oft hinter seinem Anspruch zurückbleiben.

Wenn wir bereit sind, einem Bruder zu vergeben, so müssen wir uns davor hüten, uns selbst für besser zu halten. Da es uns schwer fällt zu vergeben, meinen wir, wir täten etwas Großes, wenn wir die innere Schwelle überwinden und dem Bruder verzeihen. Doch das ist noch nicht die Vergebung, die Christus von uns fordert. In den Vätersprüchen wird immer wieder davor gewarnt, dass man sich in der Vergebungsbereitschaft über den Bruder erhebe. Wenn ein Bruder unsere Vergebung nicht annimmt, so liegt das nach Meinung der alten Mönche nicht immer an der Verstocktheit des Bruders, sondern an unserer Haltung, die mehr dem Stolz als der Demut entspringt. Wenn wir meinen, mit unserer Vergebung dem Bruder einen Gefallen zu erweisen, dann beschämen wir ihn und machen es ihm schwer, die Vergebung anzunehmen. In einem Väterspruch wird das anschaulich erzählt:

Ein Bruder war einmal über einen anderen Bruder erzürnt. Als dieser es hörte, begab er sich zu jenem und wollte ihm Genugtuung geben. Jener aber öffnete ihm die Türe seines Kellions nicht. Daher ging dieser zu einem Altvater und erzählte ihm den Fall. Der sagte ihm: »Sieh zu, dass du deine Sache nicht für gar zu gerecht ausgibst und dich nur selbst rechtfertigen willst, während du deinen Bruder tadelst. Wer weiß, vielleicht hat Gott deshalb sein Herz verhärtet, dass er dir nicht öffnet. Doch rate ich dir: wenn er auch gegen dich gefehlt hat, stelle dir in deinem Herzen vor, du habest gegen ihn gesündigt und rechtfertige deinen Bruder, und sicher gibt ihm dann Gott ein, mit dir in Eintracht zu sein.« ... »Das ist das Heil des Menschen und das ist der Wille Gottes: dass der Mensch seine Schuld vor Gott bekenne.« Als der Bruder das hörte, tat er nach dem Wort des Greises, ging hin und klopfte an die Tür des Bruders. Und dieser hatte ihn kaum gesehen, da bat er schon zuvor ihn um Vergebung, öffnete sofort die Tür und beide küssten sich gegenseitig von Herzen und zwischen beiden bestand von da an großer Friede.[3]

Vergeben können wir erst dann, wenn wir die eigene Schuld erkannt und vor Gott bekannt haben. Wenn wir dagegen meinen, nur der andere sei schuld, dann wird unsere Vergebung zu einer Anklage des anderen, und wir dürfen uns nicht wundern, wenn sie der andere ablehnt. Es ist nicht seine Verstocktheit, sondern unser Hochmut, der die Aufnahme der Vergebung verhindert.

Was sollen wir aber tun, wenn wir die Kraft zum Verzeihen nicht aufbringen? Wir sind oft zu sehr verletzt und unsere Gefühle sind zu sehr aufgewühlt, als dass wir verzeihen oder unsere Gegner gar lieben könnten. Ist es nicht unmenschlich und auch unrealistisch, in einer solchen Situation Liebe zu fordern? Benedikt gibt dazu einen Hinweis, der in solchen Situationen hilfreich sein kann. Er sagt, wir sollten jene, die uns fluchen, nicht wieder verfluchen, sondern segnen und in der Liebe zu Christus für unsere Feinde beten. Auch das kann uns schwer genug werden, aber man kann hier mit kleinen Schritten beginnen: Mit einem Segenswunsch oder mit einem wohlwollenden Wort des Gebetes für den, der uns verletzt hat. Wir beginnen, vielleicht noch sehr zaghaft, die Liebe Christi in diese verwundete Situation einzulassen.

Wir geben nicht nur unserem Ärger Raum, sondern auch dem Segen und dem Frieden Christi. Wo ich für den anderen zu beten beginne, wird der Groll langsam abnehmen und die Wunde zu heilen beginnen. Aus dieser Erfahrung heraus sagt Evagrius Ponticus, einer der bedeutendsten Mönchsväter des 4. Jahrhunderts: »Wer für seine Feinde betet, kann nicht rachsüchtig sein.«[4]

Und im 20. Jahrhundert sprach Dietrich Bonhoeffer genau dieselbe Erfahrung aus: Eine christliche Gemeinschaft lebt aus der vergebenden Fürbitte der Glieder füreinander oder sie geht zu Grunde. Einen Bruder, für den ich bete, kann ich bei aller Not, die er mir macht, nicht mehr verurteilen oder hassen. Sein Angesicht, das mir vielleicht fremd und unerträglich war, verwandelt sich in der Fürbitte in das Antlitz des Bruders, um dessentwillen Christus starb ... Es gibt keine Abneigung, keine persönliche Spannung oder Entzweiung, die nicht in der Fürbitte, was uns betrifft, überwunden werden könnte. Die Fürbitte ist das Läuterungsbad, in das der einzelne und die Gemeinschaft täglich hinein müssen.[5]

Wer diesen Weg des Gebetes zu gehen bereit ist, wird erfahren, dass so der Groll im Herzen abnimmt, die eigenen Wunden heilen und Verzeihung möglich wird. Er wird auch erfahren, dass Feindesliebe keine welt- und wirklichkeitsfremde

Forderung ist, sondern auf dem Weg verzeihenden Betens wenigstens anfanghaft möglich werden kann. Durch das Verzeihen findet der Mensch auch in eine neue Weite und Freiheit, die in seinem Groll vorher versperrt und blockiert war.

Doch die Vergebung ist nicht ein bloßer Willensakt. Sie ist auch ein Prozess, der Zeit braucht. Dieser Prozess geht in vier Schritten: Zuerst muss ich den Schmerz nochmals zulassen, ohne den anderen, der mich verletzt hat, vorschnell zu entschuldigen. Der zweite Schritt besteht darin, die Wut zuzulassen. Die Wut ist die Kraft, mich vom anderen zu distanzieren. Der dritte Schritt besteht darin, objektiv wahrzunehmen, was in der Verletzung geschehen ist, warum der andere sich so verhalten hat, was sein Hintergrund sein könnte und warum es mich so verletzt hat. Wenn ich die Situation verstehe, kann ich besser damit umgehen. Der vierte Schritt ist dann die Vergebung. Vergebung ist ein aktives

Tun. Ich befreie mich von der Verletzung des anderen. Ich lasse sie los. Wer nicht vergeben kann, ist noch an den anderen gebunden.

In den USA sind in den letzten Jahren gerade von Psychologen Bücher über die Vergebung erschienen. Die Psychologen sind überzeugt, dass Vergebung ein heilsames Tun ist. Manche werden nicht gesund, weil sie nicht vergeben können. Sie lassen der Verletzung noch zuviel Raum in sich. Vergebung hat daher für die Heilung der eigenen Wunden eine entscheidende Bedeutung.

Auf ein geradezu heroisches Beispiel selbstlosen Verzeihens verweist Metropolit Anthony. Ein Mann, der vier Jahre im Konzentrationslager Buchenwald zugebracht hatte, berichtete, seine eigenen Leiden seien nichts gewesen im Vergleich mit dem schneidenden Schmerz, den er um dieser armen Deutschen willen empfunden habe, die so grausam sein konnten; der Gedanke an ihren Seelenzustand habe ihm keine Ruhe gelassen ... Diejenigen, die litten, waren auf der Seite Christi, die anderen, die grausam waren, standen dort nicht.

Und der Autor fügt dann erläuternd hinzu: Ein Mensch, der das Martyrium als Christ erleidet, und dessen Liebe nicht durch die Leiden ausgelöscht wird, erlangt eine unbegrenzte Macht der Vergebung über seinen Peiniger. Dies gilt auch für das alltägliche Leben. Und weiter berichtet er von Menschen, die dafür beten, dass jedem einzelnen Sünder durch das Gebet dessen, dem er Böses getan hat, vergeben werde. Diese Übung ist ein guter Weg, den Geist der Liebe zu verbreiten.[6]

1 Metropolit Anthony, Lebendiges Beten, Freiburg 1976, S. 34f.

2 Ebd., S. 40.

3 Weisung der Väter, übersetzt von B. Miller, Freiburg 1965, Nr. 1086.

4 Zitiert bei H. J. M. Nouwen, Ich hörte auf die Stille, Freiburg, 3. Aufl. 1979, S. 56.

5 Zitiert bei B. Albrecht, Freude an der geistlichen Gemeinschaft, Meitingen, 4. Aufl. 1979, S. 27.

6 Metropolit Anthony, Lebendiges Beten, Freiburg 1976, S. 18f.

Selig die Barmherzigen, denn sie werden Barmherzigkeit finden (Mt 5,7)

Domitilla Veith

Die Seligpreisungen der Bergpredigt stehen im Matthäusevangelium am Anfang der öffentlichen Lehrtätigkeit Jesu. Nach seiner Taufe verbringt Jesus vierzig Tage und vierzig Nächte betend und fastend in der Wüste. Dreimal tritt der Versucher an ihn heran. Dreimal weist er die Versuchung zurück. So vorbereitet beruft er die ersten Jünger und wandert lehrend und heilend durch ganz Galiläa. Scharen von Menschen folgen ihm. Als er die vielen Menschen sieht, steigt er auf einen Berg, setzt sich und beginnt zu lehren.

Die Seligpreisungen bilden den Anfang der Bergpredigt. Die Menschen, die diese Seligpreisungen aus dem Munde Jesu vernehmen, sind ihm gefolgt, weil er ihnen die frohe Botschaft vom Reich Gottes verkündet und »alle ihre Krankheiten und Leiden heilt« (Mt 4,23f). Sie bringen ihm ihre Kranken, damit er sie heile. Diese Armen, die das Gesetz nicht kennen und deswegen verachtet werden, preist er selig, sofern sie sich arm wissen vor Gott, sanftmütig und reinen Herzens sind, keine Gewalt anwenden, Frieden stiften, nach der Gerechtigkeit hungern und dürsten und bei aller eigenen Bedürftigkeit ein Herz haben für ihre Mitmenschen, die in leiblicher oder seelischer Not sind.

Jesus erweist ihnen seine Barmherzigkeit, indem er sie heilt, aufrichtet und ihnen den Willen Gottes verkündet. Wenn sie seinen Worten folgen, so sagt er den Hörern seiner Predigt, wird das Haus ihres Lebens auf Fels gebaut sein und allen Stürmen und Wolkenbrüchen standhalten. (Mt 7,24f) Wenn die Menschen ihre guten Werke sehen, werden sie ein Licht sein für diese Welt. (Mt 5,14)

»Selig sind die Barmherzigen, denn sie werden Barmherzigkeit finden.« (Mt 5,7) – Dies ist sicher die bekannteste Seligpreisung der Bergpredigt. Wer horcht da nicht auf und verlangt nach Gottes Barmherzigkeit? Sie ist uns für Zeit und Ewigkeit verheißen, doch müssen auch »wir sie unserem Nächsten erweisen«? Die Werke der Barmherzigkeit zählt schon der Prophet Jesaja auf. Wie eine Posaune soll er dem Volk dessen Vergehen vorhalten und den Willen Gottes verkünden: Ein Fasten, das mit Streit, Zank, Ungerechtigkeit, Geschäftemacherei und Gewalt einhergeht, kann Gott nicht gefallen. Ein Fasten wie Gott es liebt, heißt vielmehr: »die Fesseln des Unrechts zu lösen, die Stricke des Jochs zu entfernen, die Versklavten freizulassen, jedes Joch zu zerbrechen, an die Hungrigen dein Brot auszuteilen, die obdachlosen Armen ins Haus aufzunehmen, wenn du einen Nackten siehst, ihn zu bekleiden und dich deinen Verwandten nicht zu entziehen. Dann wird dein Licht hervorbrechen wie die Morgenröte, und deine Wunden werden schnell vernarben. Deine Gerechtigkeit geht dir voran, die Herrlichkeit des Herrn folgt dir nach. Wenn du dann rufst, wird der Herr dir Antwort geben. Und wenn du um Hilfe schreist, wird er sagen: Hier bin ich. Wenn du der Unterdrückung bei dir ein Ende machst, auf keinen mit dem Finger zeigst und niemanden verleumdest, dem Hungrigen dein Brot reichst und den Darbenden satt machst, dann geht im Dunkel dein Licht auf, und deine Finsternis wird hell wie der Mittag, der Herr wird dich immer führen, auch im dürren Land macht er dich satt und stärkt deine Glieder. Du gleichst einem bewässerten Garten, einer Quelle, deren Wasser niemals versiegt.« (Jes 58,6–11)

Auf dem Hintergrund der Worte Jesajas klingt die Seligpreisung »Selig die Barmherzigen, denn sie werden Barmherzigkeit finden« wie eine Kurzformel der Botschaft des Propheten, denn Jesus ist nicht gekommen, Gesetz und Propheten aufzuheben, sondern um sie zu erfüllen.

In der byzantinischen Liturgie werden die Seligpreisungen jeden Sonntag im Gottesdienst feierlich gesungen. Sie sind die Magna Charta des christlichen Lebens. Da Gottes Liebe kein Maß kennt, verpflichtet sie die Jünger zu gleicher Maßlosigkeit der Liebe.

Stehen die Seligpreisungen der Bergpredigt bei Matthäus am Anfang der Lehrtätigkeit Jesu, so schließt Jesu öffentliches Wirken vor seinem Leiden mit der Rede vom Weltgericht. Der Menschensohn wird die Völker richten und voneinander scheiden. Das Reich des Vaters ist für die bestimmt, die ihm zu essen gaben, als er hungrig war und ihm zu trinken gaben, als er durstig war. Sie nahmen ihn auf, als er ihnen fremd und obdachlos begegnete, gaben ihm Kleidung, als er nackt war, besuchten ihn, als er krank war und kamen zu ihm ins Gefängnis. Auf ihre Frage, wann sie ihn denn hungrig oder durstig, fremd, obdachlos, krank und im Gefängnis gesehen hätten, sagt er ihnen: »Was ihr für einen meiner geringsten Brüder getan habt, das habt ihr mir getan.« (Mt 25,40) Ohne es zu wissen oder zu ahnen, sind sie in jedem Menschen, an dem sie barmherzig gehandelt haben, Christus begegnet, der auch im geringsten Menschen anwesend ist. Sie sind im Endgericht die Gerechten, die ins ewige Leben eingehen dürfen. Ihr Herz, das offen war für die Not der Brüder und Schwestern, führte sie sicherer als jedes Gesetz. Dieser Rede Jesu vom Endgericht entnimmt die kirchliche Unterweisung die Werke der Barmherzigkeit, wie sie im Katechismus aufgezählt werden und fügt als siebtes hinzu: Tote begraben. Dies ist ein Werk der Barmherzigkeit, das besonders eindringlich im Buch Tobit hervorgehoben wird. (Tob 1,17; 12,12f) Auch der Tote verliert seine menschliche Würde nicht. Wir sprechen davon, dass wir einem Verstorbenen die letzte Ehre erweisen. Er lebt weiter, verdient einen würdigen Abschied, unser Gedenken und unseren Dank, unser Verzeihen und unser Gebet. Die Hinterbliebenen brauchen unseren Trost.

Barmherzige gehen nicht an der Not der Mitmenschen vorbei. Wie der barmherzige Samariter helfen sie dem, der in Not geraten ist. In Not sind heute nicht nur Menschen an unserem Weg. Die modernen Kommunikationsmittel machen auch die Bewohner anderer Länder und Kontinente zum »Lazarus vor unserer Tür«. Millionen Obdachlose ziehen verfolgt oder vertrieben auf der Suche nach einem sicheren Ort über Meere, Länder und Kontinente. Wohin sie auch kommen, sie sind fremd, oft krank, auf Hilfe angewiesen. Oft werden sie ausgebeutet, verachtet, herumgestoßen und sogar getötet. Noch nie war das Arbeitsfeld christlicher Nächstenliebe so unübersehbar groß. Die großen Hilfswerke zeugen von echter Hilfsbereitschaft und Spendenfreudigkeit. »Geben ist seliger als Nehmen« (Apg 20,35), und viele erfahren die Wahrheit dieses Satzes, auch wenn sie nicht die Hälfte des Mantels herschenken nach dem Beispiel des heiligen Martin oder die Hälfte ihres Vermögens wie der Zöllner Zachäus im Evangelium. (Lk 19,2f)

Geben wir Obdachlosen und Fremden Arbeit und ein Dach über den Kopf? Oder misstrauen wir ihrer Andersartigkeit, ihrem fremden Aussehen und ihrem Lebensstil? In den heutigen Wohnungen ist oft nicht einmal ein Gästezimmer vorhanden. Hier haben die Klöster in unserem Land die besseren Möglichkeiten und erleben wirklich den Segen und die Freude der Gastfreundschaft.

Die Gastfreundschaft war im Mittelalter eine besonders eingeschärfte Tugend. Hospize wurden dem Heiligen Geist geweiht. Benedikt schreibt in seiner Regel: »Alle Gäste, die zum Kloster kommen, sollen wie Christus aufgenommen werden, denn er wird einmal sagen, ich war Gast, und ihr habt mich aufgenommen.« (Regel Benedikts 53,1) »Ganz besondere Aufmerksamkeit soll man der Aufnahme von Armen und Pilgern schenken, denn in ihnen wird mehr als in anderen Christus aufgenommen.« (Regel Benedikts 53,15)

Während der Kämpfe auf dem Balkan suchten Kriegsflüchtlinge und Asylanten Zuflucht in unserem Land und auch in unseren Klöstern. Erleben zu dürfen, wie tapfer sie ihr Leben meistern, wie ihre Wunden langsam heilen und wie ihre Kinder zu guten und tüchtigen Menschen heranwachsen, das ist große Freude und Lohn. Nicht vergessen seien auch die seelisch Obdachlosen, die ins Abseits geratenen und die Behinderten. Wer ihnen Freundschaft und Zuwendung schenkt, kann erleben, wie sie aufblühen und andere bereichern. Bis ins 19. Jahrhundert waren es vor allem christliche Einrichtungen und eigens dafür gegründete Ordensgemeinschaften, die sich der Alten, Kranken und Armen, der Waisen und

Behinderten annahmen. Ehe es eine staatliche Sozialpolitik gab, drängte die Nächstenliebe sie dazu, ihr Leben für diese gering geachteten Glieder der Gesellschaft einzusetzen. Vom Cellerar, der den Besitz des Klosters verwaltet und für die Bedürfnisse der Brüder zu sorgen hat, verlangt Benedikt: »Er sorge unermüdlich für die Kranken, Kinder, Gäste und Armen, in der festen Überzeugung, dass er am Tage des Gerichts für diese alle Rechenschaft ablegen muss.« (Regel Benedikts 31,9)

Von den Kranken sagt die Regel Benedikts: »Die Sorge für die Kranken steht vor und über allen Pflichten. Man soll ihnen wirklich wie Christus dienen. Er hat ja gesagt, ich war krank und ihr habt mich besucht, und: was ihr für einen meiner geringsten Brüder getan habt, das habt ihr für mich getan.« (Regel Benedikts 36,1–3) Sie dürfen nicht vernachlässigt werden. Kann der Cellerar eine Bitte nicht erfüllen, so soll er wenigstens ein gutes Wort schenken, denn »ein gutes Wort geht über die beste Gabe.« (Regel Benedikts 31,14) Mit den Werken der Barmherzigkeit lindern wir nicht nur leibliche Not. Viele Menschen hungern nach eine freundlichen, verstehenden oder tröstenden Wort. Von Mitmenschen bloßgestellt, verspottet oder verletzt, ausgegrenzt, wie wir heute sagen, warten sie auf jemanden, der ihnen wieder Ansehen gibt und sie mit Zuwendung bekleidet wie mit einem Gewand. Um uns für die oft verborgenen geistigen und seelischen Nöte der Mitmenschen sensibel zu machen, stellt die Kirche den leiblichen Werken sieben geistige Werke der Barmherzigkeit an die Seite: Sünder zurechtweisen, Unwissende belehren, Zweifelnden recht raten, Betrübte trösten, Lästige geduldig ertragen, denen, die uns beleidigen, gern verzeihen, für Lebende und Tote beten.

Jedes menschliche Zusammenleben erfordert eine Haltung der Barmherzigkeit, die immer auch ein Gradmesser menschlicher und christlicher Reife ist. Erlauben Sie mir, dass ich hier wieder die Regel des heiligen Benedikt zitiere. Sie will ja das Evangelium zur Richtschnur unseres Lebens machen. Ihre wesentlichen Aussagen sind daher keine Spezialität für Ordensleute. Grundlage des

Zusammenlebens ist die selbstlose Nächstenliebe. Die Mönche sollen einander in gegenseitiger Achtung zuvorkommen, ihre körperlichen und geistigen Schwächen in größter Geduld ertragen und immer wissen, dass ihnen in jedem Menschen Christus begegnet, der sie zu diesem gemeinsamen Leben berufen hat. Das tägliche Zusammenleben mit vielen, die nach Alter, Charakter, Temperament, Fähigkeiten und Bildung sehr verschieden sind, bietet reichlich Gelegenheit, die leiblichen und vor allem geistigen Werke der Barmherzigkeit zu üben. Das täglich vom Abt laut vorgebetete Vaterunser erinnert daran, dass die Vergebung unserer Schuld auch unsere Vergebungsbereitschaft und unseren Friedenswillen voraussetzt.

In 74 knappen Sätzen zählt Benedikt »die Instrumente der geistlichen Kunst« auf. Sie gipfeln in den Sätzen: »Bei einem Zwist noch vor Sonnenuntergang Frieden schließen« und »an Gottes Barmherzigkeit niemals verzweifeln« (Regel Benedikts 4,73f). Hat sich jemand verfehlt, so muss der Abt dem Beispiel des guten Hirten folgen und sich mit Umsicht und Beharrlichkeit um dieses Glied der Gemeinschaft bemühen. »Immer soll er lieber Erbarmen walten lassen als strenges Gericht, damit ihm selber das gleiche zuteil werde.« (Regel Benedikts 64,10) »Er ahme das Beispiel des Guten Hirten nach, der das Beispiel treuer Liebe gab; er ließ die neunundneunzig Schafe in den Bergen zurück und machte sich auf, um das eine verirrte Schaf zu suchen. Er hatte solches Mitleid mit dessen Schwäche, dass er es huldvoll auf seine heiligen Schultern nahm und so zur Herde zurücktrug.« (Regel Benedikts 27,8f)

Bei uns im Kloster Frauenwörth hat sich eine Holzplastik des 14. Jahrhunderts erhalten, die »Barmherzigkeit« genannt wird. Sie stellt Christus dar, nur mit einem Lendentuch bekleidet, am ganzen Körper von den Wunden der Geißelung bedeckt und mit einer Dornenkrone auf dem Haupt. Die Male der Nägel an Händen und Füßen lassen keinen Zweifel: es ist der vom Kreuz abgenommene, auferstandene Christus, an dessen Leib und ernstem Antlitz noch alle Spuren der Passion sichtbar sind. Die Arme sind angewinkelt, Zeige- und Mittelfinger beider Hände deuten auf die

Seitenwunde. Ursprünglich wurde dieses Bild »Unseres Herren Marter« genannt.

Wie die Chronik berichtet, stiftete eine Klosterfrau im Jahre 1396 mit Einwilligung ihrer Familie ein ihr als Erbteil zustehendes Gut, »damit des Nachts vor diesem Bild ein ewiges Licht brennen könne«. Die Stifterin hatte manche schwere Krankheit durchgestanden und die Dunkelheit der langen, einsamen Nächte schmerzlich empfunden. War daher eine Mitschwester so krank, dass sie nicht in den Chor gehen konnte, sollte das Licht nachts in ihrer Zelle brennen. Sicher vermochte die Betrachtung der Leiden Christi und seiner Überwindung des Todes die Kranken und Sterbenden zu trösten. Kranke besuchen, Betrübte trösten, das sind Werke der Barmherzigkeit. Das in eigenen Schmerzen gereifte Mitgefühl dieser Mitschwester lebt auch nach 600 Jahren in unserer Erinnerung. Auf dem Weg zum Chorgebet gehen wir täglich mehrmals an der »Barmherzigkeit« vorbei, und manche Mitschwester verweilt dort zum stillen Gebet.

Aus der Zeit des Dreißigjährigen Krieges stammt eine Legende, die von dieser Statue erzählt und die mich immer wieder zum Nachdenken über die Seligpreisung der Barmherzigen veranlasste: Äbtissin Magdalena Haidenbucher stand dem Kloster 41 Jahre lang vor und leitete es durch die schwere Zeit des Dreißigjährigen Krieges. Zwar kamen die Schweden nicht über den Inn, aber viele Flüchtlinge suchten Zuflucht und Hilfe auf der kleinen Insel und im Kloster. Äbtissin Magdalena half den Bauern, deren Ernten vernichtet waren und übte großzügige Gastfreundschaft. Das Kloster wurde zur Zufluchtsstätte für viele Konvente, die sich vor den Schweden zu retten versuchten. So gewährte Äbtissin Magdalena im Sommer 1632 mehr als 148 geflüchteten Klosterfrauen kostenlos Aufenthalt und Verpflegung, dazu deren Knechten und Pferden. Heut erscheint es unvorstellbar, wie dies auf dem beschränkten Raum überhaupt möglich war.

Sie dachte aber nicht nur an die leibliche Not. Zum Trost und zur Freude der vielen Flüchtlinge ließ sie die große barocke Weihnachtskrippe aus dem Kloster in die Kirche bringen und dort in einer Seitenkapelle aufstellen. Hier konnten die bedrängten Menschen betrachten, in welche Armut, Obdachlosigkeit und Gefahr die barmherzige liebe Gottes (Lk 1,78) den geliebten Sohn geschickt hat, um den Menschen nahe zu sein. In diesem Kind ist ja den Menschen wirklich »die Güte und Menschenliebe Gottes« (Tit 3,4) erschienen. Wer selbst einmal heimat- und obdachlos war, wird diese Wahrheit sicher tiefer erfassen als manche anderen, die niemals Not kennen gelernt haben. 1648 rückten die feindlichen Truppen so nahe heran, dass die Mönche der benachbarten Männerklöster flohen. Die 71-jährige Äbtissin Magdalena betete in ihrer Not und Ratlosigkeit vor dem Hausaltar mit der Statue der »Barmherzigkeit« und fragte im Gebet, wo sie mit ihrem Konvent Zuflucht suchen solle. Da habe, so erzählt die Legende, der Heiland seine Hand an die Seitenwunde gelegt und ihr damit bedeutet, sie solle bei seinem Herzen Zuflucht suchen, sich seiner Barmherzigkeit anvertrauen. Äbtissin Magdalena schickte daraufhin ihren Konvent nach Salzburg und Tirol. Sie selbst blieb im Kloster zurück, beschloss auszuharren und teilte mit den täglich ankommenden Flüchtlingen das wenige, was noch vorhanden war.

In meinen frühen Klosterjahren fragte ich mich bisweilen, worin für Magdalena Haidenbucher die Barmherzigkeit bestand, die den Barmherzigen versprochen ist. Die Schweden kamen nicht in den Chiemgau. Aber konnte solcher »Lohn« gemeint sein? Anderen blieb er versagt. Später verstand ich: Äbtissin Magdalena begriff, dass Gottes barmherzige Liebe ohne Maß ist. Sie wusste sich – ganz gleich was über sie kommen würde – geborgen in der Barmherzigkeit des gekreuzigten und auferstandenen Herrn, der sein Leben für seine Freunde dahingab, der noch in der Qual des Kreuzestodes seinen Feinden verzieh und dem reuigen Schächer das Paradies verhieß. Der barmherzige Herr selbst war ihr Trost und ihr Lohn, er ist die menschgewordene Barmherzigkeit Gottes.

Barmherzigkeit will gelernt werden durch Vorbilder, Belehrung und Erfahrung. Sie wird zu einem inneren Bedürfnis, macht hellsichtig und in der Liebe erfinderisch. Es gibt Genies der Nächstenliebe. Sie sind barmherzig, nicht weil sie an Lohn denken, sondern weil ihr Herz weit geworden ist und es ihre Freude ist, den Weg der Gebote zu gehen. (Regel Benedikts Prolog 49) Sie geben umsonst, wie sie auch umsonst empfangen haben. (Mt 10,8) Dabei denke ich nicht nur an unsere großen Heiligen, die wirklich ein Stück dieser Welt verändert haben, sondern an viele Menschen unserer Zeit. Wo immer ihnen eine Not begegnet, helfen sie mit einem weiten Herzen, mit Freude und Einfallsreichtum. Ihr Lohn und ihre Freude ist es, das Leben anderer Menschen aufzurichten, ‚ihnen Zukunft und Hoffnung zu geben. Sie werden zum Licht, das anderen die dunklen Wegstrecken des Lebens erhellt und den Weg zu Gott weist. Ihre Liebe ist so stark, dass sie – wie Maximilian Kolbe – ihr Leben für andere hingeben.

Wie aber werden die Menschen gerettet, die Christus nicht kennen? Diese Frage hat Christen immer wieder beschäftigt. Aus russischer Volksüberlieferung stammt eine Legende, die ganz im Sinn des Evangeliums darauf Antwort zu geben sucht. Es ist die Legende vom vierten König: Im hohen Norden liest er die Verheißung eines neugeborenen Königs in den Sternen und macht sich auf, um ihm mit einem großen Bernsteinschatz zu huldigen. Er trifft die drei Könige, die ebenfalls dem Stern folgten, und schließt sich ihnen an. Unterwegs finden sie einen schwer verwundeten Kaufmann, dessen Karawane von Räubern überfallen worden war. Während die drei Könige fürchten, sie könnten den Stern aus den Augen verlieren, wenn sie sich bei dem schwer Verletzten aufhalten, erbarmt sich der vierte König des Kaufmanns, bringt ihn in eine Herberge und bleibt bei ihm, bis er nach drei Tagen in seinen Armen stirbt. Dann begräbt er ihn und zieht allein weiter. Die Not von fünf Waisenkindern veranlasst ihn, den Rest seines Schatzes für die Versorgung der Kinder herzugeben. Auf einem Sklavenmarkt begegnet er schließlich einer verzweifelten Mutter, deren Sohn in die Sklaverei verkauft werden soll. Da er nichts mehr hat als sein Leben, bietet er sich stellvertretend als Sklaven an. Viele Jahre verbringt er als Rudersklave auf einer Galeere, bis er durch einen Überfall von Piraten freikommt.

Ungeachtet der 30 Jahre, die seit seinem Aufbruch im hohen Norden vergangen sind, setzt er seine Reise fort und kommt am Rüsttag vor dem Paschafest nach Jerusalem. Dort trifft er Christus auf seinem Kreuzweg. Ihre Blicke begegnen sich und er erschauert. Dieses Gesicht hat er schon gesehen. Es ist das Gesicht des verwundeten Kaufmanns, aber auch das Gesicht des verstorbenen Vaters der fünf Waisenkinder und das des jungen Mannes, für den er auf die Galeere ging. Er folgt dem Kreuzträger bis nach Golgotha. Als er dort die Inschrift »Jesus von Nazaret, König der Juden« liest, erkennt er, dass er den gefunden hat, zu dem er so lange auf dem Weg gewesen war. Es ist nicht schwer, zu verstehen, was diese Volkserzählung sagen will. Der vierte König wird zu Christus geführt, indem er seinem guten Herzen folgt. Wie der barmherzige Samariter sorgt er für den Verwundeten und bestattet den Toten. Er gibt sein ganzes Vermögen den Armen, befreit den Gefangenen um den Preis der eigenen Freiheit und nimmt damit, ohne es zu wissen, an den Leiden Christi und an seinem Erlösungswerk teil.

Noch immer ist unsere Welt voller Gewalttat, weil Menschen genau den Versuchungen erliegen, denen Jesus in der Wüste widerstanden hat, nämlich dem Streben nach Schätzen, nach Ansehen und nach der Weltherrschaft. Unrecht und Gewalt werden mit Gegengewalt beantwortet. Die Überwindung des Bösen durch das Gute (Röm 12,21), unbegrenzte Versöhnungsbereitschaft und Barmherzigkeit wie Jesus sie fordert, sind immer noch Sache der kleinen Könige, die reinen Herzens sind und deshalb Gott schauen dürfen.

Aufrichtig den eigenen Weg gehen – auf der Suche nach Gott

Gott neu finden

Peter Abel

In stillen Stunden mag man sich der persönlichen Überzeugungen klar werden und sein Handeln absichern wollen. Das Leben wird einer Revision unterzogen. »Zu viele Berge wollte ich besteigen«, mag mancher und manche sich vielleicht sagen, »und die meisten habe ich nur halb geschafft.« Manchmal geht es dabei nicht recht vorwärts: Stagnation und das Gefühl der Leere können sich einschleichen. Manche Menschen, die ich begleite, berichten mir, dass eine stille Traurigkeit Teil ihres Lebens geworden ist. Desorientierung und Verlust gehören zu ihnen. Sie sind resigniert. Wie geht es mit dem Leben weiter? Immer wieder wählen sie dabei das Bild der Wüste, um ihren Zustand zu beschreiben. Dort sind sie ausgesetzt und einsam. Die Kontrolle über das eigene Leben ist verlorengegangen. Angst vor dem Unbekannten macht sich breit. Die eigene Verletzlichkeit wird spürbar. Leben steht still. Wenn es gut geht, werden sie in der Konfrontation mit sich selbst still, finden im Schweigen den Weg zur Oase, zu neuen Orten der Fruchtbarkeit. Indem sie vom alltäglichen Leben Abstand nehmen, lernen sie, neue und unerwartete Erfahrungen kommen zu lassen. Nicht nur die Seele, so erzählen einige, auch ihr Glauben sucht Neues. So ist es so manchem wichtig geworden, sich neu auf seine Lebens- und Glaubensquellen zu besinnen.

Abschied vom vertrauten Gott

Denn die Verunsicherung darüber, was denn das eigene Leben trägt, und die drängende Frage, was das Leben sinnvoll macht, lässt den eigenen Glauben nicht unberührt. So erzählen mir Betroffene im Gespräch, dass sie in dieser Zeit eine Krise des Glaubens erfahren haben, die oft zunächst in einer Krise ihrer Gottesbilder und im Abschied von überkommenen Glaubensformen sichtbar wird. Denn ein Gott, der alles richtet und die Herrschaft über mein Leben hat, mag der vertrauensvolle Gott der Kindheit gewesen sein; mit den Brüchen des Lebens ist dieser allmächtige, starke Gott über die Jahre hinweg ohnmächtig und schwach geworden.

Der Gott der guten Vorsehung mag einen in den frühen Jahren des Erwachsenenalters geleitet haben. Wo aber einer seinen Arbeitsplatz sinnlos verliert und den Kindern die Zukunft beschnitten wird, mag einem diese Vorsehung wie ein Hohn vorkommen. Langsam schwindet solch ein Gott aus dem eigenen Leben. Dabei gab es doch die unhinterfragte Vorstellung, der Glaube sei einfach in unserem Leben da und Gott eben auch, es könne keine Krise des Glaubens für diejenigen geben, die aufrichtig glauben. Doch das ist ein Trugschluss. Mir begegnet ein bei vielen Menschen verbreitetes Gefühl, wenn sie nach durchstandenen Lebenskrisen sagen: »Ich glaube noch, aber nicht mehr so wie früher als Kind, und ich weiß nicht genau wie.«

Das Neue hat noch keine Gestalt gefunden. Aber sie müssen sich jetzt fragen, welche Konsequenzen dieser Verlust mit sich bringt, ob Glaube noch eine Rolle spielt oder nicht. Was sich hier als eine Krise zeigt, ist zunächst keine Krise des Glaubens, sondern eine Krise der Konvention. Was einmal unhinterfragt übernommen wurde – Gebete, Riten, Teilnahme am religiösen Leben oder auch die Einstellung prägender Menschen –, kann nicht mehr automatisch geglaubt werden. Was ich selbst an Glaubenswissen und religiösen Einstellungen mühsam erworben habe, kann durch den Lauf des Lebens nochmals zerschlagen werden. So geht ein Glaube verloren, der im Grunde selbstgemacht ist und auf den eigenen Fähigkeiten aufbaut. Im Fernsein des selbstgemachten Gottes ist die »Fastenzeit des Lebens« (Karl Rahner), in der wir auf lieb gewordene religiöse Gewohnheiten verzichten müssen, um uns auf ein ganz anderes Glauben und tieferes Vertrauen in das Leben vorzubereiten.

Gottesferne und Gottesfinsternis

Ist es nicht so, dass sich die Gottesferne nicht nur auf den Verlust von lieb gewordenen Glaubensvorstellungen bezieht? Zeigt sich die Gottesferne nicht auch tiefer als Leere der eigenen Seele, als Finsternis im Herzen des Glaubens? Zeigt sie sich nicht in den ohnmächtigen Erfahrungen, dass Gott sein Angesicht vor uns verbirgt, dass die Dinge nicht mehr so sind, wie sie einmal zu Beginn des eigenen Glaubensweges waren? Glaube ist nie selbstverständlich, sondern immer wieder angefochten und bezweifelt in der Erschütterung des Herzens. Leere und Müdigkeit können sich in jeder Seele breit machen. Das Beten will nicht mehr schmecken; die Worte sind kraftlos geworden. Der Gottesdienst erfüllt nicht mehr; das Herz feiert nicht mehr mit. Vieles geschieht aus reiner Pflicht. Aufgaben, vor Jahren mit Enthusiasmus angefangen, füllen das Leben nicht mehr recht aus.

Krisen beuteln. Beziehungen sind verlorengegangen. So bringt die Erfahrung der Krise und des Leides nicht nur den Abschied vom überkommenen Gott, sondern die bittere Frage mit sich: Kann ich überhaupt angemessen von einem Gott des Lebens sprechen, wenn ich solches Leid durchmachen muss? Kann ich im mühsamen Übergang der Lebensmitte überhaupt noch auf Gottes beständige Liebe setzen? Hat sich Gott mir entzogen? Manchmal scheint Gott von der Bühne meines Alltags und der Wirklichkeit abgetreten. Der Scheinwerfer ist in die Leere gerichtet. Glauben zeigt seine andere Seite, offenbart sich als das Scheitern des Frommen: meine Suche wird nicht erfüllt. Mein Leben erscheint als eine grausame Ansammlung von Erfahrungen, in denen Gott sich nicht zeigen will. Ich erfahre Ferne, Zweifel und Verlassenheit. Mein Vertrauen ist auf das Äußerste strapaziert. Mein Herz ist leer. Mitten in dieser Leere des verschütteten Herzens spüre ich: Gott schweigt. Mein Fragen und Ringen um Gott ist mühsam geworden. Die Rede vom da-seienden Gott gehört in das Reich der Worte, die ich nicht mehr zu glauben vermag. Gott ist der nicht mehr Fassbare geworden, von dem eine wirkliche Ahnung nicht mehr erhascht werden kann. Gott hat mich verlassen. Gott hat sich meiner Sehnsucht entzogen. Der ferne Horizont meines Lebens ist nicht mehr erreichbar.

Auf die Gottesfrage verzichten

Wie können wir also mit der Erfahrung des abwesenden Gottes leben? Da kann uns wiederum ein Wort der Wüstenväter helfen, eines der kürzesten überhaupt: Abbas Sisoes sprach: »Suche Gott, aber frage nicht, wo er wohnt.«[1] Abbas Sisoes verzichtet darauf, die Gottesfrage zu stellen. Denn alles Fragen nach dem Wohnen Gottes – in seiner Schöpfung, unter den Menschen, im Licht der Erkenntnis oder auch im schweigenden Staunen – ist immer noch ein von Menschen gemachtes Bild. Gott muss fern sein von unseren Vorstellungen, damit er sich neu zeigen kann. Er wird zum abwesenden Gott. Erst dann kann die innere Haltung erwachsen, der wahre Frieden, der Gott sucht in der Gewissheit, dass Gott sich nicht machen lässt, sondern in der Ohnmacht des eigenen Herzens Platz nimmt. So kommt es zu einer inneren Umkehr, deren Ziel es ist, ein Mensch zu werden, der seine Suche von Gott her beantworten lässt.

Gewaltiges passiert in diesem Moment des Umschwungs. Die Lebensausrichtung ändert sich. Ein Mensch muss Gott fahren lassen, wo eine zu vertraute Nähe ihn in festen Gottesbildern und in äußeren Glaubensvorstellungen blockiert, und sich dabei von Gott neu ansprechen lassen. Er verzichtet darauf, die Frage nach dem Sinn und damit nach Gott selbst zu beantworten, um eine Antwort in der Tiefe des Herzens zu finden, wo die wahre Sehnsucht ihren Ort hat.

Es geschieht eine Wende nach innen, oft von Schmerzen, Hader und Zweifel begleitet, weil ich hier wirklich mit Gott zu leben beginne. Es vollzieht sich ein innerer Führungswechsel, indem ich meiner Seele eine Ruhestätte bereite, die mir Friede und Gelassenheit schenkt und darin die Erfahrung, dass mein Leben geschaffen und getragen ist von Gott.

Der »zweiten Berufung« trauen

Dann kann die Zuwendung des Menschen zu Gott eine neue Gestalt finden. Denn mit der ersten Zuwendung zu Gott ist nicht alles getan. Die christliche Tradition kennt von Anfang an die Bewährung der Jünger, die dem Herrn folgend sich an Karfreitag und Ostern dem Ruf Gottes neu stellen mussten. Sie nennt diese Erfahrung die »zweite Berufung« des im Glauben gereiften Menschen, dessen Kräfte nachlassen und dessen Begeisterung geschwunden ist, bei dem es nicht mehr weitergeht mit dem gewohnten geistlichen Leben und Gebet. Sie kennt die Gefahr, an dieser Stelle aufzugeben statt geduldig auszuharren. Sie kennt aber auch die neue Kraft, mit der ein Mensch sein selbstgemachtes Leben aus der Hand geben und sich Gott als dem wahren Grund seines Lebens anvertrauen kann. Sie kennt die veränderte Lebenspraxis.

Marcel Legaut, der Mitte der Vierziger seine sichere Universitätslaufbahn zu Gunsten eines Lebens in einer christlichen Gemeinschaft auf dem Land aufgibt, sagt über seine zweite Berufung: »Zwanzig Jahre lang habe ich in einem Zustand intellektuellen Brachliegens gelebt. Es war dies eine geheime, von der innersten Treue zugelassene, ja hervorgerufene Vorbereitung, damit das Leben Frucht tragen konnte. Was ich geworden bin, ist eine Frucht und nicht das Ergebnis eines klar gefassten und fest verfolgten Planes. Das spirituelle Leben erträgt keinen vorgefassten Plan, aber es ist immer fruchtbar, wenn es die genaue Folge der Treue zu den Folgerungen ist, die gebieterisch im klaren Bewusstsein des Menschen aufsteigen. (...) Das Wesentliche an meiner Lebensgeschichte ist nicht das Besondere, vielleicht Extravagante, sondern der innere Geist, der mich dazu geführt hat, mein Leben so zu gestalten. (...) Ohne dass ich es beabsichtigt hatte, ja ohne dass es mir überhaupt bewusst war, handelte es sich dieses Mal um eine zweite Lebenswahl. Ich hatte mein erstes Engagement zur Genüge gelebt und war noch jung genug, um etwas Neues zu unternehmen. Tatsächlich ist ein zweiter Beginn im Leben besonders fruchtbar, wenn er durch die mit Hilfe der ersten Erfahrung erreichten Keife vorbereitet wurde. Wie im Garten die Salatpflänzchen, so müssen auch wir in unserem Leben versetzt werden, um kräftigere Wurzeln zu treiben. Wenn man an einen fremden Ort zieht, entdeckt man das menschliche Leben in neuer Tiefe.«[2]

Wo sind demnach die Erfahrungen und Motive, in denen sich immer schon der Ruf meines Herzens gezeigt hat? Was sagt mir meine innere Stimme? Wo spüre ich, dass meine bisherige Lebensaufgabe vertieft werden muss? Zeichnen sich neue Konturen ab? Regungen des Herzens, die in der Geschäftigkeit der letzten Jahre verschüttet waren, wollen jetzt wieder gehört werden: vielleicht ist das eine gemeinsame Reise, für die nie Zeit war und die für eine größere Sehnsucht steht, vielleicht will ich mich mehr für andere engagieren, vielleicht mich bewusst in die Stille zurückziehen, um endlich wieder zu spüren, wo Gott in meinem Leben wohnt. Vielleicht ...

Verwalter des abwesenden Gottes

Gott zeigt sich, indem er abwesend ist – das ist der Schritt vom Karfreitag der Seele zum Licht des Ostermorgens. Das ist ein tiefes Glaubensgeheimnis. Und während er abwesend ist, können im Abschied vom konventionellen Glauben und vom selbstgemachten Gott neue Antworten wachsen:

Sich der Krise des leeren Herzens stellen: Wo der Glaubende an seinem Glauben verzweifelt, weil sein Herz leer geworden ist und die Gebete unerhört bleiben, wo er innerlich Gott treu bleibt, obwohl alle Gewohnheiten zu versagen scheinen, da erweist ihm Gott seine Treue. In der Mühe der ausgehaltenen Leere darf sich der Bote nähern, der Nahrung mit auf den Weg gibt. Gott wird sich zeigen – nicht mehr so sehr im jubelnden Gesang, sondern in der Stille des ohnmächtigen Herzens.

Gott im Paradox sehen lernen: Gott erwartet dich und er entzieht sich dir. Er lenkt dein Leben und ist dir fern. Er ist da und nicht da. Er begegnet dir in der Ganzheit deines Lebens, nicht nur in Momenten des Glücks und Gelingens, sondern auch in der Müdigkeit und im Scheitern, in Krise und Leid. Was bisher leicht über die Lippen ging, darf angefragt werden; Zweifel, Angst und Niedergeschlagenheit haben ihren Platz im Gebet. Indem die Konventionen des Glaubens hinterfragt werden, kann er als der ganz Andere nahe sein. Denn welcher Gott ist dir fern? Ist es vielleicht der Gott der falschen Sicherheit, der in das eigene Weltbild eingepasst wird? Scheint nicht in der Krise des hinterfragten Lebens nochmals ein ganz anderer Gott auf, ein Gott jenseits liebgewordener Vorstellungen und Gottesbilder?

Eine neue Sprache für meinen Glauben suchen: Wo die Sicherheiten des Glaubens erschüttert sind und die gewohnten Worte versiegen, da muss eine neue Sprache gefunden werden.

Verwalter des abwesenden Gottes werden: Die Abwesenheit eines Menschen ist nicht mit dessen Verlust und Nichtexistenz gleichzusetzen. Wenn ich in der Abwesenheit eines anderen Menschen auf ihn baue, dann lerne ich es, ihm tief zu vertrauen. Ich lerne Verlässlichkeit, Entschiedenheit, Hingabe in einer Aufgabe, die er mir übertragen hat. Ich lerne eine andere Form von Nähe, wenn ein geliebter Mensch lange fort ist. Die Gedanken sind ihm nahe, mein Herz schlägt weiterhin für ihn. Doch dafür muss ich viel Kraft investieren. So ist auch die Abwesenheit Gottes nicht mit dem Verlust oder seiner Nichtexistenz gleichzusetzen. Im biblischen Beispiel: Der Auferstandene ist nicht der vertraute Lebensbegleiter, nicht der menschliche nahe Jesus der Jünger, sondern der, der nochmals ihren kleinmütigen Glauben umformen will. Das gilt auch für unseren Glauben.

Gottes Abwesenheit erzeugt ein Vakuum, das uns in der Verantwortung des erwachsenen Menschen ernst nimmt. Als

Glaubende leben wir hier als seine Verwalter. (vgl. Lk 12,42ff) Während der Eigentümer abwesend ist, müssen Verwalter wichtige Entscheidungen treffen über das Hab und Gut des Eigentümers. Verwalterschaft gelingt nur, wenn sie auf gegenseitigem Vertrauen aufbaut. So hat uns der Abwesende in die Verantwortung berufen, das Geheimnis unseres Glaubens an andere weiterzugeben, und er tut dies vertrauensvoll. In welchem Lebensbereich bin ich in die Verwalterschaft gerufen?

»Die Abwesenheit des Herrn ist in der Tat eine spezielle Weise der Anwesenheit. Christus bleibt unter uns – aber nicht, um klare Antworten zu geben, sondern um uns zu verantwortlichen und mutigen Entscheidungen zu führen. Er ist in unseren Gemeinschaften anwesend, aber nicht als eine Autorität, die ein Ersatz unseres Erwachsenenseins ist und uns als Kinder übrig ließe. Es ist eine Anwesenheit, die uns zwingt, am Aufbau und der Reinigung unserer Gemeinschaften teilzunehmen. ... Für viele Christen wird diese Verbindung zwischen Verantwortung und Abwesenheit besonders stark in den mittleren Lebensjahren.« [3]

1 Weisung der Väter, übersetzt von B. Miller, Trier, 3. Aufl. 1986, Nr. 49. Das Kellion ist die Zelle des Mönches.

2 M. Legaut, Christ aus Leidenschaft, Freiburg, 1978, S. 54f und 58f.

3 E. & J. Whitehead, Seasons of strength. New visions of adult maturing, Winona 1995, S. 199.

Die Notwendigkeit der Arbeit für das geistliche Leben

Fidelis Ruppert, Anselm Grün

Die ersten Mönche gingen um 250 nach Christus in die Wüste, um unablässig zu beten und zu meditieren und sich ganz frei für Gott zu machen. In diesem Streben nach der ständigen Ruhe in Gott gab es auch Tendenzen, sich von der Arbeit zu dispensieren und nur dem Gebet zu obliegen. Doch diese Tendenzen werden von den erfahrenen Altvätern zurückgewiesen. Ein Apophthegma zeugt nicht von dieser Auseinandersetzung:

Man erzählte vom Altvater Johannes Kaiabos, dass er einmal zu seinem älteren Bruder sagte: »Ich will ohne Sorgen sein, so wie die Engel sorglos sind, und nicht arbeiten, sondern unaufhörlich Gott dienen.« Er legte sein Kleid ab und ging in die Wüste. Nachdem er eine Woche dort verbracht hatte, kehrte er zu seinem Bruder zurück. Als er an die Türe klopfte, erkannte ihn sein Bruder, bevor er öffnete, und sprach: »Wer bist du?« Er antwortete: »Ich bin Johannes, dein Bruder!« Der Bruder antwortete: »Johannes ist ein Engel geworden und gehört nicht mehr zu den Menschen.« Da flehte er ihn an und sagte: »Ich bin es doch!« Der andere aber öffnete ihm nicht, sondern ließ ihn bis zum Morgen in dieser unbequemen Lage. Erst später öffnete er und sagte: »Wenn du ein Mensch bist, dann musst du arbeiten, damit du deine Nahrung findest.« Da bereute Johannes und sagte: »Verzeihe mir!«[1]

Verschiedene Gründe werden in der monastischen Literatur für die Notwendigkeit der Arbeit aufgeführt. Der erste ist der auch im zitierten Väterspruch genannte: die Arbeit ist notwendig für den eigenen Lebensunterhalt. Das ist nicht bloß eine äußere Notwendigkeit, sondern hier erfährt der Mönch seine »condition humaine«, die Schwäche und Brüchigkeit seiner menschlichen Natur. Die harte Arbeit, im Schweiße seines Angesichtes sein Brot zu essen (vgl. Gen 3,19), gehört wesentlich zum Menschen, und dem ist auch der Mönch nicht enthoben.

Benedikt verweist auch auf das Beispiel der Apostel, die sich von der eigenen Hände Arbeit ernährten: »Denn erst dann sind sie wahre Mönche, wenn sie von der Arbeit ihrer Hände leben wie unsere Väter und die Apostel.« (Regel Benedikts 48,8) Das Beispiel der Apostel ist für die Mönche Grund genug. Doch sie suchen auch nach Gründen für das Verhalten der Apostel. Cassian, der die Ideen des östlichen Mönchtums in die lateinische Welt des Westens übersetzt hat, beruft sich beispielsweise in der 24. Unterredung, in der er dieses Problem erörtert, auf den großen Antonius. Ohne Arbeit wären die Mönche angewiesen auf die Gaben von Wohltätern. Und dadurch machen sie sich innerlich von den Wohltätern abhängig. Das Ziel des Mönches, von irdischer Anhänglichkeit frei zu werden, würde durch diese Abhängigkeit von anderen nie erreicht. Antonius meint, die Abhängigkeit von den Wohltätern sei gerade deshalb so gefährlich, weil man sie gar nicht merke. Man meine, durch Gebet und Lesung nun ganz frei für Gott geworden zu sein, doch in Wirklichkeit komme man Gott keinen Schritt näher, da man die Welt nicht wirklich verlassen habe. Man sei im Herzen noch ganz weltlich, und so würde man in seiner Seele geschwächt. Antonius, der als Begründer des frühen Mönchtums gilt, zitiert zur Beschreibung dieses Zustandes Hosea 7,9: »Es verzehrten Fremde seine Stärke, und er wusste es nicht.«[2]

Ein weiterer Grund, warum die Mönche oft sehr hart arbeiteten, war die Erfüllung des Gebotes der Nächstenliebe. Mit dem Ergebnis, ihrer Arbeit konnten sie anderen helfen. Rufinus beschreibt die sozial-caritative Tätigkeit der Mönche in seiner Mönchsgeschichte: Zur Erntezeit erwarben diese Mönche viel durch ihrer Hände Arbeit und brachten den größten Teil ihres Verdienstes zu ihrem Meister, damit es für die Armen verwendet würde. Nicht nur dort, sondern in den meisten Klöstern Ägyptens herrschte die Sitte, dass sich die Mönche zur Erntezeit als Mäher verdingten und von ihrem Lohn, der etwas mehr oder weniger als 80 Scheffel Getreide auf den Kopf betrug, den größten Teil den Armen zur Verfügung stellten. Nicht nur die Eingeborenen der betreffenden Gegenden hatten daran ihren Teil, sondern sogar bis nach Alexandrien wurden beladene Getreideschiffe gelenkt, deren Inhalt den Gefangenen, Fremden und sonstwie Bedürftigen zugute kam. Oft hatte ganz Ägypten nicht genug Notleidende, um diese gewaltigen Spenden der Barmherzigkeit aufzuzehren.[3]

Mag diese Beschreibung auch übertrieben sein, so zeigt sie doch, dass die Mönche durch ihre Arbeit anderen helfen und Gutes tun wollten. Die Arbeit ermöglichte ihnen, ihre Liebe zu den

Menschen in konkrete Hilfen umzusetzen. Ihre Arbeit hatte einen Sinn. Sie war für andere Menschen da. Das ist eine wesentliche Funktion der Arbeit. Arbeit ist immer Dienst für andere. Das gilt nicht nur für die sogenannte Dienstleistung, sondern auch für die Produktion. Alles, was wir produzieren, soll dem Menschen dienen. Er will unser Produkt benutzen und sich darauf verlassen können.

Die Arbeit galt für die Mönche ferner als asketische Übung, die sie auf ihrem Weg zur Reinheit des Herzens genauso voran brachte wie etwa Schweigen, Fasten und Beten. Der Weg zu Gott führt für die Mönche auch über Plage und Mühe, besonders aber über körperliche Anstrengung. So sagt Achilas in einem Väterspruch: Vom Abend an habe ich 20 Orygien (= 120 Fuß) geflochten und eigentlich brauche ich es gar nicht. Doch ich habe Sorge, Gott könnte mit mir unzufrieden sein und mir vorwerfen: Du konntest arbeiten – warum hast du es nicht getan? Darum plage ich mich und setze all meine Kraft ein.[4]

Achilas plagt sich, obwohl er es für seinen Lebensunterhalt nicht bräuchte. Doch er meint, Gott verlange von ihm Arbeit und Anstrengung; er solle die Kraft, die er von Gott erhalten habe, auch einsetzen und nutzen. Für uns mag das etwas merkwürdig klingen, weil wir eine unnütze Arbeit nicht einsehen. Aber es ist zu bedenken, dass es unter den Einsiedlern der Wüste oft nicht genug sinnvolle und notwendige Arbeit gab, die sie hätten tun können. Doch es war ihnen offensichtlich wichtig, auch den Körper hart einzusetzen und zu trainieren. Der Leib war ihnen ein wichtiger Partner auf dem geistlichen Weg. Heute hat für viele, die in ihrer Arbeit körperlich wenig gefordert werden, der Sport eine ähnliche Funktion.

In der anstrengenden Arbeit realisiert der Mönch nicht nur seine Möglichkeiten und entfaltet sie, bis er an seine Grenze stößt, die Anstrengung kann ihn vielmehr auch für Gott öffnen und ihn für die Erfahrung Gottes empfänglich machen. So versteht zum Beispiel Wilhelm von St. Thierry, ein Freund Bernhards von Clairvaux, die Arbeit. Gegenüber der Überbetonung von Gebet und

Liturgie bei den Cluniacenser Mönchen hatte Bernhard besonderen Wert auf die Handarbeit gelegt.

Wilhelm schreibt nun, die harte Arbeit auf dem Feld stehe nicht im Gegensatz zum Gebet, sondern sie bewahre den Mönch gerade die Freude an geistlichen Studien und nähre sie. Und die körperliche Ermüdung durch die Feldarbeit erzeuge in ihm ein tieferes Gefühl der Frömmigkeit.[5] Das mag uns zunächst befremden, da wir meinen, die Erschöpfung durch die Arbeit trenne uns von Gott. Wir wären zu müde, um überhaupt noch einen Gedanken an Gott fassen oder gar beten zu können. Das muss jedoch nicht so sein. Erhart Kästner, der Athosmönche beobachtet, wie sie müde und verschlafen zur nächtlichen Liturgie kommen, schreibt in seinem Buch »Die Stundentrommel vom Heiligen Berg Athos«, in der Müdigkeit sei man aufnahmefähiger als sonst, bei gedrosselten Sinnen steige das Eigentliche herauf, Schwäche mache offener, und die Müdigkeit erzeuge »jenen Zustand großer Empfängnis, der nur das Wenige einlässt.«[6] Auf eine ähnliche Erfahrung spielte auch ein bekannter Meditationsmeister an, der am Ende einer langen Meditationswoche feststellte, dass die Teilnehmer müde geworden waren, und sie dann mit den Worten zum Durchhalten ermunterte: »Der Feind ist jetzt auch müde!« Der Widerstände im Menschen und alles, was eine tiefere Erfahrung verhindert, wird allmählich auch schwächer, und so steigt auch die Chance eines inneren positiven Durchbruchs.

Für die alten Mönche jedenfalls gehörte die Anstrengung bei der Arbeit wesentlich zu ihrem geistlichen Weg. Altvater Apollo konnte von der Arbeit sagen: »Mit Christus habe ich heute für meine Seele gearbeitet.«[7] Die äußere Arbeit ist für ihn zugleich Seelen arbeit, Arbeit am inneren Menschen. Die Anstrengung in der Arbeit bereitet auch die Seele für Gott. Wenn es vom Asketen Jonas heißt: »Was körperliche Erholung sei, das wusste er nicht, da er freiwillig und gar eifrig arbeitete«[8], dann kann man sich nicht vorstellen, er sei immer hellwach gewesen. Und wenn man von den vielen Nachtwachen der Mönche nach all der täglichen Arbeit liest, so ist es auch kaum möglich, dass sie keine Müdigkeit gespürt hätten. Die Müdigkeit war offensichtlich ein Element ihrer Askese, die sie offener für Gott machen sollte.

In der anstrengenden Arbeit erfährt der Mönch Gott als einen, der ihn beanspruchen kann bis in seinen Leib hinein, ja bis hin zur Erschöpfung und Ermüdung. Gott zeigt sich darin als sein Herr, der über seinen Knecht verfügen kann, der ihn aufreiben kann. Die Grenze, an die der Mönch in einer harten und anstrengenden Arbeit stößt, kann für Benedikt Gott selbst sein. Im 7. Kapitel schreibt er, dass der Mönch vor widrigen Dingen und vor einer überfordernden Arbeit nicht davonlaufen, sondern standhalten, aushalten (sustinere) solle. Dabei soll er sich vorsagen: »Confortetur cor tuum et sustine Dominum, dein Herz sei stark und ertrage den Herrn.« (Regel Benedikts 7, 35) Er gerät also in der Erschöpfung durch die harte Arbeit an den Herrn selbst und soll ihn aushalten. Die Grenze, an die er in der Arbeit stößt, kann für ihn zum Einfallstor Gottes werden. Sie kann ihn aber auch in Traurigkeit stürzen und so von Gott trennen. Daher ist Benedikt bedacht, die Arbeit nicht zu übertreiben und jedem die nötigen Hilfen zu geben, damit keiner traurig und missmutig arbeite und so überfordert werde.

In dieser Spannung zeigt sich Benedikts Weisheit. Der Mönch muss an seine Grenze stoßen und darin für Gott aufgebrochen werden, aber er darf nicht ständig an seiner Grenze leben, weil der Bogen sonst überspannt wird und zerbricht. Die Müdigkeit und Erschöpfung, die Benedikt hier im Auge hat, entspricht nicht dem, was man heute »Burn-out-Syndrom« nennt. Ausgebrannt ist der, dem auch jede Motivation für sein Leben abhanden gekommen ist. Es ist eine Erschöpfung, die in die Unruhe führt. Die Müdigkeit, von der die Mönche sprechen, öffnet für Gott und macht die Seele still. Wenn wir heute von Erschöpfung sprechen, dann meinen wir auch eine seelische Erschöpfung. Der Mensch hat nichts mehr, woraus er schöpfen kann. Auf eine weitere positive Funktion der Arbeit für das geistliche Leben stoßen wir, wenn wir Benedikts

Arbeitsbegründung näher untersuchen. Benedikt schreibt zu Beginn des 48. Kapitels: Müßiggang ist ein Feind der Seele. Deshalb sollen sich die Brüder beschäftigen: zu bestimmten Zeiten mit Handarbeit, zu bestimmten andern Stunden mit heiliger Lesung.

Während das Buch der Weisheit den Müßiggang immer wieder als Ursache materieller Armut anprangert, betrachtet ihn Benedikt unter einem spirituellen und psychologischen Gesichtspunkt. Der Müßiggang schadet der Seele, dem psychischen Gleichgewicht. Der Mönch soll immer mit etwas beschäftigt sein, entweder mit Arbeit oder mit Gebet und Lesung. Eine völlig freie Zeit wäre schädlich. Denn da würden die Gedanken umherschweifen. In die Leere würden unnütze Gedanken einfallen. Der Mönch wäre zerstreut, zügellos, innerlich unruhig. Er hätte zu nichts rechte Lust. Vor allem aber wäre er ohne Bezugspunkt, auf den er sich konzentrieren, oder besser ohne Bezugsperson, auf die er sich einlassen müsste. Und diese Bezugslosigkeit ist gefährlich. So meint Petrus von Celle: »Immer möge dich der Teufel beschäftigt antreffen. Der unreine Geist betritt das Haus nicht, außer er fände es leer.«[9]

Die Arbeit hat für Benedikt die Funktion, den Mönch zu binden, sie führt ihn aus der Unruhe heraus in die Sammlung und schützt ihn so vor unnützen Gedanken und vor einer Leere, die immer dann entsteht, wenn man auf nichts mehr bezogen ist. Cassian beschreibt diese positive Funktion der Arbeit bei den Mönchen in der ägyptischen Wüste: Dadurch nämlich, dass sie die Körper- und Geisteskräfte zugleich üben, gleichen sie die Pflichten des äußeren Menschen mit den Anstrengungen des innern in der Weise aus, dass sie an die flüchtigen Regungen des Herzens und das unstete Schwanken der Gedanken das Gewicht der Arbeiten wie einen starken und unbeweglichen Anker legen: an diesen heften sie das zerstreute und unstete Herz und vermögen so dasselbe hinter den Riegel der Zelle wie im sichersten Hafen eingeschlossen zu halten. Und so nur auf die geistige Betrachtung und die Bewachung der Gedanken gerichtet verhütet dieser Anker nicht bloß, dass der wachsame Geist in eine böse Einflüsterung willige, sondern bewahrt ihn auch vor allen überflüssigen und müßigen Gedanken, und man kann nicht leicht entscheiden, woran er befestigt ist, das heißt ob die Mönche wegen der geistlichen Betrachtung unablässig Handarbeit verrichten, oder ob sie wegen fortwährender Arbeit einen so herrlichen Fortschritt des Geistes und das Licht der Erkenntnis erwerben.[10]

Die Bindung an die Arbeit ist für Cassian kein Gegensatz zur Bindung an Gott, sondern eine Hilfe, seinen Geist in Gott zu sammeln. Die Arbeit kann einen innerlich wachsam machen. Die Mönche haben in diesem Zusammenhang eine Übung entwickelt, die sogenannte »nepsis«, eine Wachsamkeit, in der sie alle Gedanken, die bei der Arbeit aufsteigen, wahrnehmen, beobachten und ihnen auf den Grund gehen. Wenn ich in dieser inneren Wachsamkeit arbeite, dann wird die Arbeit für mich zu einer Chance tieferer Selbsterkenntnis. Denn bei der Arbeit tauchen ja viele Gedanken und Gefühle auf, die Wesentliches über mein Inneres aussagen. Ohne Arbeit würde ich auf viele Regungen des Herzens gar nicht stoßen. Die Arbeit mit ihren Erfolgen und Misserfolgen, mit ihren Anforderungen und Härten löst in mir ständig Reaktionen aus. Wenn ich in der »nepsis« diese Reaktionen wahrnehme, dann lerne ich mich selbst immer besser kennen.

Im heutigen Makariuskloster in der ägyptischen Wüste, in das heute viele intellektuelle junge Menschen eintreten, ist dieses monastische Verständnis von Arbeit noch lebendig. Der geistliche Vater wählt die Arbeit für die Mönche unter einem geistlichen Gesichtspunkt aus. Er weist jedem eine Arbeit zu, die gerade seine Fehler und Schwächen aufzuspüren und sie zu heilen vermag: Mit aufmerksamem Blick überschaut der geistliche Vater alle Arbeiten. Er hat große Erfahrung in den verschiedenen Berufszweigen und in der Leitung unserer Arbeiter. Immer wieder gibt er Ratschläge und Anweisungen, was zu tun ist; indem er zunächst nur Fehler im Verhalten bei der Arbeit korrigiert, deckt er schließlich auch Fehler der Seele auf. Das tägliche Leben wird auf diese Weise für den Mönch zur unersetzbaren Gelegenheit, sich zu formen,

Fortschritte zu machen und in die Praxis umzusetzen, was man an geistlichen Prinzipien gelernt hat. Man lernt gewissenhaft auf seine Fehler zu achten und sich zu bessern. Der geistliche Vater wählt die Arbeit aus, oft eine zermürbende Arbeit, um dadurch die Schwächen der Seele aufzuspüren und sie psychisch und geistlich zu heilen. Trotzdem meinen wir nicht, die Arbeit an sich und ihr Gelingen interessiere den geistlichen Vater überhaupt nicht; nur gilt sein eigentliches Interesse immer der Integrität der Seele, ihrem Wachsen und Reifen.[11]

Abbas Poimen nennt die Arbeit einmal eine Unterweisung und Lesung.[12] Sie unterweist uns in der Selbsterkenntnis. Die Arbeit deckt uns auf, wo unsere Fehler liegen, unsere Schwächen, unsere Grenzen. Während der Arbeit können wir in unserem eigenen Herzen lesen, was da auftaucht an Gedanken und Gefühlen, an Ärger und Groll, an Selbstüberschätzung, an Ängsten, an Fluchtversuchen, an Feigheit und an Unehrlichkeit. So loten wir in der Arbeit unser eigenes Herz mit seinen Höhen und Tiefen aus und erkennen uns, wie wir vor Gott letztlich sind.

Und noch eine letzte Funktion hat die Arbeit für das geistliche Leben. Sie ist ein Test auf seine Echtheit. Ohne Arbeit könnte das Gebet ein frommes Kreisen um sich selbst werden. Man genießt seine religiösen Gefühle, bleibt aber bei sich selbst stehen und begegnet nicht wirklich Gott, sondern nur seinen eigenen Phantasiebildern. Die Fähigkeit, effektiv zu arbeiten, ist ein Zeichen, ob die frommen Gefühle und religiösen Bilder stimmen und gesund sind. Johnston berichtet von einer psychologischen Untersuchung von Wapnick, in der die Erfahrungen der hl. Theresia von Avila mit denen einer Schizophrenen verglichen werden. Die Erfahrungen haben große Ähnlichkeit hinsichtlich der Bilder des Unbewussten. Doch ein einschneidender Unterschied besteht. Die Schizophrenie zieht sich in ihre eigene innere Welt zurück, sie bleibt dem Leben des Alltags vollkommen unangepasst, »während die hl. Theresia ihre inneren Erfahrungen mit ihrem Alltag in Übereinstimmung brachte. Sie führte ein glückliches Leben in einer Gemeinschaft mit anderen Menschen und bewältigte erfolgreich ein ansehnliches Arbeitspensum.«[13] Johnston sieht in der psychologischen Studie »die Bestätigung einer Jahrhunderte alten Lehre, die in der täglichen Lebensbewältigung den sichersten Prüfstein sieht, um den Mystiker von dem Neurotiker zu unterscheiden.«[14]

Die Fähigkeit, gut zu arbeiten, ist für die Mönche ein Test, ob das geistliche Leben gesund und das Beten echt ist. Für den Altvater Antonios ist sogar die Arbeitskraft ein Zeichen der geistlichen Kraft und Reife. So wird in einem Apophthegma erzählt, wie Antonius und Makarius die ganze Nacht in geistlichen Gesprächen verbringen. Beide flechten dabei Seile. Makarius arbeitet schneller. Sein Seil geht schon durch die Türe hinaus. Als Antonius die Länge des Seiles sieht, sagt er: »Viel Kraft geht von diesen Händen aus.«[15] Damit meint er mehr als die körperliche Kraft. Die Fähigkeit, hart und schnell zu arbeiten, zeugt für ihn von der spirituellen Kraft des Makarius. Die Alten trennen Gebet und Arbeit nicht. Beides ist für sie eine Einheit, beides für das geistliche Leben wichtig. Von diesem monastischen Verständnis der Arbeit zeugt auch eine Stelle aus der Regel von Taizé: Damit dein Gebet wahrhaftig sei, musst du in harter Arbeit stehen. Begnügtest du dich mit dilettantischer Lässigkeit, so wärest du unfähig, wirklich Fürbitte zu tun. Dein Gebet findet zur Ganzheit, wenn es eins ist mit deiner Arbeit.[16]

1 Weisung der Väter, übersetzt von B. Miller, Freiburg 1965, Nr. 317.

2 J. Cassianus, 24 Unterredungen mit den Vätern, übersetzt von K. Kohlhund, Kempten 1879, Unterredung 24, S. 11.

3 T. Rufinus, Mönchsgeschichten. Kleine historische Monographien, hrsg. v. N. Howorka, Wien 1930, S. 97f.

4 Weisung der Väter, Nr. 128.

5 Vgl. Epistola Domni Willelmi ad fratres de monte die 86, Sources chrétienne, Nr. 223, S. 210: »Die harte Arbeit auf dem Feld führt nicht nur zu einer starken Erschöpfung des Körpers, sondern ermüdet und demütigt dadurch auch das Herz; und das Gewicht der körperlichen Ermüdung bringt dann oft ein Gefühl intensiverer Frömmigkeit hervor. Dieses Phänomen lässt sich auch häufig beim Fasten, bei den Nachtwachen und bei allen Arbeiten beobachten, die eine Ermüdung des Körpers mit sich bringen.«

[6] E. Kästner, Die Stundentrommel vom Heiligen Berg Athos, Wiesbaden 1956, S. 31f, 43, 78.
[7] Weisung der Väter, Nr. 149.
[8] Leben des Pachomius, übersetzt von H. Mertel, München 1917, S. 845.
[9] Patrologia Latina 202, S. 1126.
[10] J. Cassianus, Über die Einrichtung der Klöster, übersetzt von K. Kohlhund, Kempten 1879, S. 40.
[11] Das Makariuskloster in der sketischen Wüste, Erbe und Auftrag 55 (1979), S. 374.
[12] Vgl. Les sentences des pères du désert, nouveau recueil, hrsg. v. L. Regnault, Solesmes, 2. Aufl. 1977, S. 287, Eth Coll. 13,1.
[13] W. Johnston, Klang der Stille, Mainz 1978, S. 90.
[14] Ebd., S. 91.
[15] Weisung der Väter, Nr. 457.
[16] R. Schutz, Die Regel von Taizé, Gütersloh 1963, S. 31.

Die Einsamkeit und die Suche nach Gott

Guido Kreppold

Mit Einsamkeit ist mehr gemeint als der unerfüllte Wunsch nach Nähe zu einem verständnisvollen Lebenspartner. Worunter Menschen heute leiden, könnte man als seelische Heimatlosigkeit und Entwurzelung bezeichnen. Im letzten ist es die nicht gelungene Suche nach Gott. Die Einbindung in eine lebendige Religion ist abgerissen oder nie geschehen. Die Symbole in der Welt der kirchlichen Tradition wie Festtage, Gottesdienste, Riten erscheinen überholt und veraltet. Sie sind vielfach zu bloßen Formeln erstarrt und müssten erst .erschlossen werden. So findet die Seele keinen Raum, wo sie ausruhen und sich ausbreiten könnte. Um so größer sind die Erwartungen an das Glück im ganz kleinen Kreis oder an ein Leben zu zweit. Ob nun innerhalb oder außerhalb der Kirche, Tatsache ist, dass immer mehr Menschen an einem Zustand des »Stecken-Bleibens« oder »Festgefahrenseins« leiden. Es ist, als ob sich die Seele aus allem entfernt hätte. Man hat keinen Schwung bei der Arbeit, das Gespräch zwischen den Lebenspartnern verstummt, es fehlen Einfälle, das Leben mit Freude kreativ zu gestalten. Die Gefühle sind wie vertrocknet, es findet kein Austausch statt, auch nicht im sexuellen Bereich; alles ist wie verödet. Statt einander Hilfe und Stütze zu sein, wird man einander zur Last. Man fühlt sich überfordert von anderen, von den Kindern und vom Beruf. Damit geht die Angst einher, nicht zu genügen vor dem, was auf einen zukommt, vor dem eigenen Schicksal, vor den Veränderungen in der Arbeitswelt. Selbst gläubige Menschen sind verunsichert durch die verschiedensten gegensätzlichen Meinungen und die Polarisierung im altgewohnten, heimatlichen religiösen Raum.

Die Suche der Menschen geht heute der Frage nach: Wo eröffnet sich eine Möglichkeit, den seelischen Stillstand zu überwinden, die Totenstarre zu lösen, in sich wieder Lebendigkeit zu spüren, einen festen Grund unter sich und Kraft in sich, neu erfüllende Nähe und Austausch zu erfahren; nicht zuletzt ist es die Sehnsucht nach der religiösen Tiefe, nach der mystischen Dimension außerhalb des Alltäglichen, nach Ausbrechen aus einem verengten, schablonenhaften, rein rationalen Weltbild. Man könnte es eine Suche nach Gott nennen, aber die Betroffenen würden dieser Bezeichnung kaum zustimmen. Denn mit dem Begriff »Gott« verbinden sie ein abstraktes Wesen jenseits dieser Welt, unerreichbar und unzugänglich – das, obwohl mit Allmacht ausgestattet, die Menschen ihrem Schicksal überlässt. So ein Gott ist nicht anziehend und kann nicht Grund für leidenschaftliche Suche sein. Wenn schon das Ziel des oft verzweifelten Strebens »Gott« genannt wird, dann muss er innerhalb dieser Welt sein, nicht ein Feind der Gefühle, sondern deren Anwalt, nicht ein Wesen der abstrakten Begriffe sondern der unmittelbaren Erfahrung.

Unvergessen bleibt mir der Bericht einer Frau über eine Gottesbegegnung, die sie im Alter von vierzehn Jahren hatte. Es war auf einem Traumkurs, wo sie nach 25 Jahren zum ersten Mal offen über dieses Erlebnis reden konnte. In ihrer Stimme und in der ganzen Art der Erzählung war noch etwas zu spüren von der Wucht und dem Glück dieses Ereignisses, von dem Schmerz, mit diesem Einbruch in ihr junges Leben jahrelang allein gewesen zu sein. Sie konnte es niemandem erzählen, nicht den Eltern, nicht der besten Freundin auch nicht ihrem Mann, weil sie das berechtigte Gefühl hatte, von niemandem verstanden zu werden, statt dessen fürchten musste, für verrückt erklärt zu werden. Gerade von der Kirche war sie am meisten enttäuscht. Sie fand keinen Seelsorger, der nur annähernd auf das eingegangen wäre, was sie bewegte. So musste sie ihr kostbarstes, wichtigstes und schönstes Erlebnis als ungelöstes Geheimnis, das sie isolierte, mit sich herumtragen. Es kam so weit, dass sie ernsthaft an sich zweifelte, ob alles doch nur Einbildung gewesen sei. Sie fühlte sich minderwertig und ausgestoßen.

In der Selbsterfahrungsgruppe jedoch spürte sie den Rahmen, wo sie sich öffnen und Verständnis finden konnte. Es wurde ein Beitrag, der alle bewegte und aufhorchen ließ und ganz wesentlich das weitere Gruppengeschehen bestimmte. Man hatte den Eindruck, dass sich hier der Raum des Heiligen aufgetan hatte: Eine wohltuende Stille in den Pausen des Gesprächs, Achtung vor dem, was gesagt wurde; eine Nähe und Harmonie und doch die Freiheit, einander nicht festhalten zu müssen. Gerade die schmerzvolle Geschichte, mit dem ihr Gotteserlebnis verbunden war, gab der Erzählung ein besonderes Gewicht. Für die Frau war es beglückend zu erfahren, dass sie mit ihrem außergewöhnlichen Ereignis nicht mehr außerhalb stand und sich wie anormal vorkommen musste, sondern dass sie in einer Gruppe von suchenden und durchaus kritischen Menschen ernst genommen und integriert wurde.

Zurück bleibt jedoch die Frage, wie es mit einer Theologie bestellt ist, in der ein solches Thema nicht vorkommt bzw. Seelsorger nicht befähigt werden, damit umzugehen. Bei aller Treue zur Tradition, bei allen klugen Analysen der Gegenwart, bei allem Engagement für gesellschaftliche und soziale Probleme sollte vornehmlich der Blick dafür geschärft werden, dass Menschen heute »Religion pur« suchen; sie möchten mit aller Radikalität wissen, was der letzte Grund ihrer Existenz ist.

Anders ist es nicht zu erklären, dass so häufig, das Thema der Gotteserfahrung unter Tränen und großem Schmerz vorgebracht wird, wie ich es in Selbsterfahrungskursen erlebe. Es wäre sehr vordergründig zu meinen, Menschen, die buddhistische Klöster in Nepal, Thailand und Japan aufsuchen, würden nur ihrem Drang nach Exotischem folgen. Warum sollte man nicht eine Sehnsucht nach seelischer Tiefe und Transzendenz vermuten, wenn sie sich der absoluten Abgeschiedenheit und Stille aussetzen und sich fremden Riten unterwerfen? Aufgeschlossene Besucher spüren in den Zentren einer jahrtausende alten Kultur die ungebrochene Kraft des Religiösen. Zu denken wäre an die Zeit des Hochmittelalters im christlichen Europa, als die religiöse Erfahrung die Menschen zuinnerst prägte und sie zu gewaltigen Leistungen antrieb. Man könnte mit Einschränkung sagen, dass die Länder des fernen Ostens zumindest im Hinblick auf ihre Religion noch im Mittelalter, ja sogar noch im Altertum stehen – mit allen Vorzügen, aber auch mit allen Nachteilen. Gewiss ein Grund für eine mächtige Faszination.

Die Frage bleibt: Wo ist heute die Kraft des Religiösen im christlichen Raum? Gewiss ist für viele das Christentum durch Vorprägungen und Vorurteile entwertet und verschlossen. Es gibt aber Zentren des christlich geprägten spirituellen Lebens, in denen auch heute Menschen – gewiss nicht alle – Zugang finden. Am bekanntesten ist die Gemeinschaft von Taizé, die jedes Jahr Tausende junger Leute durch ihren erlebnisstarken, ergreifenden Gottesdienst anzieht. Bemerkenswert ist, dass die Teilnehmer hier nicht in abgehobene Euphorie versetzt werden, sondern dass hier echte spirituelle Tiefe wirkt. In vielen Orten gibt es kleine Gruppen, die ihr Taizé-Erlebnis durch regelmäßiges Beten und Singen in den Alltag hineintragen.

Außer Taizé gibt es viele Stätten des religiösen Aufbruchs; Veranstaltungen, Seminare, Eucharistiefeiern in Kirchen und Klöstern. Die Einladung dorthin wird meist durch Mundpropaganda weitergetragen – ein Zeichen, dass religiöse Kraft die Menschen anzieht.

Meist stehen Fragen im Mittelpunkt, die das Leben berühren und ausmachen. Man fühlt sich verstanden, ist innerlich beteiligt und geht erfüllt und beglückt weg. An der Art, wie ein Prediger über Texte spricht, merkt man, ob er auf eigene Erfahrungen zurückgreifen kann, ob er sich selbst der Einsamkeit, der Angst und dem Zweifel gestellt hat, ob er um die Erlebniswelt seiner Zuhörer weiß, weil er die eigene kennt. Hier ist der Punkt, wo christliche Verkündigung anfängt, nicht mehr auf Dauerrückzug zu sein und nicht mehr fremden Strömungen das Feld zu überlassen.

Wir setzen dem blind auswuchernden Trachten nach sensationellen Neuheitserfahrungen, nach euphorischen Zuständen, aber auch nach einer falsch verstandenen Religiosität am ehesten dadurch eine Grenze, dass wir Themen aufgreifen, die im Raum der Esoterik maßgebend sind, sie durchleben und durchleiden und aus einem verantworteten geistigen Hintergrund gangbare Wege aufzeigen. Um sie kurz zusammenzufassen: Es ist die Suche nach Einheit von allem, nach einem Zuhause in der Verlorenheit einer technisierten Welt; es ist die Sehnsucht nach etwas Größerem als man selbst ist; nach etwas, was einen der Einsamkeit und dem seelischen Druck, der Angst vor der Zukunft und vor der Vergänglichkeit entreißt. Es ist die Ahnung, dass es noch andere Zugänge zur Wirklichkeit gibt, vielleicht auch ein Dasein, das dieses Leben übersteigt.

Wie lange noch ...? (Ps 13)

Johanna Domek

Vor 2200 Jahren etwa lag das biblische Buch der Psalmen fertig vor. Viele Lieder oder Teile von ihnen sind bis zu 3000 Jahre alt, stammen aus der Königszeit Davids oder der Zeit des babylonischen Exils. Wann Psalm 13 entstanden ist, lässt sich nach heutigem Kenntnisstand nicht genau bestimmen. Seine Frage ist eine zeitlose Frage, besser gesagt, eine Allzeitfrage. Ganze zwölf Zeilen ist er lang, fünf von ihnen sind Fragen, drängende, notvolle Fragen: »Wie lange noch, Herr, vergisst du mich ganz? Wie lange noch verbirgst du dein Gesicht vor mir? Wie lange noch muss ich Schmerzen ertragen in meiner Seele, in meinem Herzen Kummer Tag für Tag? Wie lange noch darf mein Feind über mich triumphieren?«

Im zweiten Psalmteil folgt dann eine Bitte um Leben, in seinem dritten Teil hat das Vertrauen wieder Raum und Wort gefunden. Das Auffallende, Wichtige an diesem alten, zahllose Male in allen Jahren und Jahrhunderten gebeteten Psalm ist nicht die Klage, sondern das durch alles durchgetragene Gespräch, in dem alles und alle Fragen Recht und Platz und Raum haben. Nichts, was den Beter angeht, bleibt da außen vor. Und wenn es auch manchmal wie ins Gesicht geschrieen scheint, dass der Beter jetzt weder sehen noch erkennen kann. Da ist keine Abwendung.

Hier findet sich alles Beziehungsgeschehen. Beziehungen hat man nicht, sondern man lebt sie. Diese wollen gepflegt sein, nicht benutzt. Auch wenn wir das Geheimnis eines anderen, seine Person nie ganz erkennen und ermessen können und oft ins Dunkle blicken, schauen wir darauf hin. Keiner hat den Gedanken oder das Fühlen eines anderen je im Originalton gehört, wir hören nur das, was Ausdruck wird. Manchmal bitten wir darum, fragen wir danach. Manchmal möchten wir in unserem Fragen nur ganz angenommen sein. Das ist noch entscheidender als jede andere Antwort, die man uns geben könnte.

Und dieser Beter aller Zeiten hat das wohl erlebt, denn nicht die Antwort, die wir nicht lesen in seinen Versen, sondern der Raum der wirklichen Beziehung, in die sein Fragen geht, lassen ihn neu Vertrauen und Zuversicht finden. »Singen will ich dem Herrn, weil er mir Gutes getan hat.«

Wenn ich frage, wohin frage ich dann? Bleibt mein Fragen ein »Mich fragen«? Ist mein Fragen Beten? Ist es das schon einmal gewesen? Ist mein Fragen auf dem Weg, Beten zu werden? Steht es in der Weite einer solchen Beziehung und Wirklichkeit? Kenne ich Menschen, für die das so ist? Menschen, die ihre Fragen stellen und Wert finden in einer Zweifellosigkeit, die um mehr weiß als manche ausbleibende Antwort. Wie erlebe ich diese Menschen?

Wo ist für mich heute die Stelle, an der ich rufen möchte: »Wie lange noch ...?« Vielleicht ist es an der Zeit, es zu sagen, es zu rufen, mit meinem ganz persönlichen Lebensinhalt aufgefüllt: »Wie lange noch ...?« – und darin eine Zuwendung zu Gottes mir vielleicht ganz dunkel gewordenem Antlitz zu wagen, nur noch von Person zu Person, alles übrige Beiwerk zurücklassend.

Die Wahrheit wird euch freimachen

Anselm Grün

Das Johannesevangelium berichtet uns von vielen Streitgesprächen Jesu mit den Juden. In dem Gespräch, das uns in Johannes 8,30–40 überliefert ist, geht es um das Thema der Freiheit. Jesus setzt sich in diesem Gespräch mit den Juden auseinander. Aber vermutlich will Johannes an dieser Stelle auch eine Antwort auf die Frage nach der wahren Freiheit geben, so wie sie zu seiner Zeit durch die Geistesströmung der Gnosis mit ihrem Streben nach erlösender Erkenntnis gestellt wurde. Johannes verbindet die Wahrheit mit der Freiheit: »Wenn ihr in meinem Wort bleibt, seid ihr wirklich meine Jünger. Dann werdet ihr die Wahrheit erkennen, und die Wahrheit wird euch befreien.« (Joh 8,31f) Während Paulus mit seiner Botschaft von der Freiheit des Christen den Diasporajuden antwortet, für die die Frage nach der Gerechtigkeit bestimmend war, verrät das Johannesevangelium »eine Geisteswelt, die auf das heterodoxe Judentum weist, für das esoterische Spekulationen und eine Tendenz zum dualistisch gnostischen Gottesbegriff kennzeichnend sind.«[1]

Die geistige Welt, in die Johannes die Worte Jesu hineinspricht, gleicht unserer heutigen spirituellen Atmosphäre mit den Strömungen von New Age und Esoterik.

Die Wahrheit befreit

Jesus diskutiert in diesem Gespräch mit den Juden, die sich schon frei fühlen, weil sie Söhne Abrahams sind. Er zeigt ihnen auf, dass ihre vermeintliche Freiheit in Wirklichkeit Illusion ist. Die Herkunft von Abraham nützt ihnen nichts, weil sie Knechte der Sünde sind. »Wer die Sünde tut, ist Sklave der Sünde.« (Joh 8,34) Die Juden sind Repräsentanten der Welt, die dem Wahn verfallen ist, sie könne sich selbst das Heil verschaffen. Die Welt ist für Johannes nicht die Schöpfung an sich. Denn die ist gut, von Gott geschaffen. Die Welt ist vielmehr die irdische Welt des Trugs und der Lüge, die Welt, die sich gegenüber Gott verschließt, die pervertierte Schöpfung. Die Wirklichkeit der Welt ist Lüge in dem doppelten Sinn: sie ist Verlogenheit, indem sie etwas tun will, was man nicht kann, – nämlich als Geschöpf Schöpfer sein –, sie lebt also in der Illusion und alle ihre Werte tragen den Charakter der Illusion an sich. Und sie ist Lüge, indem sie täuscht, indem sie ihre Scheinwirklichkeit, oder eigentlich Unwirklichkeit, als Wahrheit ausgibt.«[2]

Die Welt, die an die Lüge verfallen ist, macht den Menschen unfrei. Er verfällt der Illusion und verliert den Kontakt zur Wirklichkeit, zur Wirklichkeit Gottes und zu seiner eigenen Realität. Die Wahrheit, die uns frei macht, ist die göttliche Wirklichkeit. Das ganze Johannesevangelium schildert uns, wie in die Welt der Lüge und der Finsternis in Jesus Christus das Licht Gottes eingedrungen ist. Johannes versteht Jesus als den Offenbarer, der die Wirklichkeit Gottes mitten in dieser verschlossenen Welt aufzeigt. Aber er redet nicht bloß über diese Wirklichkeit Gottes. Er ist selbst der Offenbarer, er ist selbst die Wahrheit, die den Schleier aufhebt, der über der Welt liegt, und die Verschlossenheit aufbricht, damit Gottes Herrlichkeit in ihm aufleuchtet. Jesus selbst ist das Brot des Lebens (Joh 6,35) weil er das eigentliche Leben in einer dem Ursprung des Lebens entfremdeten Welt repräsentiert und weil ihn gewinnen heißt das Leben gewinnen. Er ist ›Licht der Welt‹ (Joh 9,12), weil er nicht bloß in seinen Worten und Taten, sondern in Person – die unverfälschte Wirklichkeit darstellt. Er ist die ›Tür‹ (Joh 10,9), weil er den Zugang zu dem verlorenen Ursprung öffnet, er ist der ›gute (rechte, wahre) Hirte‹ (Joh 10,11 und 14), weil er wirklich den Menschen führen und geleiten kann, während alle Führung, mit der sich diese Welt selbst führt, Weg in die Finsternis ist.[3]

Indem Jesus selbst die Wahrheit ist, bringt er der Welt die Freiheit. Jesus selbst ist die wahre Freiheit. Wer an ihn glaubt, der erfährt die Freiheit von aller Lüge und Illusion, der wird frei von der Knechtschaft der Sünde, der wird aus der Verschlossenheit dieser Welt befreit und in die Wirklichkeit Gottes hinein versetzt. Wahrheit heißt im Griechischen »aletheia«, das meint Unverhülltsein, Offenbarwerden. Der Schleier, der über allem liegt, wird weggezogen, und wir blicken durch, wir kommen in Berührung mit der eigentlichen Wirklichkeit. Wir sehen die Welt so, wie sie wirklich ist, dass sie Gottes gute Schöpfung ist, dass sich in dieser Welt Gottes Herrlichkeit offenbart, dass diese Welt vom göttlichen Wort geschaffen und geprägt ist. Wer die Wirklichkeit so sieht, wie sie wirklich ist, der ist wahrhaft frei. Er ist frei geworden von den Illusionen, die er sich über die Welt gemacht hat.

Wir alle leben häufig in irgendwelchen Illusionen über unser Leben. Wir sind der Illusion verfallen, dass wir die Besten und Größten und Intelligentesten sind, dass mit uns alles stimmt, dass wir alles richtig machen. Wir leben in der Illusion, als ob immer alles gelingen müsste, als ob wir alles selbst machen könnten, als ob wir uns selbst zu guten und vollkommenen Christen formen könnten. Wir täuschen uns, wenn wir glauben, wir würden uns selbst genügen, wir bräuchten Gott nicht für unser Leben. Solche Illusionen führen in die Unfreiheit. Wir sind gefangen in dieser Scheinwirklichkeit. Wir hängen in der Luft, ohne Bodenhaftung zur wahren Wirklichkeit. Die Wahrheit wird uns frei machen.

Erst wenn wir die Wirklichkeit so erkennen, wie sie in Wahrheit ist, können wir richtig damit umgehen, können wir als freie Menschen in dieser Welt leben. Dann hat die Welt keine Macht über uns. Wir machen uns ja Illusionen über die Welt, weil wir im Grund unseres Herzens Angst haben vor ihr, Angst vor ihren Abgründen, vor ihrer Dunkelheit, Angst vor dem Schicksal, Angst vor dem Chaos, Angst vor der Bedrohung, die uns überall in dieser Welt auflauert. Ich kenne viele Menschen, die ständig auf der Flucht sind vor der eigenen Wahrheit. Sie haben Angst vor der Stille. Da könnte ja in ihnen etwas hochkommen, was sie nicht im Griff haben.

Einmal habe ich für einen Familienkreis eine Wanderwoche veranstaltet. Ich schlug vor, wie bei den Jugendwanderungen auch hier jeweils eine Stunde am Tag schweigend zu wandern. Eine Frau wehrte sofort ab. Das würde ihr Angst machen. Da hätte sie ja nichts in der Hand. Da wüsste sie nicht, was da in ihr alles hochkommen würde. Eine andere war gegen das Schweigen, weil die Kinder es nicht aushalten würden. Aber dahinter versteckte sie nur die eigene Angst. Denn die Kinder konnten sich sehr gut auf das Schweigen einlassen. Am zweiten Tag fragten sie mich schon ganz neugierig, ob wir das wieder so machen würden »mit den schönen Gedanken«. Schweigen war für sie, sich schöne Gedanken auszudenken, den guten Gedanken, die in ihnen auftauchten, nachzugehen. Viele sind ihr ganzes Leben lang auf der Flucht vor sich selbst. Weil sie Angst haben vor der eigenen Wahrheit, sind sie Sklaven ihrer eigenen Betriebsamkeit geworden. Es muss immer etwas los sein. Das Schlimmste, das ihnen passieren kann, wäre, dass nichts los ist, dass sie nichts hätten, womit sie sich gegen die aufkommende Wahrheit wehren könnten.

Frei werden wir erst, wenn wir uns der eigenen Wahrheit stellen. Natürlich ist das anfangs schmerzlich. Wir werden erkennen, was wir alles verdrängt haben, wo wir die Augen verschlossen haben, weil die Wirklichkeit nicht so ist, wie wir sie gerne sehen würden. Wir können uns der eigenen Wahrheit nur dann ohne Angst stellen, wenn wir dar an glauben, dass alles, was in uns ist, von Gottes Liebe umfangen ist. Das hat Johannes uns in seinem Evangelium im Bild der Fußwaschung zugesagt. Jesus beugt sich in seiner Menschwerdung und in seinem Sterben am Kreuz bis hinab in den Staub dieser Erde, bis hinab zu unseren Füßen, zu unserer verwundbaren Stelle, zu unserer Achillesferse, bis zu den ungeschützten Bereichen unserer Seele, um uns dort liebevoll zu berühren und zu reinigen. Damit will er uns sagen, dass alles sein darf, dass alles gut ist, dass alles von Gottes Liebe umfangen ist.

Es geht nicht darum, dass wir einander die Wahrheit um die Ohren schlagen. Das wird uns verletzen und überfordern. Es geht vielmehr um den Glauben, dass das Licht Gottes in Jesus Christus in meine Finsternis hinein leuchtet, um auch in den Abgründen meines Herzens Gottes Liebe wohnen zu lassen. Und weil Gottes Liebe auch noch im tiefsten Chaos und in der dunkelsten Finsternis wohnt, darf auch ich diese verborgenen Kammern meines Herzens betreten und darin wohnen. Denn es gibt nichts, was mich von Gottes Liebe trennt, die sich in Jesus Christus hinabgebeugt hat bis zu meinen staubigen und schmutzigen Füßen.

Ich erlebe immer wieder Menschen, die Angst haben vor der Psychologie. Sie meinen, wenn sie anfangen würden, ihre Träume anzuschauen oder ihre Kindheit zu erforschen, dann würde es in ihnen eine Explosion geben, dann bliebe von ihnen nichts mehr übrig, dann würde ihre Person völlig zusammenfallen. Ich nehme diese Angst immer ernst. Denn sie ist ein Schutz, den sie brauchen. Vielleicht sind sie überfordert, alleine in die Tiefen ihrer Seele zu schauen. Sie brauchen einen, der sich ähnlich liebevoll zu ihren verwundbaren Stellen hinabbeugt und sie berührt wie Jesus bei der Fußwaschung. Sie brauchen die Gewissheit, dass sie nicht verurteilt werden, dass es nichts in ihnen gibt, das sie von Gottes Liebe ausschließt, dass nichts in ihnen ist, was nicht von Gottes Geist verwandelt werden könnte. Erst wenn sie Jesu Botschaft glauben, dass er als Licht in ihre Finsternis gekommen ist, können sie sich der eigenen Dunkelheit stellen. Und das wird sie wahrhaft frei machen.

Solange sie auf der Flucht sind, müssen sie sich immer neue Strategien ausdenken, die eigene Wahrheit zu verdrängen. Und sie wissen, dass das nicht geht. Denn spätestens in der Nacht wird sie die Wahrheit einholen. Da werden sie Alpträume plagen. Oder aber der Leib wird ihnen ihre Wahrheit schonungslos vor Augen halten. Und sie wissen, dass sie ihre Wahrheit kaum vor anderen Menschen verbergen können.

Immer wieder höre ich in der Begleitung Worte wie: »Wenn die anderen wüssten, wer ich bin, was in mir für Phantasien sind, was für ein schlechter Mensch ich bin, dann würden sie mich verachten.« Und ich höre aus solchen Bemerkungen heraus, dass sie Angst haben, die anderen könnten an ihren Worten, an ihrem Verhalten, an ihren Versprechern, an ihrer Unsicherheit bemerken, was da in ihnen ist. Viele fühlen sich schutzlos den anderen ausgeliefert. Sie glauben, die anderen würden in die Abgründe ihrer Seele sehen. Und alle Mühe, die sie sich gäben, um ihre Fassade aufzubauen, sei nutzlos. Sie wären wie ein Glashaus, in das man von außen hineinschauen könne, in dem man nichts verbergen könne.

Wer sich seiner Wahrheit gestellt hat, weiß, dass er sich selbst nicht verstecken muss, und dass er nichts in sich zu verbergen hat. Denn alles darf sein, alles ist von Gottes Licht durchdrungen. In allen Abgründen seines Herzens wohnt Gott. Und weil Gott, die Liebe, in ihm wohnt, darf er alle Räume seines Lebenshauses betreten und andere in sie einladen. Das gibt ein Gefühl der Freiheit und der Ruhe.

Ähnlich wie bei den Synoptikern hat auch bei Johannes unsere Freiheit etwas mit der Sohnschaft zu tun. Wer sündigt, wird zum Sklaven der Sünde. Der Sohn Gottes, Jesus Christus, ist nicht nur der Offenbarer, sondern auch der Befreier: »Wenn euch also der Sohn befreit, dann seid ihr wirklich frei.« (Joh 8,36) Es nützt den Juden nichts, sich darauf zu berufen, dass sie Nachkommen Abrahams sind. Die Zugehörigkeit zu einem Volk garantiert noch nicht die innere Freiheit. Wirklich frei macht allein der Sohn, der uns zu Söhnen und Töchtern Gottes macht. Der Sohn, der am Herzen des

Vaters ruht, offenbart uns Gott, wie er wirklich ist. Und er offenbart uns auch das Wesen des Menschen. Er zeigt uns unsere wahre Würde, unsere Würde als Söhne und Töchter Gottes. Als Kinder Gottes sind wir nicht mehr Sklaven der Sünde. In uns ist ewiges Leben, eine neue Lebensqualität, die uns der Sohn schenkt.

Der Sohn kann von sich selbst sagen, dass er der Weg, die Wahrheit und das Leben ist. (Joh 14,6) Die Wahrheit, die uns frei macht, ist Jesus selbst, in dem uns die Wirklichkeit Gottes und unsere eigene aufscheint, in dem uns aufgedeckt wird, wer wir im Tiefsten eigentlich sind, und in dem uns Gottes Liebe offenbar wird. Nur in dieser Liebe Gottes, die uns auf dem Antlitz Jesu Christi aufleuchtet, können wir uns der eigenen Wahrheit stellen, können wir die Freiheit erfahren, die sie uns bringt.

Sich in Freiheit für die Menschen hingeben

Jesus, der Sohn Gottes, zeichnet sich durch drei Eigenschaften aus: durch die Freiheit (eleutheria), durch die freie Rede (parresia) und durch die freie Selbsthingabe am Kreuz. Jesus geht in aller Freiheit seinen Weg. Er ist auch frei in seiner Lebenshingabe am Kreuz. Auch wenn es nach außen hin so aussieht, als ob er von den Soldaten des Hohenpriesters gefangengenommen und von den Römern ans Kreuz geschlagen wird, in Wirklichkeit gibt er in aller Freiheit sein Leben für uns dahin: »Deshalb liebt mich der Vater, weil ich mein Leben hingebe, um es wieder zu nehmen. Niemand entreißt es mir, sondern ich gebe es aus freiem Willen hin.« (Joh 10,17f)

»Eleutheros« kommt von »erchomai« und bedeutet den, der hingehen kann, wohin er will, der sein eigener Herr ist, unabhängig von anderen. Jesus geht den Weg, den er will. Kein Mensch kann ihn zu etwas zwingen, was er nicht selbst will. Aber diese Freiheit benutzt Jesus nicht, um sich von den Menschen frei zu fühlen. Für ihn bedeutet Freiheit wesentlich auch, frei zu sein für die Menschen, sich für sie hinzugeben aus Liebe. Wer Freiheit nur so versteht, dass er tun kann, was er will, der ist oft genug an seine eigenen Wünsche gebunden. Die wahre Freiheit drückt sich darin aus, dass ich frei bin von mir selbst, dass ich mich in dieser Freiheit für andere einsetzen kann, dass ich mich frei an ein Werk hingeben und mich vergessen kann im Dienst an den Menschen.

Freiheit ist für das Johannesevangelium wesentlich Liebe. Jesus sagt von dieser Liebe, die ihn frei macht von allem Festhalten an sich selbst: »Es gibt keine größere Liebe, als wenn einer sein Leben für seine Freunde hingibt.« (Joh 15,13) Wer bei allem, was er tut, immer darauf sehen muss, was es für ihn bringt, der ist nicht wirklich frei, der erfährt nicht wirklich Freundschaft. Freundschaft und Liebe brauchen die Freiheit von allem Sichfestklammern am eigenen Leben. Aber diese Freiheit ist keine Leistung, die ich Gott und den anderen erbringen kann, sondern Ausdruck wahrer Liebe. Erst in der Liebe zu Gott und zu den Menschen werde ich wahrhaft frei. Jesus, der sich als Sohn Gottes ganz besaß, war zugleich frei. Er musste nicht an sich festhalten, sondern konnte sich in der Freiheit hinabbeugen bis zum Staub unserer Füße, bis zur tiefsten Wunde des Todes. Paulus hat diese johanneische Sicht in seinem Hymnus ausgedrückt: »Er war Gott gleich, hielt aber nicht daran fest, wie Gott zu sein, sondern er entäußerte sich und wurde wie ein Sklave und den Menschen gleich.« (Phil 2,6f)

Wir wollen wie Gott sein und wachen ängstlich darüber, dass wir an unserer Größe festhalten. Wer Gott in sich erfährt, der braucht sich nicht an sich festzuklammern. Er ist frei, sich hinabzubeugen. Denn er weiß, dass Gott auch in der Niedrigkeit in ihm ist. Wer sich krampfhaft an sich klammert, der ist nicht bei sich, und der hat Gott nicht wirklich erfahren. Die Freiheit, sich hinzugeben, ist immer auch Kriterium wahrer Gotteserfahrung. Die Gewissheit, dass Gott in mir ist, befreit mich von aller Selbstabsicherung und Selbstfixierung.

Und noch eine andere Haltung prägt die Freiheit Jesu: der Gehorsam. Jesus geht seinen Weg nicht willkürlich, sondern im Gehorsam seinem Vater gegenüber. Der Gehorsam dem Vater gegenüber befreit ihn vom Hörigsein gegenüber den Menschen. In diese Freiheit der Sohnschaft will er uns auch führen. Wenn wir auf

Gottes Stimme hören und Gottes Gebote befolgen, dann sind wir wahrhaft frei, dann haben die Menschen keine Macht über uns, dann hat die Welt keine Macht über uns. Denn im Gehorsam dem Vater gegenüber hat Christus die Welt besiegt. (vgl. Joh 16,33) Er entreißt auch uns der Macht dieser Welt, ihrer Maßstäbe, ihrer Urteile, ihrer Ansprüche, ihrer Erwartungen. Wer als Sohn und Tochter auf Gottes Stimme/hört, wird unabhängig von den Stimmen der Menschen, die ihn bewerten, ihn beurteilen, ihn kritisieren, ihn in eine bestimmte Richtung drängen wollen.

Parresia – die freie Rede

Was Jesus bei Johannes vor allem auszeichnet, ist die »parresia«, die freie Rede. Parresia ist für die Griechen eine wichtige Eigenschaft des freien Bürgers. Parresia meint einmal das Recht, im Staat alles zu sagen, was man denkt. Zum anderen bezeichnet sie den Mut, die Wahrheit zu sagen, unabhängig von der Meinung der anderen. Und sie meint die Offenheit und das Vertrauen, vor anderen die Wahrheit zu sagen.[4] Neben der politischen Bedeutung spielt die parresia bei den Griechen eine wichtige Rolle in der persönlichen Freundschaft. Sie ist Zeichen der Freundschaft. Sie ist die Offenheit, den Freund auch zu tadeln und ihm alles zu sagen, was einem selbst auf dem Herzen liegt, und was einem am Freund in die Augen fällt.

Jesus nimmt für sich in Anspruch, dass er in aller Öffentlichkeit und mit allem Freimut gesprochen hat: »Ich habe offen (parresia) vor aller Welt gesprochen.« (Joh 18,20) Trotzdem bleibt sein wahres Wesen den Juden verborgen. (vgl. Joh 10,24) Erst wenn er uns den Geist der Wahrheit sendet (Joh 16,13), wird er uns unverhüllt und offen den Vater verkünden. (vgl. Joh 16,25) Im ersten Johannesbrief wird uns die parresia als Offenheit und Vertrauen Gott gegenüber geschenkt. Die Voraussetzung für solch offenes Vertrauen zu Gott ist das gute Gewissen: »Wenn das Herz uns aber nicht verurteilt, haben wir gegenüber Gott Zuversicht (parresia).« (1 Joh 3,21) Und wir haben solches Vertrauen, vor Gott alles zu sagen, was in uns ist, weil wir den Geist haben, »den er uns gegeben hat.« (1 Joh 3,24) Für Schlier ist die parresia, »die Freiheit zu Gott, das Recht und die Macht, Gott alles zu sagen.« Sie ist immer dort, »wo einer, im Gehorsam gegen Jesu Gebote vom Geiste belehrt, mit Gottes Willen geeint, sich im Gebet zu ihm öffnet.«[5]

Parresia ist also auch eine wichtige Gabe, die uns Jesus Christus, der Sohn und Offenbarer Gottes, schenkt. Ich erlebe oft Menschen, die sich vor jedem Gespräch den Kopf zergrübeln, was sie alles sagen sollten, damit es auch gut ankommt. Mir hat ein Steuerberater geschrieben, der die besten Noten im Examen hatte, aber einfach keine geeignete Arbeitsstelle bekam. Vor jedem Vorstellungsgespräch überlegte er sich tagelang, was er sagen sollte, was die Leute denken könnten, wenn er das oder jenes sagen würde, ob sie dann erkennen würden, dass er psychische Probleme habe. Er denkt sich jedes Gespräch in allen Einzelheiten aus und malt sich die Folgen aus, die seine Worte bei den Firmenchefs auslösen könnten. Das führt dazu, dass er so verkrampft ist, dass er im Gespräch nichts Sinnvolles mehr herausbringt. Weil er Angst hat, sie könnten seine Worte falsch deuten, überlegt er bei jedem Wort, was andere dabei denken könnten. So wird er völlig blockiert.

So schlimm ist es wohl bei den meisten von uns nicht. Aber ich kenne das von früheren Gesprächen auch, dass ich mir da viel zu viel Gedanken gemacht habe, was wohl die anderen von mir erwarten, welchen Eindruck ich auf die anderen machen würde, welche Folgen das für mich haben könnte und so weiter. So eine Angst verhindert jedes vernünftige Gespräch. Angst (phobos) ist das Gegenteil der parresia, des Freimutes. Viele haben Angst, ihre Worte würden etwas von ihnen offenbaren, was sie am liebsten verbergen möchten. All das, was sie mühsam verdrängt haben, könnten andere aus ihren Worten, aus ihrem Stottern, aus ihrer Stimme, aus ihren Hemmungen herauslesen. Es ist wieder die Angst vor der eigenen Wahrheit, nun aber die Angst, die anderen könnten meine Wahrheit erkennen. Für Johannes können wir diese Angst nur durch den Glauben überwinden, dass Christus uns seinen Geist geschenkt hat, dass wir im Geist Jesu Zugang haben zum Vater, dass Gott uns in diesem Geist nahe ist, und dass wir durch den Geist Gemeinschaft haben mit dem dreifaltigen Gott.

»Wenn jemand mich liebt, wird er an meinem Wort festhalten; mein Vater wird ihn lieben, und wir werden zu ihm kommen und bei ihm wohnen.« (Joh 14,23) Weil Gott in uns wohnt, weil wir restlos von ihm angenommen und geliebt sind, brauchen wir keine Angst zu haben, wenn Menschen über uns etwas Negatives denken. Wir sind nicht abhängig von ihrem Urteil.

Natürlich weiß ich, dass vielen diese Gedanken allein gar nichts nützen. Trotz aller Einsicht, dass es doch nicht so wichtig ist, was andere von ihnen denken, können sie sich von der Angst vor ihrem Urteil doch nicht frei machen. Sie gehen trotzdem in jedes Gespräch und in jede Gruppe mit dieser Angst, was wohl die anderen von ihnen denken. Oft genug projizieren sie dann ihre eigene Selbstablehnung in die anderen hinein und interpretieren jede kleine Bemerkung als Ablehnung, Kritik, Verurteilung, Abwertung. Es braucht lange, bis man sich so intensiv in die Wirklichkeit der Liebe Gottes, die in uns wohnt, hineinmeditiert hat, bis Gottes Wirklichkeit stärker ist als die Gedanken, die wir uns über uns und die anderen machen, bis der Geist Gottes uns mehr durchdringt als der Geist der Angst und Sorge.

Es gibt keinen Trick, diese Freiheit zu erringen. Aber ich habe oft genug erlebt, dass Menschen, die sich lange darum gemüht haben, an die Wirklichkeit Gottes in ihrem Leben zu glauben, sich auf einmal ganz frei gefühlt haben. Ein Priester, der von vielen Ängsten getrieben war, erzählte, dass er sich einmal für einen kurzen Augenblick ganz frei gefühlt hat. Das war für ihn ein Glücksgefühl. Und da ist eine Mauer zerbrochen. Da ist die Hoffnung gewachsen, dass diese Erfahrung immer wieder einmal die Angst zurückdrängen kann. Diese Freiheitserfahrung war zugleich Gotteserfahrung. Wenn wir Gott im Glauben wirklich ergreifen, dann sind wir zugleich frei, dann sind auf einmal alle Gedanken nicht mehr wichtig, was die anderen von uns halten, welchen Eindruck wir da machen. Da sind wir ganz wir selbst, da sind wir wahrhaft Söhne und Töchter Gottes, da erleben wir den Geist, den Christus uns geschenkt hat, als Geist der Freiheit (eleutheria) und des Freimuts (parresia).

1 K. Niederwimmer, der Begriff der Freiheit im Neuen Testament, Berlin 1966, S. 223.
2 Ebd., S. 227.
3 Ebd., S. 229.
4 H. Schlier, parresia, in: Theologisches Wörterbuch, Bd. V, hrsg. v. G. Kittel u. G. Friedrich, Stuttgart 1954, S. 878f.
5 Ebd., S. 879.

Die Ohnmacht des Menschensohns: Die Versuchungen Jesu

Margareta Gruber

Eine der abgründigsten Erzählungen des Alten Testaments, so haben wir gesehen, ist die Erprobung Abrahams durch Gott. (Gen 22) Wie keine andere bringt sie die Grenzerfahrung des Menschen mit seinem Glauben, mit Gott, zum Ausdruck. Diese Geschichte hat im Neuen Testament in gewisser Weise eine Parallele, denn am Anfang des öffentlichen Lebens Jesu wird erzählt, wie auch der Sohn Gottes vom göttlichen Geist in die Wüste geführt wird, »um vom Teufel versucht zu werden« (Mt 4,1): »Dann wurde Jesus vom Geist in die Wüste geführt, um vom Teufel versucht zu werden. Und als er 40 Tage und 40 Nächte gefastet hatte, war er hungrig. Da trat der Versucher an ihn heran und sagte zu ihm: Wenn du Gottes Sohn bist, so sag, dass diese Steine Brot werden. Er aber, antwortete: In der Schrift heißt es: Nicht von Brot allein lebt der Mensch, sondern von jedem Wort, das aus dem Mund Gottes kommt. Darauf nimmt ihn der Teufel mit in die heilige Stadt und stellte ihn auf die Zinne des Tempels und sagt zu ihm: Wenn du der Sohn Gottes bist, stürz dich hinab, denn es heißt in der Schrift: Seinen Engeln wird er Befehl geben deinetwegen; und: auf Händen werden sie dich tragen, damit du mit deinem Fuß nicht an einen Stein stößt. Es sagte Jesus zu ihm: Es heißt auch in der Schrift: Versuche nicht den Herrn, deinen Gott.

Wiederum nimmt ihn der Teufel mit, auf einen sehr hohen Berg und zeigt ihm alle Reiche der Welt und ihre Pracht; und er sagte zu ihm: Das alles will ich dir geben, wenn du dich niederwirfst und dich anbetend vor mir verneigst. Darauf sagt Jesus zu ihm: Geh weg, Satan. Denn es heißt in der Schrift: vor dem Herrn deinem Gott sollst du dich anbetend verneigen und ihm allein dienen. Darauf lässt ihn der Teufel, und siehe, Engel traten heran und bedienten ihn.« (Mt 4,1–11)

Um sich in die Dramatik dieser drei kurzen Szenen hineinzuversetzen, ist es wichtig, sie sich möglichst lebendig vorzustellen. Freilich nicht in dem Sinn, dass wir uns fragen, wie sich das Ganze historisch zugetragen hat. Können Sie sich vorstellen, dass der Teufel Jesus Huckepack nimmt und mit ihm über Jerusalem auf den Tempel fliegt? Oder dass sich die beiden durch die Wüste auf den Berg beamen? Die mythologischen Motive lassen sich nicht historisierend auflösen. Wie sieht der Teufel überhaupt aus? Hat er Hörner und Pferdefuß? Kommt er als aramäisch sprechende androgyne Gestalt daher? Oder als smarter Agent mit dunklem Anzug und Sonnenbrille? Oder nähert er sich Jesus wie ein alter Freund?

All das ist möglich. Um der Wahrheit des Erzählten nahe zu kommen, brauchen wir zwar die sinnliche Vorstellungskraft, aber wir brauchen sie nur, um dadurch unsere inneren, geistlichen Sinne zu wecken. Es geht um eine zentrale menschliche und geistliche Erfahrung im Leben Jesu, die hier in einer Parabel verdichtet erzählt wird. Die Schrift nennt diese Erfahrung: Versuchung. Sie setzt im Zentrum an, bei Jesu Beziehung zu Gott: »Wenn du Gottes Sohn bist« sagt der Versucher zweimal zu ihm. Das, was Jesus von innen her lebendig macht, was ihm Kraft gibt, seine Ausstrahlung bewirkt, ist seine einzigartige Beziehung zu Gott, den er seinen Vater nennt. Und dieser Kern seiner Identität, wenn man so sagen darf, wird vom Evangelium als von Anfang an versucht, bedroht gezeigt.

»Ihr seid die, die mit mir ausgehalten haben in meinen Versuchungen.« Dieses Wort Jesu an die Jünger (Lk 22,28) zeigt, dass das einmalige Geschehen in der Wüste etwas sichtbar macht, was für Jesu ganzes Leben und Wirken bis zu seinem Tod gilt. »Wenn du Gottes Sohn bist, hilf dir selbst und steig herab vom Kreuz« (Mt 27,40) höhnen die Spötter am Ende wie ein Echo des Teufels. »Er hat Gott vertraut, der soll ihn jetzt rausholen, wenn er Lust dazu hat, denn er hat ja behauptet: ich bin Gottes Sohn.« (Mt 27,43) Da ist er wieder, der Versucher. Aber er kommt zu spät. In der Wüste, am Anfang des Weges Jesu, will er erreichen, dass Jesus seine einzigartige Stellung bei Gott dazu ausnützt, um genau dieses Ende zu vermeiden. Unter dem Kreuz muss der Versucher einsehen, dass er verloren hat.

Wir wollen diesen Horizont unseres Themas im Gedächtnis behalten und zurückkehren zum Anfang, zu Jesu ersten Versuchungen. Sie sind unbedingt ernst zu nehmen. Wir versperren uns den Zugang zu diesem Text, wenn wir Jesus wie einen coolen Helden betrachten, der souverän und von oben herab den Versucher auflaufen lässt. Es geht auch nicht um einen Schlagabtausch mit Schriftworten, in denen Jesus wie ein Actionheld die stärkeren Sprüche hat. Jesus ist alles andere als ein Held! Das wäre Rückfall ins Heidentum. Jahrhunderte lang scheuten sich die Christen davor, die Versuchung und das Ringen Jesu darum, ihr nicht zu erliegen, wirklich ernst zu nehmen. Es kam ihnen wie ein Verrat an der Göttlichkeit Jesu vor. Dass Jesus diese Ohnmacht der menschlichen Versuchbarkeit am eigenen Leib erfahren hat, ist sehr schwer zu begreifen.

Worum geht es also in der Begegnung mit dem Versucher? Ich möchte es so formulieren: Jesus ringt darum, die Welt und die Bedingungen unserer menschlichen Existenz in dieser Welt anzunehmen, wie sie sind. Und er ringt darum, sie in seine Gottesbeziehung einzubeziehen. Damit nimmt er menschliche Welterfahrung, unsere Welterfahrung, in seine Gotteserfahrung hinein. Ein Schlüssel dafür ist die Annahme von Ohnmacht: sich selbst gegenüber, Gott gegenüber und letztlich allem gegenüber.

Erste Szene: In der Wüste

Der Versucher setzt beim Hunger an. Jesus soll sich der menschlichen Begrenztheit entziehen, indem er seinen Hunger mit einem Wunder stillt. Hinter dieser so kurzen und scheinbar ohne größere Schwierigkeit zu bestehenden Versuchung steht die harte Konfrontation Jesu mit unlösbaren Fragen der menschlichen Geschichte. Der Teufel, so muss man es sich einmal vorstellen, zeigt Jesus die hungernden Kinder dieser Welt. »Mach doch Brot aus diesen Steinen hier und erweise dich als Heiland!« Im Hunger sind die Armut, die Krankheit und die Ungerechtigkeit, sind die Fragen von Arbeit und Ernährung und Wirtschaft enthalten, die Kriege um Brot und Rohstoffe. Die Aufforderung, aus Steinen Brot zu machen, schließt eine bittere anklagende Frage an Gott ein: Warum hast du die Welt so eingerichtet, dass so viele das Brot nicht haben?

Und was hat Jesus zu entgegnen? Ist es nicht vermessen, mit leeren Händen in die Welt hineinzugehen und nicht aus Steinen Brot zu machen, wenn man es denn kann? Ist es nicht vermessen zu glauben, die Botschaft vom Reich Gottes reiche aus, um die Welt von der Wurzel her zu verändern und gar zu heilen? Hat nicht derjenige recht, der Gott die Zügel aus der Hand nimmt, weil man mit dem Evangelium die Welt nicht regieren kann? Wenn er jedoch recht hat, dann hat der Teufel recht, und Jesus hat verloren. Das ist die Versuchung Jesu, wie sie sich dem Geist des modernen, kritischen, politisch denkenden Menschen darstellt. Wovon lebt der Mensch? Erst wenn ich als Leserin oder Leser der Schrift selbst zu zittern beginne, ob nicht der Teufel doch recht hat, erfasse ich die Abgründigkeit dieses biblischen Textes!

Die erste Versuchung enthält eine massive Erfahrung von Ohnmacht: gegenüber den Grenzen der geschichtlichen, menschlichen

Existenz angesichts dessen, was die Welt nötig hätte und was Jesus ihr nicht geben kann, ohne seine Entscheidung für die Menschwerdung zu verraten. Wenn man sich vorstellt, Jesus hätte sein Fasten durch ein schnelles Wunder beendet und wäre dann den Kranken und Aussätzigen auf den Straßen Galiläas begegnet. Was hätte er zu sagen gehabt, ohne schamrot zu werden?

»Der Mensch lebt nicht von Brot allein«: Das darf nur einer sagen und dabei Gott bleiben, wenn er sich selbst von dieser Situation des Hungers nicht ausnimmt. Insofern gibt Jesus am Kreuz die existentielle Antwort auf diese Versuchung in der Wüste. Er ist selber Opfer von politischen und wirtschaftlichen Interessen. »Gib dem Volk, was es will, sein Brot sozusagen, und stell es zufrieden – gib ihm sein Opfer!« – Barabbas oder Jesus. Leute wie Pilatus und die Tempelaristokratie haben mit solchem Kalkül nicht verhindert, dass der Krieg das Land vernichtete; sie haben Hunger und Armut nicht besiegt. Und Jesus hat darauf verzichtet, vom Kreuz herabzusteigen, um ihnen die Herrschaft zu entreißen.

»... sondern von jedem Wort, das aus dem Mund Gottes kommt.« Das sagt einer, der Worte hat, die wie Brot nähren. In der Wüste lehnt Jesus das Brotwunder ab; wenig später gibt er Brot im Überfluss- anderen. Aber dieses Brot stillt den Hunger nicht für immer und löst nicht die Frage, die der Versucher aufwirft. Der Weg, den Jesus zeigt, ist ein anderer: Das Brot, das er für die Menschen bricht, ist ein Zeichen dafür, dass er sich selber als Brot in die Hand der Menschen gibt. Dieses Brot ist jedoch eines, das den Menschen erst wirklich hungrig macht: hungrig nach Gerechtigkeit. (vgl. Mt 5,6) Und vor solchen Menschen, um es einmal mythologisch auszudrücken, hat der Teufel Angst. Denn Menschen, die wissen, dass sie nicht die Macht haben, aus Steinen Brot zu machen, und die deshalb nach Gerechtigkeit suchen und zu teilen beginnen, haben die Versuchung überwunden. Die christliche Soziallehre und alles christliche Engagement für das »Brot für die Welt« stammen deshalb aus der Kraft der bestandenen Versuchung.

Zweite Szene: Auf dem höchsten Punkt des Jerusalemer Tempels
Es gibt ein Bühnenstück von Woody Allen: »Gott – eine Tragödie«. Das endet damit, dass Gott als »deus ex machina«, als göttlicher Retter, aus den Wolken kommt, um eine verfahrene Situation mit einem grandiosen Auftritt zu retten – doch die Flugmaschine Gottes versagt, und er stürzt ab. Das ist das Ende von Gott. Vielleicht macht uns diese skurrile Vorstellung stutzig; denn wie gern hätten wir oft diesen göttlichen Retter und die Sicherheit des Wunders. Dann wären die Zweifel weg, der Glaube wäre zweifelsfrei wahr, und wir könnten endlich allen beweisen, dass wir Christen nicht die Dummen sind. »Versuche nicht den Herrn, deinen Gott«, sagt Jesus. Warum versucht man Gott, wenn man um ein Wunder betet?

Stellen Sie sich einmal vor, Jesus wäre tatsächlich gesprungen. Er hätte ausprobiert, was der Versucher ihm vorschlug: Ob er als menschgewordener Sohn Gottes so viel Macht über Gott besaß, dass er über ihn verfügen konnte. Ob die Engel nun gekommen wären oder er im Kidron-Tal zerschellt wäre – es wäre das Ende von Gott gewesen! Die Vorstellung ist unerträglich. Das fast blasphemische Gegenbild zum Text macht jedoch deutlich, worum es in der zweiten Versuchung geht: um die radikale Unverfügbarkeit Gottes, um Gottes Gottsein; eine Erfahrung, die auch der Sohn Gottes auf menschliche Weise gemacht hat.

Wie kann der Mensch über Gott verfügen? Im Gebet etwa, das Gott subtil unter Druck setzt, in unehrlichen Erwartungen. Gott als Befriediger religiöser Bedürfnisse, Garant meiner spirituellen Wellness. Gott, den ich für meine Ziele zu manipulieren versuche, und sei es für meine heiligsten Ziele. Das dürften wir mehr oder weniger intensiv aus eigener Erfahrung kennen. Die Versuchung Jesu ist noch radikaler. Denn Unverfügbarkeit Gottes bedeutet, dass der, auf den ich mein ganzes Leben gebaut habe, sich als ganz anderer erweisen kann. Viele Menschen, und gerade solche, die Gott sicher ganz nahe waren, berichten davon, dass Gott ihnen fern wird, unerreichbar wie hinter einer dunklen Wand und auf schreckliche Weise fremd, so dass es fast unmöglich wird, an seiner Gegenwart festzuhalten oder auf irgendeine Weise Hilfe von ihm zu erwarten. Gott kann seine Freunde bitter enttäuschen. Denken Sie an Abraham. Wer in so einem dunklen Tunnel steckt, der leidet unsäglich, und zwar an Gott. Und er würde diesen unverfügbar fernen Gott gerne eintauschen gegen einen Gott, der seinem Erwählten nichts zustoßen lässt und dessen Engel ihn auf Händen tragen. Das ist aber genau der Gott, den der Versucher anbietet.

Diese Versuchung war auch Jesus nicht fremd: Gott dazu zu benützen, um sich Leiden zu ersparen, indem man auf eine schnelle Lösung, eine schmerzlose Heilung, eine billige Verwandlung setzt. Sich und die Menschen glauben zu machen, man könne sich aus der Verantwortung für sein Leben stehlen und Gott alles zuschieben. »Siehst du nicht die spirituelle Sehnsucht der Menschen? Wirk ein paar Wunder, sei ihr mystischer Guru, und sie sind glücklich.« Jesus lehnt hier das Wunder ab. Wenig später wird er beginnen, viele Wunder zu tun. Aber in all diesen Begegnungen wird deutlich: Heilung ist mit Lebensumkehr verbunden, Gottesliebe mit Nächstenliebe, Gotteserfahrung mit Nachfolge und Nachfolge mit Kreuz. »Versuche nicht den Herrn, deinen Gott«, sagt Jesus. Der Versucher scheitert an der Gottverbundenheit Jesu. Jesus weicht seinem Gott nicht aus, und er will nicht über ihn verfügen, auch nicht als sein einziger Sohn.

Er lässt seinen Vater über sich verfügen. Im Grunde springt Jesus über die Zinne des Tempels, und das täglich – aber ganz anders, als der Versucher es möchte. Sein Springen geschieht in der Normalität eines menschlichen Lebens, und das ist für das wunder süchtige Herz ärgerlich. Jesus springt in den Willen Gottes hinein, den er so wenig wie jeder Mensch von vornherein kennt, sondern in jedem Augenblick neu vom Vater erwarten, empfangen und umsetzen muss.

Jesu Lebensgestaltung ist von einer großen Offenheit gekennzeichnet. Die souveräne Freiheit, die er hat, etwas zu tun oder zu lassen, zu handeln oder zu erleiden, ist die Folge eines ständigen inneren Lebensdialogs mit dem Vater. Darin liegt seine Kraft. Sie scheint oft so leicht und selbstverständlich zu sein, unberührbar von dem, was unsere Lebensgeschichte ausmacht. Dass dem nicht so ist, zeigt – Gott sei Dank – das kurze Blitzlicht der zweiten Versuchung. Der Hebräerbrief spricht dann von lautem Schreien und von Tränen, die Jesu Versuchungen begleitet haben, in denen er den Gehorsam gelernt hat. (Hebr 5,7f) Im Garten Getsemani wehrt Jesus den gewaltsamen Rettungsversuch des Petrus ab: »Glaubst du nicht, dass mein Vater mir sofort mehr als zwölf Regimenter Engel schicken würde, wenn ich ihn darum bitte?« (Mt 26,53) Er bittet aber nicht und hört sich am Kreuz an, wie ihn die Spötter deswegen verhöhnen.

Jesu Sterben zeigt, dass er auch dann nicht springt, als der innere Lebensdialog mit dem Vater, der sein ganzes Leben ausgemacht hat, ihm wie abgeschnitten erscheint. In seiner höchsten Todesnot schreit er nach seinem Gott und erhält keine Antwort. (Mk 15,34; Mt 27,26) Der Himmel bleibt verfinstert. Jesu Schrei der Verlassenheit ist der radikale Ausdruck dafür, dass Jesus die menschliche Erfahrung der Unverfügbarkeit Gottes, der Gottferne, durchhält bis zum Schluss.

Die Ohnmacht der zweiten Versuchung besteht also in der Ohnmacht dem unverfügbaren Gott gegenüber. Diese kennen die Christen durchaus. Dass auch Jesus sie erfuhr, mag ein neues Licht auf sie werfen. Wir sind Gott gerade dann nahe, wenn es so aussieht, als seien wir ihm fern. Es zerreißt uns manchmal, dass Gott nicht stärker und eindeutiger wirkt und uns sitzen lässt. Das wird sich nicht ändern. Wichtig ist, dass Jesus in seiner Versuchung nicht das große unerreichbare Vorbild ist, sondern dass er, der unsere Erfahrung teilt, uns in seine Gottverbundenheit hineinnimmt. Und so werden wir auch die Kraft haben zu springen – in das radikale Vertrauen Jesu hinein –, wenn es unser Leben von uns verlangt.

Dritte Szene: Auf dem hohen Berg

Denkt der Teufel im Ernst, Jesus würde niederfallen und ihn anbeten? Und das wegen den paar Schätzen der Welt, die ihm ja ohnedies gehören? Ein irdischer Herrscher zu werden, und wäre es der größte von allen, wäre für ihn doch immer noch ein Abstieg! Sie sehen – so geht das nicht. Wie wäre es damit: Sein bester Freund nimmt Jesus auf die Seite und sagt: »Hör mal, Jesus. Du bist für Gott der wichtigste Mensch. Du bist der Erwählte! Es gibt doch viele Möglichkeiten für einen wie dich. Zeig, was in dir drin steckt. Zeig's denen, die dich klein machen wollen. Und diese idealistischen Geschichten mit der Gewaltlosigkeit lass mal lieber. Dadurch hilfst du uns nicht wirklich, sondern riskierst den Erfolg deiner Sache.« Erkennen Sie die Szene? Die dritte Versuchung wiederholt sich im Mund des Freundes Petrus. (vgl. Mk 8,32–33; Mt 16,23) Das zeigt, dass sie nicht mit einem Mal abgetan ist.

Und wenn wir den Teufel nicht verstehen können, Petrus verstehen wir sehr gut: Geht es nicht auch ohne das Kreuz? Könnte die Menschwerdung Gottes nicht ein Happy-End nehmen? Wie sollen wir das, was du hier vorhast, später den Leuten klarmachen? Erlösung durch Leiden? Petrus merkt nicht, wie er aus seinem Christus einen Antichrist macht, ein Idol. Wie er einen Teufel anbeten will. Ein Jesus, der die Ohnmacht seines Glaubensweges, die das Ja zum Leiden einschließt, verraten würde, könnte die menschliche Ohnmacht, die Schwachheit und Leiden und Sünde ist, nicht heilen. Er wäre ein Held, aber kein Heiland. Die Schrift zeigt zweimal, wie Jesus von dieser teuflischen Versuchung berührt wird. Seine Reaktion demonstriert jedoch nicht einen unverwundbaren Sieger, sondern offenbart die Verwundbarkeit des wahren Menschen.

Als Mensch weist er den Versucher zurück: Geh weg, Satan. Denn es heißt in der Schrift: vor dem Herrn deinen Gott sollst du dich anbetend verneigen und ihm allein dienen. Jesus setzt sich nicht an die Stelle Gotte;: Die Kraft seiner Gottverbundenheit als Sohn lebt er konsequent unter den Bedingungen der menschlichen Existenz, in der Ohnmacht seines Glaubensweges. Am Ende des Matthäusevangeliums steht Jesus wieder auf einem hohen Berg. Gott hat geantwortet. Er hat den Gekreuzigten aus dem Tod erweckt. Jetzt werfen sich seine Jünger anbetend vor ihm nieder, auch der menschliche Versucher Petrus, und Jesus sagt: »Mir ist alle Macht gegeben im Himmel und auf der Erde.« (Mt 28,18) Er hat seine Hand nicht selbst danach ausgestreckt, sondern sich den Machthabern der Erde in die Hand gegeben. Ihm, der durch das Feuer der Passion hindurchgegangen ist, ist jetzt alles gegeben, und zwar von Gott, dem er sich in seinem Leben und in seinem Sterben übergeben hat.

Auch die dritte Versuchung hat also mit Ohnmacht zu tun. Ohnmacht allem gegenüber, das man nicht haben kann, ohne durch das Feuer der Passion hindurchgegangen zu sein. Gott will keine Macht über die Welt wie die Herrscher dieser Welt, deren Macht ohne Gewalt nicht auskommt und die Freiheit des Menschen zerstört. Wir würden jedoch dem Allmächtigen die Uneigennützigkeit seiner Beziehung zur Welt, seine Liebe, vermutlich nicht glauben können ohne den Beweis, dass er in völliger Ohnmacht auf alle Macht verzichtet. Das zeigt Jesus auf dem Berg der Versuchung und lebt es konsequent bis zum Schluss.

Auch der Auferstandene verfügt nicht über all das, was ihm der Versucher versprochen hat. Der Verzicht darauf ist endgültig. Aber gerade ihm ist jetzt »alle Macht gegeben«; sie wird deutlich, wenn er versprechen kann, bis zum Ende der Welt bei den Seinen zu sein (Mt 28,20) und sie mit seiner Kraft zu erfüllen. Was heißt das für uns? Wieder in menschlichen Erfahrungen: Was ich liebe, darf mir nie gehören; am wenigsten der geliebte Mensch. Die Unverfügbarkeit Gottes, die in der zweiten Versuchung anzunehmen war, gilt auch für alles Geschaffene. Ich darf es nicht ergreifen wollen, als verfügte ich darüber. Deshalb sagt Paulus, man solle haben, als habe man nicht. (vgl. 1 Kor 7,29–31) Damit predigt er nicht den radikalen Besitzverzicht der Asketen, sondern ein Nicht-Haben-Wollen, das aus der Ehrfurcht vor dem anderen, Mensch, Tier oder Ding, resultiert. Das ist eine tief innere Annahme der Welt, das Gegenteil von Weltverachtung; ein Ausdruck nicht von Schwachheit, sondern von Kraft.

Paradoxerweise führt gerade solche Armut dazu, alles besitzen zu können: Ein Mensch, der die menschliche Armut, Ohnmacht und Gebrechlichkeit des Lebens bejaht, der das Feuer der Passion, der Liebe zu Gott und den Menschen, selber in sich spürt, wird so frei, dass er alle Dinge in Gott und Gott in allen Dingen besitzen kann. »Mein Gott und alle Dinge« ist ein Stoßgebet des heiligen Franziskus; »Gott in allem finden« das Motto des heiligen Ignatius. »Suche Gott überall, und du wirst ihn überall finden«, sagt Vinzenz Pallotti. Was für die materiellen Güter gilt, gilt auch für die geistigen: für Wissen, Kultur und Know-how, für politische, wirtschaftliche, technologische und humanitäre Errungenschaften. All das ist nicht dazu gegeben, um sich der menschlichen Begrenztheit zu entledigen und die existentielle Ohnmacht zu verleugnen oder sie – in der Regel im nach außen projizierten Feind – zu bekämpfen. Der Christ wird sagen: Es ist uns gegeben, um Gott in den Menschen zu dienen.

Glaubenskrise – Versagen oder Gnade?

Guido Kreppold

Mit Glaubenskrisen leben

Der bekannte Herausgeber des Wochenmagazins »Der Spiegel« wurde in einem Interview zu seinem 70. Geburtstag gefragt, wie er denn zur Religion stehe. Er sagte darauf, dass er aus einem katholischen Elternhaus stamme und eine religiöse Erziehung gehabt habe. Mit 15 habe er seinen Religionslehrer gefragt, ob man aus eigener Schuld den Glauben verlieren könne. Dieser, ein hochgebildeter Jesuitenpater, habe ihm erklärt, dass es da verschiedene Schulen, das heißt theologische Meinungen gäbe. »Das«, so sagte Augstein, »genügte mir!« Damit sei also seine Geschichte mit dem Glauben zu Ende gewesen. Es geht hier nicht darum nachzuweisen, wie sehr dieser begabte und einflussreicher Mann gegen die Möglichkeit, es könnte doch etwas daran sein, immer noch ankämpft und dass die Geschichte mit dem Glauben keineswegs für ihn gelaufen war, sondern wir sollten uns die Vielschichtigkeit dieser Frage genauer anschauen.

Hinter der Frage des jungen Augstein stand doch die Aussage: »Ich kann nicht mehr alles so glauben wie bisher; so naiv, so routinemäßig alles mitmachen. Mir erscheint das Ganze so hohl. Es bringt mir nichts, wenn ich zur Messe gehe. Dem, was in der Predigt vorgebracht wird, kann ich erst recht nicht zustimmen, vor allem, wenn ich Begriffe höre wie Erlösung, Heil, Herrlichkeit. Da sollte ich jubeln und laut mitsingen. Wenn ich ehrlich bin; ich kann es nicht.« So wird es ihm wohl ergangen sein, ähnlich wie heute den meisten jungen Leuten. Wenn einer von ihnen fragt, ob man aus eigener Schuld den Glauben verlieren könne, ist das kein theoretisches Problem, das auf der Ebene hochqualifizierter theologischer Dispute abzuhandeln ist; sondern es heißt einfach: Ich habe den Glauben verloren und ich fühle mich schuldig. An diesem »Sich-schuldig-fühlen« hängt es. Das heißt, in einer tieferen Schicht seines Wesens hat er sich noch keineswegs vom Glauben gelöst, sonst hätte er keine Schuldgefühle. Die Antwort hätte so lauten können: »Du kannst nicht mehr so glauben und so mitmachen wie früher. Es ist normal in diesem Alter, dass man sich von den Vorstellungen der Eltern löst und zum eigenen Denken erwacht. Trau Deinem eigenen Gefühl der Ehrlichkeit und Echtheit!«

Damit hätte sich der Schüler ernst genommen gefühlt und jener kleine Funken des Glaubens, der hinter dem Wort »eigene Schuld« verborgen war, wäre – so dürfen wir vermuten – nicht erloschen. Damit soll noch etwas deutlich werden: Der Weg aus einer Glaubenskrise beginnt damit, dass man sich mit seiner Geschichte angenommen und verstanden weiß. Damit öffnet sich das Innere wieder, das scheinbar verschüttet war. Der Glaube an Gott beginnt mit dem Glauben an den Menschen, oder anders ausgedrückt: Gott beginnt dann in uns wieder lebendig zu werden, wenn sich durch einen anderen Menschen ein Feld des Vertrauens auftut. Das

Gefühl, verstanden zu werden, macht froh und befreit :Und kann etwas von der Erlösung ahnen lassen. Wenn wir auf einen Menschen in einer Krise eingehen, bieten wir ihm ein Stück Begleitung auf seinem einsamen Weg an. Wir stellen damit eine abgebrochene Beziehung wieder her. Wir zeigen ihm, dass sein ganz eigenes Empfinden und vielleicht sogar seine Entscheidung nicht etwas Bedauerliches ist, was wir ablehnen und was er durch eigenes Versagen verschuldet hat. Er darf erfahren, dass sich jemand für seine innere Welt interessiert, sie schätzt und nicht entwertet; dass er einem anderen, der womöglich an Jahren und an Wissen überlegen ist, etwas bedeutet, aber nicht weil ihn der andere aufgrund seines Amtes auf seine Seite ziehen will, sondern um seiner selbst willen.

Auf dieser Ebene ist der Glaube, den Jesus meint, zuhause. Jesus hat diese Haltung am anschaulichsten beim Zöllner Zachäus praktiziert. Er ließ sich genau von dem einladen, der es am allerwenigsten verdient hatte. Jesus hatte ihm entgegen der allgemeinen Erwartung auf diese Weise spüren-lassen, dass »auch er ein Sohn Abrahams ist.« (Lk 19,9) Umgekehrt ist das, was wir Unglaube nennen, Beziehungslosigkeit. Keine Klage ist in der Kirche öfters zu hören, als die über die Gleichgültigkeit der heutigen Menschen gegenüber dem Religiösen und der Kirche, Aber es gibt kaum jemand, der darauf hinweist, dass diese Gleichgültigkeit gegenseitig ist. Es sind nicht nur Egoismus oder Hedonismus, weswegen sich die Menschen von der Kirche abwenden, sondern meistens ist es die Enttäuschung darüber, dass sie mit dem, was sie im Innersten bewegt, in dieser Kirche keine Heimat finden. Die Probleme der Theologen und der innerkirchlichen Streitigkeiten erscheinen ihnen unverständlich oder schlicht belanglos. Das Nichtverstehen schafft Abstand; man schaltet einfach ab, wenn über kirchliche Themen gesprochen wird. Es beginnt schon damit, dass jeder Satz, der mit »Gott« beginnt, die Aufmerksamkeit sinken lässt; denn dieses Wort ist kraftlos geworden. Wollen wir über Gott reden, müssen wir die Menschen unmittelbar ansprechen bei dem, was sie an Sorgen, Erwartungen und Hoffnung haben.

So hat es Jesus gemacht. Bekannt ist jener Satz: »Wer von euch, der einen Freund hat ... und ihm lästig fällt, wird doch seine Hilfe erfahren.« (vgl. Lk 11,5) Und weiter: Wer von euch Kinder hat und sie mag, wird ihnen kaum die Bitte um das tägliche Essen abschlagen. Weil Jesus auf diese Weise an der Erfahrung der Menschen anknüpfte, war es nicht langweilig, ihm zuzuhören. »Sie staunten über seine Lehre; denn er lehrte sie wie einer, der Macht hat und nicht wie ihre Schriftgelehrten.« (Mt 8,28f) So beschreibt Matthäus die Stimmung nach der Bergpredigt. Man könnte auch sagen: sie horchten auf; »es kam rüber«, wie es heute heißt. Betroffensein, mitfühlen, mitleiden und mitdenken ist das Gegenteil von Gleichgültigkeit.

Entscheidend ist die Atmosphäre

Wir können auch sagen: Ob ein Gespräch über den Glauben gelingt, entscheidet sich an der Atmosphäre. Ist sie frei und gelöst, so dass jeder den Eindruck hat, er wird, wie immer er sei, zugelassen und mit seinem Anliegen anerkannt, oder herrscht ein Klima, wo man sich gegenseitig mit Argumenten niederzuringen und den Glauben, in Wirklichkeit die eigene Meinung aufzuzwingen versucht?

Wenn sich jeder so einbringen darf, wie es ihm zumute ist, so wird das Erleben des Engagiert-Sein und der Nähe immer dichter. Das viel zitierte und schon längst abgenützte Wort von den zweien, die im Namen Jesu versammelt sind (Mt 18,20), würde hier seine Bestätigung finden, (und nicht nur, wenn wir »im Namen des Vaters und des Sohnes« beginnen). Atmosphäre als die umgebende Luft und die Art des Zusammenseins ist eigentlich die Entsprechung der Bezeichnungen aus den alten Sprachen für Luft, Atem, Hauch und Geist zugleich (hebr. *ruach*, griech. *pneuma*, lat. *spiritus*).

Zum Thema Atmosphäre bei Glaubensgesprächen wären hier zwei Fernsehdiskussionen mit Eugen Drewermann zu nennen. Es gab einen Auftritt des umstrittenen Theologen mit dem Bischof von Rottenburg, Walter Kasper. Dem Moderator ging es um den Effekt. Die beiden Kontrahenten wurden mit Fragen konfrontiert, auf die sie in kürzester Zeit zu antworten hatten und wo ihnen nur die Schärfe der Aussage blieb, um überhaupt bestehen zu können. Die verschiedensten Themen wurden durchgejagt. Selbst die Zuschauer im Fernsehstudio, so sagte eine Teilnehmerin, wurden angehalten, die Stimmung durch entsprechende Beifallskundgebungen oder Beiträge zu stimulieren. Es war ein anschauliches Beispiel, wie man Glaubensthemen und die notvolle Situation beider Seiten zur Sensation missbrauchen kann.

Das Gegenstück dazu lieferte eine Sendung des Österreichischen Rundfunks mit Eugen Drewermann und dem bekannten Theologen Eugen Biser. Hier hatte man den Eindruck, dass der engagierte Professor seinen Gesprächspartner wirklich verstanden hatte. Die Atmosphäre war so, dass jeder ausreden, neue schöpferische Gedanken fassen konnte und nicht unter Druck stand. Und siehe: Eugen Drewermann hatte nicht jenes verbissene, fast verzerrte Gesicht eines verzweifelten Kämpfers, sondern war gelöst und manchmal sogar heiter.

Zurück zu den Glaubenskrisen und wie sie angegangen werden können. Noch einmal: Entscheidend ist die Atmosphäre. Uns sollte bewusst werden, dass die Art, wie wir über Gott reden, keine Nebensache ist. Wenn sie verkehrt ist, wenn Druck, Ängste und Theoretisieren vorherrschen, schließen wir das Eigentliche worum es geht aus, nämlich den Geist, der beseelt und frei macht. Damit werden genau die vertrieben, die ehrlich nach der Wahrheit suchen.

Die Gnade der Glaubenskrise

Mitfühlen und mitbewegt sein, davon wird in Beiträgen zum helfenden Gespräch und zu heilender Seelsorge geredet – und trotzdem bewegt sich so wenig. Wenn sich wirklich etwas tun soll, dann ist als erstes der Frage nachzugehen: Wie bin ich selbst in das Gespräch verwickelt? Wie reagiere ich, wenn jemand meinen

Glauben angreift, wenn jemand seine Zweifel äußert? Es sind Ängste in uns, wenn wir sofort mit Gegenangriffen, mit Belehrungen und Argumentation oder mit betulichen und angelernten Formeln reagieren.

Ob ich das, was mir an Negativem entgegengebracht wird, in Ruhe und Gelassenheit anhören kann, hängt davon ab, ob ich selbst schon einmal in der Rolle des Zweifelnden war. Ich kann nur das nachfühlen, was ich selbst erlebt habe oder zumindest ahnen, worum es geht. Ein tieferer Einbruch in die bisherige Sicherheit und Oberflächigkeit kann aber nicht Ergebnis einer Übung oder eines guten Vorsatzes sein. Er kommt, ohne dass man ihn erwartet – man steckt plötzlich mittendrin. Aber erst, wenn ich diesen Durchgang geschafft habe, bin ich fähig, Menschen in derselben Situation aufzufangen. Wer je eine Krise durchgestanden hat, ist nicht mehr derselbe, er ist anders geworden. Er weiß, wovon er spricht, wenn von Gnade und Erlösung die Rede ist. Er kann es vom Erleben nachvollziehen und deshalb klingt das, was er sagt nicht mehr hohl.

Aufrichtig den eigenen Weg gehen – im Leben mit Gott

In Gottes Gegenwart leben

Peter Abel

Uns ist die Heiligung des Sonntags abhanden gekommen und die des Alltags sowieso. Früher, da hieß Sonntag: den »Sonntagsstaat« anlegen, gemeinsam den Gottesdienst besuchen, sich in der guten Stube aufhalten. Man war auf ein besonderes Essen im Kreis der ganzen Familie eingestellt. Man fand Zeit füreinander. Natürlich war auch damals nicht alles familienfreundlich. Aber das Gespür war durchgängig, dass der Sonntag ein Tag des gemeinsamen Ruhens und der Sinnfindung war. Man lebte in der Ruhe Gottes, des Schöpfers. Das kehrte so manche Einseitigkeit in der Alltagsarbeit um, und das hatte wiederum Auswirkungen auf die Suche nach Gott im Alltag.

Für die meisten ist das vorbei – man muss dafür nicht einmal die sinkenden Kirchenbesucherzahlen herbeibemühen. Die Gottsuche hat sich aus dem Alltag verabschiedet, scheint nur noch ein Anliegen weniger zu sein. Ersatzrituale und Kulte haben heute je nach eigener Orientierung Eingang in das Leben gefunden. Die Familie bietet am Sonntag ein zwiespältiges Bild. Ein Viertel aller Jugendlichen findet diesen Tag langweilig. In vielen Fällen ist der Sonntag der Tag, an dem die Familie noch mehr auseinander fällt als sonst. Jeder geht seine eigenen Wege. Andererseits wird hoch investiert. Der Sonntag ist der Tag, an dem die Männer und Väter zu Hause sind. Da bleibt Zeit fürs Frühstück, für das gemeinsame Gespräch. Da bleibt Zeit für die Fahrradtour am Mittag. Die Besinnung ist also keineswegs ganz verlorengegangen, sie hat sich lediglich verselbständigt.

Doch haben wir das Gespür für die Gestalt unseres inneren Lebens, wie es die Sonntagsruhe zelebrierte, immer mehr auf dem Altar der Leistungsgesellschaft und der Arbeit geopfert. Der Wirtschaftsjournalist Rainer Hank bemerkt daher kritisch, dass der Verzicht auf das Leistungsprinzip eine unerwartete Chance besitzt: »Der kontemplative Ausstieg verhindert, dass Aktivität zum Aktivismus verkommt. Die Unterbrechung aber schafft erst den Rhythmus. Es gibt Leute, die die Erfindung des Sabbat zu den größten Kulturleistungen des Judentums zählen. Denn Rhythmus schafft Wiederholung. Wiederholung aber ermöglicht Wiedererkennen und bietet eine Form der Entlastung, ohne die das Leben unerträglich würde Unerhört ist, dass die Gottebenbildlichkeit der Menschen sich in der Imitation des Rhythmus ihres Herrn verwirklicht.« [1]

In der Realität sieht es aber so aus: Uns ist der Rhythmus für die Zeit verlorengegangen und darin die Erfahrung, unser Leben an Sinnerfahrungen aufzuhängen. Auch innerkirchlich erspart man sich den Wettersegen im Sommer, weil man das Gespür für die Jahreszeiten, für Aussäen und Ernten, für Warten und Pflegen nicht mehr hat. Kinder können einem da erfrischend zeigen, dass das Jahr noch einen Sommer hat, dass Schnee nicht nur eine Verkehrsbehinderung darstellt, sondern zum genialen Spiel verführt.

Benedikt selbst stellt sich in die große Tradition der Heiligung des Sonntags, ja des Lebens schlechthin. Er schärft sie sogar an, indem er dem Mönch einen Tagesverlauf gebietet, der letztlich zur Heiligung des ganzen Alltags führt. Benedikt ordnet ihn im Rhythmus der Tage und der Jahreszeiten, gibt der Arbeit, dem Studium und dem Gebet einen Platz darin. Die Struktur gibt eine innere Ordnung. Die Sehnsucht nach dem Geheimnisvollen und nach dem Sinn im Leben unterstreicht er mit einem eigenen Programm: in Gottes Gegenwart zu leben. Die Voraussetzung für ein solches Leben in Gottes Gegenwart benennt Benedikt mehrmals. So schreibt er: »Der Mensch achte stets auf die Gottesfurcht und hüte sich, Gott je zu vergessen. Der Mensch erwäge: Gott blickt vom Himmel zu jeder Stunde auf ihn und sieht an jedem Ort sein Tun. ... Der Prophet weist uns daraufhin, dass Gott unserem Denken immer gegenwärtig ist, wenn er sagt: ›Gott prüft auf Herz und Nieren‹.« (Regel Benedikts 7,10.13f; vgl. 19,1 u.a.)

Gott schaut einen jeden an. Gott ist kein Gott über uns oder weit vor uns oder weit hinter uns, sondern wir können ihn mitten in unserem Leben finden. Dabei ist Gott initiativ, er kennt mein Innerstes und durchforscht es, er kennt mich in meiner innersten Persönlichkeit. Das fordert mich zur Antwort heraus. (vgl. Regel Benedikts Prolog 8ff) Auf das Hören folgt das Gehören, das Hinhorchen auf das, was in der Stille der Gottesbegegnung in meinem Herzen geschieht. Drei wesentliche Erfahrungen lenken Benedikt, Gottes Gegenwart in unserem Leben zu entdecken. Wir finden zu Gott über den Menschen und unsere Welt. Gottsuche geschieht durch die Beziehung zum anderen, und zwar so sehr, dass die Beziehung zum Mitmenschen für Benedikt der Maßstab der Beziehung zu Gott ist. Gottsuche geschieht mit dem ganzen Menschsein.

»Der Weg, der nach der Regel Benedikts zu Gott führt, ist nicht der des Verstandes, sondern des Suchens. ... An diesem Suchen ist unser ganzer Mensch beteiligt, sein Lieben und Empfinden nicht weniger als sein Reflektieren. Dieses Suchen zeigt sich uns in vielen Schattierungen; es kann uns als Hören, Beten, Schweigen, Gehorchen, Dienen, Wachen usw. entgegentreten. Alles Suchen zielt auf ein Wahrnehmen Gottes, des Gottes, der da ist. Es meint ein Sensibel-Werden für das, was ist, und für den, der ist. Dahinter steht die Überzeugung von der Einheit von Schöpfer und Schöpfung, Gott und Welt bzw. Mensch, Leben und Gebet. Damit ist grundsätzlich nichts davon ausgeschlossen, Zeichen oder Spur für die Präsenz Gottes zu sein.«[2]

Als weitere Grundgeste der Gottsuche sehen wir, dass Benedikt die Schrift wertschätzt. Das Evangelium gibt Wegweisung für das Leben und führt einen. (vgl. Regel Benedikts Prolog 21) Bin ich innerlich verwundet, so kann mir die Schrift zur Arznei werden. (vgl. Regel Benedikts 28,3) Suche ich einen Rat, so bietet sie mir Weisung. (vgl. Regel Benedikts 51,9) Auf sie kann ich bauen. (vgl. Regel Benedikts Prolog 33) Die Schrift ist mir ein Schatz, der mir immer wieder neue Orientierung gibt. (vgl. Regel Benedikts 64,9) Benedikt eignet sich die Schrift an und inkarniert sie gleichsam in den unterschiedlichsten Lebenssituationen. Vor allem lebt er aus den Psalmen, die uns menschliche wie religiöse Urerfahrungen bieten, unserer Sehnsucht nach Gott ebenso Raum geben wie den Erfahrungen der Gottesferne. Ich kann mich so in den Psalm hineingeben wie ich bin. Die Benediktsregel ist voller biblischer Bezüge, voll von durchlebtem Evangelium. Oft liest sie sich wie ein Kommentar zur biblischen Erfahrung unseres Glaubens. Um mit dem Wort vertraut zu werden, soll der Mönch es immer wieder in sich aufnehmen, immer wieder in seinem Herzen hin und her wenden und dann konkret werden lassen. Oft betet er – kurz und bündig – mit Hilfe eines Schriftwortes.

Und drittens gestaltet Benedikt die Lebensrhythmen so, dass sie einen immer wieder vor Gottes Gegenwart bringen. Wie gesagt,

Benedikt hat keinen fernen und übermächtigen Gott im Sinne, sondern einen, der nahe ist, der der »Ich-bin-da« ist, ein Gott, der mich anspricht und der mich zur Antwort lockt. Dazu gibt er feste Zeiten des Gebetes und der Arbeit an, damit die Regelmäßigkeit und Ausgeglichenheit dem Gott-Finden dienen. Benedikt ist ein leidenschaftlicher Gottsucher, und so kann er sein Programm des Lebens in Gottes Gegenwart unter den Zielsatz stellen, dass »in allem Gott verherrlicht werde.« (Regel Benedikts 57,8)

Gottesbegegnung im anderen, in der Schrift und in der gestalteten Zeit – sind diese drei Säulen, Gottes Gegenwart im Leben zu erfahren, wirklich nur etwas für Mönche? Äußerlich besehen kann man da mit einer Familie – und auch alleine in der Familie – nicht mithalten. Gebetszeiten sind Luxuszeiten. Gebet und Gottesdienst, Zeiten der Einkehr und der Stille sehen in einer Familie anders aus: in dem kurzen Moment der Stille vor dem Essen, im Abendritual, im Gebet mit unseren Kindern. Bewusst gestaltete Zeiten gehören demnach auch zu einer Familie wesentlich dazu. Genauer heißt das: Die Zeit zerrinnt uns zwischen den Fingern. Die Termine, die jeder hat, das Ineinander von Arbeiten, Einkaufen, Kochen, Spielen, das beständige Mit- und Gegeneinander verschiedener Abläufe und Termine, die wechselseitigen Ansprüche machen uns deutlich, dass gestaltete Zeit auch in der Familie wichtig ist.

Natürlich suchen wir Ruhezonen im Alltag, auch die Kinder tun dies intuitiv in dem Maß, das sie brauchen. Und in unserer Familie hat sich natürlich schon längst ein Sonntagsritual entwickelt mit dem gemeinsamen Gottesdienst und der anschließenden Zeit zum Gespräch mit Menschen aus der Gemeinde, mit dem gemeinsamen Essen und – als die Kinder größer wurden – dazwischengeschoben der Sendung mit der Maus, die uns mit ihren Geschichten wieder auf den Boden des Normalen herunterholt und uns für das Leben neugierig macht.

In einem solchen sympathisch-chaotischen Miteinander ist dann zwar nichts zu spüren von der Strenge eines Klosters. Aber auch wir suchen wie der Mönch die Luken im Alltag, durch die

Gottes Gegenwart aufscheinen darf und die sorgsam gepflegt werden wollen. Da fordern uns die Kinder heraus, Rhythmen und Jahreszeiten zu leben, längst vergessene Formen auch religiösen Brauchtums für uns zu beleben und neue zu entwickeln. Da wird die verstaubte Krippe ausgepackt und die Geschichte von Gott, dem Kind, wieder erzählt. Da werden Eier bemalt und nach einer Antwort gesucht, was diese Eier mit Ostern zu tun haben. Da wird geerntet, und wir sagen Gott ›Danke‹ dafür.

Die Kinder zwingen uns geradezu, in der Regelmäßigkeit zu leben statt sich dem spontanen Rausch der Erlebnisgesellschaft hinzugeben, sonst würde ihnen eine Heimat genommen: im Gang zum Kindergarten und im Erzählen dabei, im Spiel mit Freunden, im Ritual, mit dem wir zu Bett gehen. Da gibt es Momente, in denen wir innehalten und im Alltag dem Ungewöhnlichen begegnen: im vertrauensvollen Blick des Kindes beim Stillen, dem Strahlen der Geschwister am Morgen, dem gemeinsamen Spiel. Da gibt es Augenblicke, in denen wir dankbar sind, und diese Dankbarkeit für das Ungewöhnliche, das uns auf das je größere Geheimnis des Lebens hinweist, in einen Satz des Gebetes bringen oder in denen wir auch eine Sorge auf Gott werfen, eine Sorge, wie sie jede Familie auch heimsucht – einen Streit oder die Krankheit eines Familienmitgliedes. Und dabei hilft uns oft ein kurzes Wort aus der Schrift. Da bleibt uns die Stunde des Gespräches am Abend, in dem wir uns als Eheleute vergewissern, was an diesem Tag gut war, in denen wir Sternmomente erleben und uns sagen können, dass unser gemeinsames Leben eben auch schöne Seiten hat. Zum Staunen kommen wir, wenn wir uns auf die Warum-Fragen der Kinder einlassen und darin neue Bilder des Lebens und des Glaubens entdecken. Schließlich ist das Gebet nicht nur etwas für Mönche, nur haben wir im Laufe der Zeit eigene Formen des Betens und Dankens für unser Leben entwickelt: das immer wieder gesungene Kinderlied, das gleichsam zum Introitus für das Nachtgebet geworden ist; die biblische Geschichte, die wir uns erzählen; die eigene Vorstellungswelt unserer Kinder, über die wir nur staunen und die die

Grunderfahrungen des Lebens einfängt; die Begegnung untereinander, über deren Gelingen wir dankbar sind. Damit sind wir wieder bei einer wesentlichen Erfahrung der Nähe und Gegenwart Gottes, der Gottesbegegnung durch den Nächsten.

1 R. Hank, Arbeit – die Religion des 20. Jahrhunderts, Frankfurt 1995, S. 130f.
2 C. Schütz, Gelebtes Evangelium: Der hl. Benedikt und sein Lebensprogramm, in: Schütz/Rath, Der Benediktinerorden, S. 60.

Gotteserfahrung und Selbsterfahrung

Anselm Grün

Viele Menschen klagen darüber, dass sie Gott nicht erfahren, dass sie trotz aller Versuche, regelmäßig zu meditieren und zu beten, nichts von Gott spüren. Ich frage sie dann immer, ob sie sich denn selbst spüren, ob sie mit sich selbst in Berührung sind. Nicht nur das Gottesbild und das Selbstbild hängen eng miteinander zusammen, sondern auch die Gotteserfahrung und die Selbsterfahrung. Wer sich selbst nicht spürt, kann auch Gott nicht spüren. Wer von sich selbst keine Erfahrung hat, wird auch Gott nicht erfahren.

Eine Frau möchte einen geistlichen Weg gehen. Aber ihr Gebet ist leer. Sie hat früher einmal Gott intensiv gespürt, aber jetzt fühlt sie nichts mehr. Im Gespräch wird deutlich, dass sie viele Bereiche ihrer eigenen Seele ausklammert. Sie möchte nicht über ihre gottlosen Seiten, über ihre Aggression und Sexualität, über ihre Jugendträume nach Familie und Kindern nachdenken. Sie meint, sie habe diese Träume längst verarbeitet und sei mit ihnen fertig. Sie möchte sich selbst in ein ganz bestimmtes Bild einer spirituellen Frau zwängen. Alles andere hat sie vor dem Auge ihrer Seele verschlossen. Im Gespräch wird ihr klar, warum sie Gott nicht spürt. Sie ist nicht in Berührung mit der eigenen Seele. Sie hat sich selbst abgeschnitten von den weniger frommen, dafür aber umso lebendigeren Seiten ihrer Seele, von ihrer Lust zu reisen, zu malen, zu dichten. All diese Seiten hat sie ihrem spirituellen Selbstbild geopfert. Aber nun fehlen sie ihrer eigenen Lebendigkeit. Was in ihr nicht in Beziehung zu Gott kommen kann, das verdunkelt ihr die Gotteserfahrung. Sie kann Gott nicht spüren, weil sie nicht den Mut hat, sich selbst zu spüren.

Wir sind nicht deckungsgleich mit unserem spirituellen Selbstbild. Nur wenn wir wagen, Gott alles hinzuhalten und mit allem, was in uns ist, in Berührung zu kommen, werden wir auch Gott spüren können. Viele sind abgeschnitten von ihrer eigenen Seele. Sie nehmen nur einen kleinen Teil ihrer selbst wahr. Das hindert sie daran, Gott wahrzunehmen. Daher lasse ich mich nie auf eine theoretische Diskussion ein, ob wir Gott erfahren können oder nicht, warum sich Gott dem einen mehr zeigt als dem anderen. Ich frage die Menschen, wie sie sich selbst erfahren. Und da erschrecke ich oft, wie wenig die Menschen sich selbst spüren, wie wenig sie in Berührung sind mit sich selbst. Das ganze Arsenal von spirituellen Methoden hilft ihnen nicht, wenn sie nicht den Mut aufbringen, die eigene Wahrheit anzuschauen. Dabei geht es nicht um ein rationales Verstehen der eigenen Psyche, sondern um ein In-Berührung-Kommen mit allem, was in uns hochsteigt, mit unseren Gefühlen, mit unseren Träumen, mit unbewussten Bildern. Es geht um ein Sich-Spüren im Leib. Stimme ich mit meinem Leib überein? Bin ich ganz in mir, in meinem Leib oder klammere ich vieles aus? Nur wenn ich auf die Stimme meines Leibes und meiner Seele höre, kann ich auch die Stimme Gottes vernehmen. Nur wenn ich stimmig bin, kann Gott mit mir übereinstimmen, kann er eindringen in die Stimme meines Inneren.

Was ich vor mir verberge, das verbirgt mir das Antlitz Gottes. Jesus zeigt uns, wie wir richtig beten sollen. Wir sollen nicht viele Worte plappern. Wir sollen uns nicht auf äußere Methoden der Meditation oder der Askese verlassen. Diese können leicht zur bloßen Jagd nach Leistung und zur Flucht vor der eigenen Wahrheit werden. Jesus fordert uns auf, in die Kammer unseres Herzens zu gehen, wenn wir beten wollen. Dort sollen wir die Türe zuschließen, damit wir allein mit unserem Gott sind: »Dann bete zu deinem Vater, der im Verborgenen ist. Dein Vater, der auch das Verborgene sieht, wird es dir vergelten.« (Mt 6,6) Das griechische Wort »kryptos« = »verdeckt, verborgen, geheim« hat in der hellenistischen Mystik und auch im Alten Testament eine große Bedeutung. Gott ist dem Menschen verborgen. Und das ganze geistliche Streben des Menschen geht dahin, dass Gott sich dem Menschen offen zeigt.

Der alttestamentliche Fromme weiß, dass er vor Gott nichts verbergen und verstecken kann. Wenn er die Flucht vor seiner eigenen Wahrheit und vor Gott aufgibt und Gott sein Verborgenes offenbart, dann wird Gott ihn teilhaben lassen an seinem verborgenen Leben.[1] Weil in uns nichts verborgen ist, was nicht bekannt wird (vgl. Mt 10,26), sollen wir Gott die versteckten Bereiche unserer Seele hinhalten. Nur dann wird unser Beten belohnt werden, nur dann werden wir im Beten Gott erfahren dürfen. Was ich vor mir selbst und vor Gott verheimliche, das beeinträchtigt meine Beziehung zu Gott. Gott ist gerade im Verborgenen. Wenn ich hinabsteige in die Bereiche meiner Seele, die ich zugedeckt und verhüllt habe, werde ich dort Gott entdecken, der sich in der Tiefe meines Herzens verbirgt. Dann wird mein Beten belohnt. Weil ich mit dem Verborgenen in mir in Berührung komme, wird sich auch Gott nicht mehr vor mir verbergen.

[1] Vgl. A. Oepke, krypto, ThNT, S. 968f.

Wenn Gott uns tröstet

Georg Braulik

Wenn Gott uns tröstet ... – könnten Sie diesen Satz aus Ihrer eigenen Erfahrung fortsetzen? Hat Gott Sie getröstet, damals, als etwas schön und lebendig war, eine Beziehung zum

Beispiel, und dann zerbrach? Als Wunden geschlagen wurden, wo sie niemand sehen und heilen konnte? Als Schuld Sie belastete und einsam gemacht hat? Als man Ihnen Unrecht getan hat und Sie darüber nicht hinwegkommen konnten? Vielleicht haben Sie damals gar nicht damit gerechnet, dass Gott Sie trösten möchte und dass er dafür auch einen besonderen Ort hat.

Vielen von uns sitzt ja noch eine Frömmigkeit im Gefühl, nach der unsere Erde ein Tränental ist und der eigentliche Trost uns erst im Himmel erwartet, wo Gott uns nach der Offenbarung des Johannes jede Träne vom Gesicht wischen wird. Man hat der Kirche vorgeworfen, sie habe durch solches Vertrösten die auf der Erde zu kurz Gekommenen unfähig gemacht, das Elend unserer Welt zu beseitigen. Spätestens seit dem Konzil hat deshalb eine Wende eingesetzt, eine betonte Hinwendung zum Engagement in dieser Welt und zur Solidarität mit allen Leidenden. Tröstet Gott also dadurch, dass wir die Hungernden in Afrika speisen und in Lateinamerika ausbeuterische Strukturen beseitigen? Versuchen wir, von dort eine Antwort zu bekommen, wo in der Geschichte des Gottesvolkes zum ersten Mal umfassend über den Trost Gottes nachgedacht worden ist.

Es ist jene Zeit in der Geschichte Israels, in der Jerusalem und sein Tempel zerstört waren und die Elite der Bevölkerung im Exil leben musste. »Trösten« bildete damals geradezu ein Leitwort des Propheten, dessen Texte man später an das Buch des älteren Propheten Jesaja angehängt hat und den wir deshalb Deuterojesaja, »zweiten Jesaja«, nennen. Über seiner Botschaft steht programmatisch der Auftrag: »Tröstet, tröstet mein Volk, spricht euer Gott!« (Jes 40,1) Trotzdem ist es in den folgenden Texten meistens ausdrücklich Gott, der tröstet. Wenn aber Gott tröstet, dann bleibt es nicht bei mitleidvollen Worten und einem Hinweis aufs Jenseits. Dann erbarmt er sich seines Volkes und hilft ihm in dieser Welt aus seinen Nöten. Dazu nimmt Gott sogar einen fremdländischen König, den Perser Kyros, in seinen Dienst. Er macht ihn zu seinem Knecht und »Gesalbten« – und Kyros entlässt die Verbannten Babylons in ihre Heimat. Eine solche Spannung zwischen Gottes unmittelbarem Trost und dem Trost, den er durch Menschen gibt, ist auch charakteristisch für den Text, der die literarische Mitte des Deuterojesajabuches bildet. In ihm bricht die ganze Schöpfung in Jubel über den Trost aus. Denn Gott tröstet »seine Armen«. Dieses Wunder erreicht sein Ziel in einem neuen Jerusalem, dem eigentlichen Ort des Tröstens und Getröstetwerdens. Ich zitiere die Stelle mit ihrem unmittelbaren Kontext:

»So spricht Jahwe, der Befreier Israels, sein Heiliger, zu dem tief Verachteten, dem Abscheu der Leute, dem Knecht der Tyrannen: Könige werden es sehen und sich erheben, Fürsten werfen sich nieder, um Jahwes willen, der treu ist, um des Heiligen Israels willen, der dich erwählt hat. So spricht Jahwe: Zur Zeit der Gnade will ich dich erhören, am Tag der Rettung dir helfen. Ich habe dich behütet und dazu bestimmt, der Bund des Volkes zu sein, wenn ich dem Land aufhelfe und das verödete Erbe neu verteile, den Gefangenen sage: Kommt heraus!, und denen, die in der Finsternis sind: Kommt ans Licht! Auf allen Bergen werden sie weiden, auf allen kahlen Hügeln finden sie Nahrung. Sie leiden weder Hunger noch Durst, Hitze und Sonnenglut schaden ihnen nicht. Denn Gott, der sich ihrer erbarmt, leitet sie, und führt sie zu sprudelnden Quellen. Alle Berge mache ich zu Wegen, und meine Straßen werden gebahnt sein. Seht her: Sie kommen von fern, die einen von Norden und Westen, andere aus dem Land der Siniter. Jubelt ihr Himmel, jauchze, o Erde, freut euch ihr Berge! *Denn Jahwe hat sein Volk getröstet und sich seiner Armen erbarmt.* Doch Zion sagt: Jahwe hat mich verlassen, Gott hat mich vergessen. Kann denn eine Frau ihren Säugling vergessen, eine Mutter das Kind ihres Leibes? Und selbst wenn sie es vergäße, ich vergesse dich nicht. Sieh her: Ich habe dich eingezeichnet in meine Hände, deine Mauern habe ich immer vor Augen. Deine Erbauer eilen herbei, und alle, die dich zerstört haben, ziehen davon. Blick auf und schau umher: Alle versammeln sich und kommen zu dir. So wahr ich lebe – Spruch Jahwes: Du sollst sie alle wie einen Schmuck anlegen, du sollst dich mit ihnen schmücken wie eine Braut.« (Jes 49,7–18)

Wenn Gott Leidende tröstet, so sagt uns dieser Text – und das gilt für den Großteil der Bibel –, dann tröstet er sie in seinem Volk. Und er tröstet sie zunächst durch sein Wort. Es ist ein Wort der Erhörung, genauer: der Zuneigung, ein Wort, das an Israel gerichtet ist. Israel erscheint bei Deuterojesaja in zwei Symbolgestalten: Die nach Babel Deportierten und dann in der Fremde Misshandelten werden durch den verfolgten, getöteten und dennoch weiterlebenden Gottesknecht verkörpert. Ihm steht als Mutter der im Heimatland Verbliebenen die vereinsamte und verzagte Frau »Zion-Jerusalem« gegenüber. Das Wort löst ein Geschehen aus, das die Herrscher der Völker auf die Knie zwingt, sie zu Jahweverehrern werden lässt, und das am Ende unseres Textes zu einer weltweiten Sammelbewegung nach Jerusalem führt. Zugleich ist es ein Wort, das die Identität Israels aufdeckt. Denn Gott sagt: »Ich habe dich dazu bestimmt, der ›Bund des Volkes‹ zu sein«. Diese vielumrätselte Bezeichnung will vermutlich besagen: Israel empfängt nicht nur als Bundespartner, als Bundesvolk, die Verheißung Gottes, es verkörpert diese Bundesverheißung sogar. Anders formuliert: Die Zusage Gottes erfüllt sich nicht nur an Israel, Israel wird nicht nur von Gott gerettet, sondern die Rettung Gottes, sein Gnadenbund, der auf die Völker ausgreift, nimmt in diesem Volk gewissermaßen Gestalt an. Das bedeutet konkret: Die künftige Rettungsgeschichte Israels wird die frühere Geschichte – den Exodus aus Ägypten, die Wüstenwanderung und die Inbesitznahme des Landes – so übertreffen wie eine Person das Wort übertrifft, das in ihr Fleisch geworden ist.

Tatsächlich: Wir können es an unserem Lesungstext Schritt für Schritt verfolgen: Wenn Gott tröstet, dann wiederholt er nicht einfach die bereits kanonisch gewordene Heilsgeschichte – was staunenswert genug wäre –, sondern er überbietet sie noch. So sind jetzt keine Plagen und kein Meerwunder mehr nötig wie einst bei Mose. Das Wort Gottes allein genügt – und die in Babylon Gefangenen verlassen ihre dunklen Verliese, kommen ans Licht und ziehen frei in die Heimat. Sie müssen ihr Land nicht mehr (wie unter Josua) mit militärischer Macht erobern. Gott teilt den Zurückgekehrten ihr Erbe einfach zu, die Ödnis blüht auf. Wenn also Gott tröstet, dann ruft er in die Freiheit und schenkt erfülltes Leben. Die Fesseln binden nicht mehr, man kann sie abwerfen. Die Klassenunterschiede von reich und arm verschwinden, denn das Land wird neu verteilt. Eine geschwisterliche Gesellschaft entsteht. Sie kommt wunderbarer zustande als das Israel der Frühzeit, als Jahwe die Sklaven Pharaos und die Ausgebeuteten Kanaans zu seinem Volk zusammenführte. Wenn Gott nämlich jetzt die Verbannten nach Jerusalem heimbringt und die Versprengten von überall zurückkehren, dann erdulden sie nicht mehr die Mühsale des ersten Exodus: »Sie leiden weder Hunger noch Durst, Hitze und Sonnenglut schaden ihnen nicht. Denn der sich ihrer erbarmt« – Gott – »leitet sie und führt sie zu sprudelnden Quellen«. Wenn aber Gott sein Volk sammelt, wird die Welt verwandelt: Die Wüste wird zum Paradies, Berge von Hindernissen werden zu Wegen geebnet. Deshalb genügt es nicht mehr, dass eine Mirjam zur Pauke greift und ein Lied anstimmt. Da müssen schon Himmel und Erde jauchzen und selbst die Berge sich freuen. Hat doch – wie Deuterojesaja das ganze Geschehen deutet – »Jahwe sein Volk getröstet und sich seiner Armen erbarmt«. Hinter all diesen Bildern stehen zwar Erfahrungen der Volksgeschichte. Zugleich verdichtet sich aber in ihnen für uns auch das Wissen, dass wir, wenn wir an den Gott der Bibel glauben, in der uns umgebenden Gesellschaft irgendwie in der Fremde leben und dass wir uns nach Heimkehr und Sammlung in einer neuen Gemeinschaft sehnen.

Deshalb erreicht der Exodus erst mit der Neukonstitution des Volkes in Jerusalem sein Ziel. Gottes Trost gilt ja »seinen Armen«. Diese Armen Jahwes, die wegen ihrer Schuld ins Elend geraten sind, aber jetzt wegen der Bindung an ihren Gott leiden müssen und daher »seine« Armen genannt werden, sind: der »Abscheu der Leute, der Knecht der Tyrannen«, also die Verbannten in Babylon, und Zion, die Mutter des in der Heimat zurückgelassenen Restes. Diesen beiden Elendsgestalten, seinen Armen, spricht Gott

Trost zu. Sein Trost ist ein »Evangelium für die Armen«, er bewirkt, was er ansagt.

Wir sind bisher nur der Trostbotschaft für den Knecht nachgegangen. Gott hat seine Klage erhört. Er antwortet aber auch auf die Klage der Frau Zion. Ihre Vorwürfe sind hart, sie bringen Dissonanzen in den Lobpreis des Kosmos: »Jahwe hat mich verlassen, Gott hat mich vergessen!« Wie tröstet Gott diese Stadt, die mit dem Tempel auch die Nähe Gottes verloren hat und deshalb sich selbst zu verlieren droht? Baut er ihr einen neuen Tempel, einen, der prächtiger ist als der frühere von Salomo gebaute? Deuterojesaja spricht nirgends davon, und sein Schweigen ist angesichts dessen, was andere Exilstheologen sagen, durchaus beredt. Gott bringt sich anders in Erfahrung. Er tröstet durch Menschen und auf eine zutiefst menschliche Weise. Gott tröstet menschlich: Den Knecht, also die Verbannten, tröstet er als ihr Hirt; die Bewohner Jerusalems aber tröstet er wie eine Mutter. Seine Sorge entspricht männlichem wie weiblichem Empfinden, passt sich ihm an und übersteigt letztlich beides auf göttliche Art. Gott tröstet menschlich: »Kann eine Frau ihren Säugling vergessen, eine Mutter« – wörtlich: eine Erbarmerin – »das Kind ihres Leibes? Und selbst wenn sie es vergäße, ich vergesse dich nicht.« Gott tröstet wie eine Mutter. Das steht zwar nicht im Wortlaut da, wohl aber der Sache nach. Der gleiche Ausdruck, der für »Mutter«, genauer: »Erbarmerin«, gebraucht wird, findet sich nämlich schon in der Beschreibung der Heimkehr durch die Wüste. Dort heißt es wörtlich: »Ihr Erbarmer leitet sie.«

Gott handelt also bereits mütterlich, wo er die Exilanten auf ihrem Heimzug wie ein Hirt seine Schafe weiden lässt und zu sprudelnden Quellen führt. Aber Gottes Mütterlichkeit übertrifft noch die einer menschlichen Mutter. Seine Bindung an Zion überbietet sogar das innigste Band der Natur, die stärkste menschliche Empfindung. Selbst wenn eine Mutter ihr Kind vergisst, Gott vergisst sein Volk nicht: »Sieh her, ich habe dich eingezeichnet in meine Hände, deine Mauern habe ich immer vor Augen.« Nicht die Beschneidung, die Israel an seinem Fleisch vollzieht, erinnert Gott an seine Verbundenheit. Vielmehr ist der Grundriss Jerusalems in die Hände Gottes eintätowiert. So muss sein Blick bei allem, was er tut, auf seine Gemeinde fallen. Das jüdische Brauchtum erinnert heute an diesen Trost Gottes durch eine Silberhand, auf der die eben zitierte Stelle eingraviert ist. Wenn Gott die Mauern Jerusalems vor Augen hat, dann heißt das konkret: Die von ihm Befreiten und in die Heimat Geführten sammeln sich in Jerusalem, um dort Gottes strahlende Stadt auf dem Berg zu bauen, ein neues Gemeinwesen aus den Ruinen zu heben, jene endlich humane Gesellschaft, zu der die Völkerwallfahrt einsetzen kann. Durch diese Menschen erfährt Zion wieder die Nähe Gottes, durch sie tröstet Gott. Das neue Jerusalem schmückt sich mit ihnen wie eine Braut, durch sie erstrahlt es in Schönheit. Ob wir nicht unsere Berufung gerade auf diese Weise ernst nehmen müssten: als selbst von Gott Befreite, Getröstete, dem neuen Jerusalem, der Kirche, ein Trost zu sein und unsere Gemeinden dadurch attraktiv zu machen?

Aber darf ich die Aussagen dieses alttestamentlichen und zeitbedingten Textes überhaupt auf uns übertragen? Darf ich sagen: Wie Gott damals Jerusalem getröstet hat, so tröstet er heute auch uns? Das ist seine Art, die vor ihm Armen zu trösten? Dass er uns tröstet durch sein Wort, »das nicht leer zu ihm zurückkehrt, sondern alles erreicht, wozu er es ausgesandt hat«, wie Deuterojesaja am Ende seines Buches (Jes 55,11) schreibt? Dass Gott uns tröstet, indem er die Wunder der Vorzeit wiederholt, uns herausführt aus unserer Enge und Blindheit, uns wie ein Hirt in einer durchaus materiellen Kultur zur Fülle des Lebens leitet und uns mitten in dieser Welt zu einer Gemeinschaft von Schwestern und Brüdern sammelt – noch viel herrlicher, als er es mit dem Volk des Sinaibundes getan hat, so dass sich ringsum die Welt zu verwandeln beginnt? Dass Gott *uns* tröstet wie eine Mutter, ja mehr als eine Mutter, indem er uns Menschen zuführt, die unsere Vereinsamung aufbrechen, unsere Gottesfinsternis aufhellen und uns aufbauen zum neuen Jerusalem, wo Gott sich durch Schwestern und Brüder als

Jahwe, als der rettend Daseiende, erweist und seine Nähe verspüren lässt? Ja, ich darf, ich muss das alles auf uns beziehen.

Die Verbannten sind zwar heimgekehrt und haben Jerusalem wieder aufgebaut. Aber es war allen klar, dass die Fülle dieses Prophetenwortes noch längst nicht eingetreten war. Es verwies immer wieder auf eine je größere Zukunft und wurde deshalb in der Folge auch immer wieder neu formuliert. Ein solcher Text, der uns aus dem Neuen Testament bekannt ist, lautet: »Jahwe hat mich gesandt, den Armen eine frohe Botschaft zu verkünden, die zu heilen, deren Mut zusammengebrochen ist, für die Eingekerkerten einen Schuldenerlass auszurufen, für die Gefesselten Befreiung, alle Trauernden zu trösten, Zions Trauernde zu erfreuen, ihnen Schmuck zu bringen anstelle von Schmutz, Freudenöl statt des Trauergewands, Jubel statt Verzweiflung.« (Jes 61,1–3) Das Lukasevangelium (Lk 4,18) hat später mit diesen Sätzen die messianische Tätigkeit Jesu zusammengefasst, und die Urkirche hat sie für ihr Selbstverständnis als entscheidend betrachtet.

Nach der Schrift wäre also die Kirche, wären *wir* der messianische Ort, an dem Gott so tröstet, dass sich die Welt verändert. Wenn aber Gott durch uns trösten will, dann müssen wir einander jetzt die Tränen abwischen, müssen einander jetzt den Hunger stillen, einander jetzt die vielfältigen Fesseln lösen. Damit erledigt sich die Frage, die wir anfangs gestellt haben: ob wir erst im Himmel getröstet werden oder schon auf Erden. Der Himmel bleibt die ewige Seligkeit, der endgültige und umfassende Trost. Aber das Himmelreich hat mit Jesus schon mitten unter uns begonnen. Deshalb gilt auch uns: Jetzt ist sie da, die »Zeit der Gnade«, jetzt ist er da, der »Tag der Rettung« (2 Kor 6,2), an dem Gott uns tröstet und an dem auch wir zum Trost Gottes füreinander werden sollen!

Der treue Gott
Basilius Doppelfeld

»Er bürgt dafür, dass unser Wort euch gegenüber nicht Ja und Nein zugleich ist.« (2 Kor 1,18) Dass Gott treu ist, stellt wohl kein Problem dar: Er bleibt bei uns, er verlässt uns nicht. Das Problem entsteht unter uns Menschen. Und dass es ein Problem ist, zeigt unsere Sprache, in der solche Formulierungen geläufig sind wie: »Jeder ist sich selbst der Nächste.« »Man kann sich auf niemanden verlassen; alles muss man selbst in die Hand nehmen.« »Das mache ich selbst, dann weiß ich, dass es gemacht ist.« Hinter solchen harten Worten stehen Erfahrungen, vor allem in der Form von Enttäuschung; Verletzungen sind es nicht selten, die wir, die wir doch stark erscheinen wollen, nicht offen zugeben können.

Treue mag in der heutigen Gesellschaft mit ihrer Libertinage nicht besonders hoch im Kurs zu stehen; im Grunde des Herzens aber brauchen wir alle Treue, sehnen uns danach – auch wenn wir es vielleicht nicht offen zugeben werden – weil wir von klein auf daraus gelebt haben. Und wenn nicht, dann ist die Sehnsucht vielleicht noch größer. Sich selbst treu zu sein, ist nicht immer leicht. Treue als Geschenk zu erfahren, zu wissen, dass da jemand ist, auf den ich mich verlassen kann, ist etwas Herrliches. Den Gott der Treue zu verkünden, hat die Kirche manches Mal vernachlässigt und damit bewusst oder unbewusst ein Gottesbild gefördert, das mehr von dem geprägt ist, was Gott von uns verlangt. Das überträgt sich dann auch auf unser Menschenbild, auf die Art, wie wir dem anderen begegnen, wie wir ihn sehen und wie wir uns ihm zeigen.

Gott ist treu. Das hat er vor allem in Jesus Christus gezeigt, ja persönlich bezeugt. Gott hat seine Schöpfung, und in ihr die Krone, den Menschen, nicht sich selbst überlassen. Im Gegenteil: Aus dem fernen ist ein naher Gott geworden, nicht mehr nur der Gott, der am Sinai den Menschen seine Gebote verkündet, sondern der

Gott, der Mensch unter uns Menschen wird, »in allem uns gleich außer der Sünde«. Ja der Gott, der sich selbst hingibt, um uns Menschen, seine Geschöpfe zu erlösen, indem er in seinem Sohn Jesus Christus für uns stirbt. Gott ist sich selbst treu geblieben, indem er in seiner Liebe zu uns bis zum Letzten, zum schmählichen Tod am Kreuz gegangen ist.

Etwas von dieser Qualität sollte jede Treue haben. Treue ist nicht eine Abmachung darüber, wie viel Zeit und Kraft ich in die Beziehung zu jemandem investiere (das wäre eher ein Tauschgeschäft), sondern ein im Grunde grenzenloses und nicht aufkündbares Ja zum anderen. Das ist der ideale Rahmen und Raum, in dem Menschen – ob Partner oder Kinder – sich entwickeln können. Von daher kann es Ehe nicht ohne eine so verstandene und gelebte Treue geben. Treue fordert etwas vom Menschen; nicht der andere, das Gegenüber fordert, sondern der Mensch selbst ist es, der fordert.

Man kann die ganze Bibel, sowohl das Alte wie das Neue Testament (denn beide bilden zusammen die eine Geschichte der Beziehung zwischen Gott und Mensch) als eine wechselvolle Geschichte der Treue betrachten – und natürlich auch der Untreue. Nicht Ja und Nein zugleich, sagt Paulus in dem voraus zitierten Wort aus dem zweiten Korintherbrief. Treue kennt nur das Ja: zu jeder Zeit und in jeder Situation. Treue ist anstrengend; aber sie schafft etwas Unvergleichliches, etwas, nach dem der Mensch sich sehnt Verlässlichkeit und Geborgenheit, die idealen Voraussetzungen für Leben, sei es gegenüber dem Partner oder dem Kind. Mit wohl keinem anderen Begriff – wenn man von der »Liebe« absieht, ohne die es Treue kaum geben kann – wird Gottes Verhältnis zu seiner Schöpfung, zu seinem Ebenbild, dem Menschen, so umfassend umschrieben wie mit der Treue. Die äußere Seite, die Manifestation dieser Treue, ist der Bund. Dieser Bund ist nicht nur eine religiöse Größe (als solcher begegnet er uns in der Bibel), sondern auch eine menschliche Wirklichkeit, wie der Ausdruck »Bund der Ehe« zeigt. Gott schloss einen Bund mit Abraham und seither immer wieder mit den Menschen, vornehmlich mit dem Volk, das er sich auserwählt hat. (vgl. Gen 9,12; 15,1–21) »An diesem Tag schloss der Herr mit Abraham folgenden Bund: Deinen Nachkommen gebe ich dieses Land vom Grenzbach Ägyptens bis zum Strom, dem Eufrat.« (Gen 15,18) Dieser Bund wurde von den Menschen, gerade auch von dem Volk, das Gott sich erwählt hatte, immer wieder gebrochen; und doch wurde der Bund nie aufgehoben, nie von Gott her gekündigt. In seinem Lobgesang kommt Zacharias, dem Gott einen Sohn, Johannes den Täufer, geschenkt hatte, auf diesen Bund zu sprechen: »Er hat das Erbarmen mit den Vätern an uns vollendet und an seinen heiligen Bund gedacht.« (Lk 1,72)

Vor allem der Exodus, der Auszug aus Ägypten, dem Land der Knechtschaft, ist für Israel die Bestätigung des Bundes. So wird es im Buch Deuteronomium gedeutet: »Weil der Herr euch liebt und weil er auf den Schwur achtet, den er euren Vätern geleistet hat, deshalb hat der Herr euch mit starker Hand herausgeführt und euch aus dem Sklavenhaus freigekauft, aus der Hand des Pharao, des Königs von Ägypten. Daran sollst du erkennen: Jahwe, dein Gott, ist der Gott; er ist der treue Gott; noch nach tausend Generationen achtet er auf den Bund und erweist denen seine Huld, die ihn lieben und auf seine Gebote achten.« (Dtn 7,8–9)

Für Israel war Gottes Bundestreue beglückende Erfahrung und zugleich Herausforderung. Gott blieb seinem Bund treu; aber sein erwähltes Volk ging eigene Wege, ganz menschlich. Und so vergleicht dann auch der Prophet Hosea die Untreue Israels mit der Untreue in der Ehe: Er heiratet eine Dirne, um seinen Landsleuten vor Augen zu führen, wie sie sich Gott gegenüber verhalten. (vgl. Hos 2–3; 6) Trotz dieser Untreue lässt Gott sich nicht beirren, wie Paulus im zweiten Timotheusbrief schreibt: »Wenn wir untreu sind, bleibt er doch treu, denn er kann sich selbst nicht verleugnen.« (2 Tim 2,13) Auch davon handelt die Bibel: Sie ist voll von Geschichten über Menschen, die treu geblieben sind, die ausgeharrt haben und nicht wegliefen. An ihnen wird deutlich, was Bleiben bedeutet.

Wie hilft Gott?

Christa Carina Kokol

Ein wesentlicher Faktor der neuzeitlichen Gotteskrise ist, dass Menschen sich eingestehen müssen: Gott hilft ja doch nicht. Gott greift nicht ein, wo Not und Elend herrschen. Wenn es Gott gäbe, könnte er nicht das Morden in Kriegen, die grausamen Krankheiten, die schrecklichen Naturkatastrophen, das unfassbare Leid vieler Menschen zulassen. Menschen zerbrechen an der Ausweglosigkeit und sehen in Gott nur noch eine fromme Phantasie. Andere meinen als Opferexistenzen auftreten zu müssen, um Gott zu versöhnen. Sie sehen die einzige Chance der Errettung und den Sinn ihres Lebens im Kreuztragen und Aufopfern des freien Willens. Was für ein Bild von Gott, nach dem dieser nur bereit ist, den Menschen hilfreich zur Seite zu stehen, wenn sich »Sündenböcke« finden lassen!

»Gott verlangt Opfer, damit wir und andere erlöst werden.« Diese Theologie, so meine ich, müsste in Jesus Christus, insbesondere auch durch den Ausdruck im paulinischen Denken, überwunden sein.

Die kleine heilige Theresia von Lisieux, die im Oktober 1997 zur Kirchenlehrerin ernannt wurde, durfte trotz vieler Leiden und tiefer Dunkelheit der Zeit erkennen, dass Gott die Liebe ist und dass es nur darum geht, diese Liebe weiterzutragen. Diese Grundeinsicht und das danach ausgerichtete Leben macht die »Kleine Therese« zu einer so beliebten Heiligen, gerade auch für den Alltagsmenschen. Was mich an ihrem Lebensbild aber zutiefst erschüttert (und es ist für mich auch eine Anklage gegen die damals herrschende kirchliche Glaubensverkündung und die Vermittlung des Gottesbildes), ist, dass sie unfähig wurde, das Leben zu genießen und sogar fürchtete, die ewigen Freuden nicht ertragen zu können. Sie hatte ausschließlich im Sinn, für andere zu leiden, um so deren Seelen zu erlösen. Mich berührt ihr Tod in der Dunkelheit des Glaubens so stark, weil ich meine, dass auch heute Menschen auf diese Weise in die Dunkelheit des Glaubens gestürzt werden. Opfern im christlichen Sinn heißt teilen, heißt schenken, heißt fruchtbar werden.

Opfern bedeutet annehmen, was nicht zu ändern ist, aber alles zu tun, um das Unheil zu wenden, um ungerechte Strukturen, das menschliche Zusammenleben von Grund auf zu verändern und die Lieblosigkeiten des Alltags zu beseitigen und so Umkehr möglich zu machen. Was ist aber mit dem Leid, das von außen kommt, mit den Krankheiten und Katastrophen? Mit Hiob müssen wir erkennen lernen, dass Gott uns nicht strafen und maßregeln, aber auch nicht erziehen will, sondern dass Gott so groß ist, dass wir ihn jetzt und hier nicht vollends verstehen können. Allein das Vertrauen in ihn wird uns die Kraft zum Leben geben. Die Urbotschaft an Israel beginnt mit einem Indikativ: »Ich bin dein Gott, der dich aus Ägypten geführt hat ...« (Ex 20,2) Und es heißt nicht »Wenn du brav bist, führe ich dich heraus.« Am Anfang steht die Urerfahrung der Befreiung. Und wenn ich erfahren habe, dass Gott mich befreit hat, dass Gott mich bedingungslos liebt und mich, so wie ich bin, gewollt hat, werde ich diese Erfahrung auch anderen weitergeben, wird Gott auch durch mich in diesem Sinn wirken.

Gott hebt die Ursächlichkeit der Welt nicht auf, hält aber alles in seinen Händen, da er größer als die Ursächlichkeit dieser Welt ist. Immer dort, wo das wirklich Hilfreiche geschieht, wird Gott spürbar. Gott hilft dem Menschen mit der Kraft des Geistes, seine Hilfe in die Welt zu bringen und im Glauben und Vertrauen auf ihn zu handeln. Haben dann Bittgebete überhaupt einen Sinn? Die Krise des Bittgebetes liegt darin, dass der Mensch Gott zum Eingreifen nach Art eines »deus ex machina« bewegen will, statt in Vertrauen, Kommunikation und Hörbereitschaft vor Gott zu stehen.

Es gibt viele Menschen, die in bester Meinung beten, opfern, Gottesdienste besuchen und gute Taten vollbringen, damit »Seelen« gerettet werden und die geliebten Verstorbenen »in den Himmel kommen«. Bei aller guten Einstellung und Motivation setzt sich der Mensch aber auf diese Weise für absolut. Er ist so der

Wirkende, nicht Gott. Denn Gott ist in diesem Sinn nur barmherzig, wenn der Mensch dies durch seine eigene Tat erwirkt.

Diese Vorstellung beruht auf einem heidnischen Gottesbild, das durch Jesus Christus aber endgültig überwunden wurde. Nach heidnischem Glauben haben die Götter Gefallen an Tieropfern, mehr noch an Menschenopfern, und letztendlich, so die logische Folge, kann nur der Opfertod seines Sohnes unseren beleidigten Gott versöhnen. Jesus wurde aber nicht von Gott ans Kreuz genagelt, sondern von Menschen. Im Tod Jesu erkennt der Mensch seine eigene Bosheit. Jesus stirbt aus Solidarität mit uns. Sein Leben war geprägt von der Verkündigung und Bezeugung des bedingungslos liebenden Vaters, der alle Menschen, nicht nur die sogenannten Gerechten, befreien und erlösen will Die Menschen können diese Botschaft aber nicht ertragen, und so musste Jesus bis in den Tod gehen, um an der Darstellung des Gottesbildes eines bedingungslos liebenden Vaters festzuhalten.

Wenn ich für einen Menschen, für mich selbst, für die Welt zu Gott bete, werde ich zu einem »Ort« der Nähe Gottes. Die beklagte Not wird nicht wie von Zauberhand verschwinden, aber ich werde zur Wirkstätte des Gottesgeistes, und das bleibt für die Not nicht erfolglos. Es geht nicht darum, dass der Bittende das Erbetene nach seinen Erwartungen und Wünschen erhält, sondern darum, dass ihm Gutes zuteil wird. Im Bittgebet traut der Beter Gott die Verwandlung der Welt zu, was einschließt, dass er selbst für diese Verwandlung in den Dienst genommen werden will und selbst bereit ist, sich verwandeln zu lassen. Aus dem Alten Testament wissen wir, dass Jahwes Richtersein vor allem in seinem Erbarmen für die Armen, die Unterdrückten und Zukurzgekommenen besteht.

Gott handelt in der Geschichte nicht »anstelle« der Menschen, sondern durch die Menschen, die sich seinem Geist öffnen. »Gott handelt so, dass er durch die handelt, an denen er handelt.« Das ist auch der Kern der lateinamerikanischen Befreiungstheologie. Sowohl selbstherrliche Ablösung des Menschen von Gott als auch Abschieben all dessen, was der Mensch selbst zu tun vermag, führen in die Irre. Wenn der Mensch nur gerecht ist in der Einstellung »Ich gebe, damit ich empfange«, kann diese Motivation nicht mit Gott zusammengebracht werden. Es ist eine Tauschgerechtigkeit, in der Gott zutiefst misstraut wird. Man versucht Gott menschlich gesehen festzunageln, ohne von seiner geschenkhaften Liebe durchdrungen zu sein. Gott verteilt nicht nach Leistung, er ist immer der, der zuerst beschenkt. In keiner anderem Evangelienstelle kommt dieses Beschenktwerden ohne Verdienstdenken stärker zur Sprache als im Gleichnis von den Arbeitern im Weinberg. (Mt 20,1–15)

Gottes Gewalt anstelle unserer Gewalt

Klaus-Stefan Krieger

Was die Makkabäerbücher nicht erzählen, wissen wir aus der jüdischen Geschichte, die vor allem der Geschichtsschreiber Flavius Josephus (37/38 – nach 100 n. Chr.) in seinen Werken dargestellt hat:[1] Zu Königen des befreiten Judäa aufgestiegen, wechselten die Makkabäer schleichend die Rollen. Aus Unterdrückten wurden Unterdrücker, aus Befreiern Eroberer. So unterwarfen sie nicht nur benachbarte Völker, sondern zwangen sie auch mit Gewalt zur Beschneidung. Worunter sie selber einst gelitten hatten, Verfolgung wegen ihres Glaubens, praktizierten sie nun selbst: Zwangsjudaisierung.

Wir haben die Gefahr bereits beschrieben: Der parteiliche Gott kann nur allzu leicht von Menschen in einen parteiischen Gott umfunktioniert werden. Wer einmal Gott auf seiner Seite wusste, fühlt sich von da an immer im Recht. Es ist das Schicksal vieler Bewegungen, die für die Rechte von Menschen stritten, dass sie, schien das erstrebte Ziel erreicht, selbst hinüberglitten in die Rolle der Unterdrücker. So entartete der Sozialismus, der profane Nachfahre biblischer Ethik, zu Bolschewismus und Stalinismus. Auch im Gottesvolk, auch in der Kirche ist es nicht anders. Engagement kann umschlagen in Intoleranz bis hin zur Verfolgung Andersdenkender. Die schon erwähnten Basisgemeinden in Nicaragua etwa mussten erleben, wie die Sandinisten, mit denen sie gegen die Diktatur in dem mittelamerikanischen Land kämpften, nach deren Beseitigung selber in ein autoritäres und korruptes Regime entarteten. Noch schlimmer in Haiti: Der Befreiungstheologe Jean-Betrand Aristide, Führer der Opposition gegen den herrschenden Clan der Duvaliers und zum ersten demokratischen Präsidenten gewählt, unterdrückt heute selbst wie ein Diktator blutig Oppositionelle, und seine Anhänger ermorden kritische Journalisten.[2]

Das Wissen um diese Gefahr hat schon in der Bibel zu der Mahnung geführt, ganz auf Gott zu vertrauen statt selbst sein Recht durchzusetzen, ja nicht einmal die Wut zuzulassen: »Sei still vor dem Herrn und harre auf ihn! Erhitze dich nicht über den Mann, dem alles gelingt, den Mann, der auf Ränke sinnt. Steh ab vom Zorn und lass den Grimm; erhitze dich nicht, es führt nur zu Bösem. Denn die Bösen werden ausgetilgt; die aber auf den Herrn hoffen, werden das Land besitzen. Eine Weile noch, und der Frevler ist nicht mehr da; schaust du nach seiner Wohnung – sie ist nicht mehr zu finden.« (Ps 37,7–10)

Aus solchen Ansätzen entwickelte der schon erwähnte jüdische Geschichtsschreiber Flavius Josephus später eine auffällige Position. Der Priester am Jerusalemer Tempel trat im Jüdischen Krieg (66–70 n. Chr.) zunächst selbst als Anführer im Widerstand gegen die Besatzungsmacht Rom auf, war aber bald von dessen Sinn nicht mehr überzeugt. Nach seiner Gefangennahme durch die Römer wurde er zum erbitterten Gegner des Aufstands, den er für die Leiden der Juden in Palästina verantwortlich machte. In Abgrenzung zu den Aufständischen entwickelte Josephus aus den oben schon genannten Ansätzen, die der biblische Text selbst liefert, eine pazifistische Auslegung des Auszugs aus Ägypten:

»Wen haben wir jemals mit Waffen und Fäusten besiegt? Wann aber ist Gott, unser Schöpfer, nicht zugleich auch unser Rächer gewesen, wenn den Juden Unrecht geschah? ... Soll ich auch noch ausdrücklich von der Übersiedlung unserer Väter nach Ägypten reden? Wurden sie nicht gewalttätig unterdrückt und für 400 Jahre fremden Königen unterworfen? Obwohl es möglich war, sich mit Waffen und Fäusten zu wehren, vertrauten sie sich Gott an. Wer weiß nicht, wie Ägypten von allerlei Getier wimmelte und von allen Seuchen heimgesucht wurde, wie das Land keine Frucht mehr trug, das Wasser des Nil versiegte, wie die zehn Plagen aufeinander folgten und daraufhin unsere Väter ohne Blutvergießen und Gefahr hinausgeführt wurden, weil Gott ihnen, seinem zukünftigen Priestervolk, selbst voranzog ... Kurz gesagt, es liegt kein Fall vor, in dem unsere Väter mit der Waffe in der Hand etwas ausgerichtet hätten oder waffenlos unterlegen wären, wenn sie ihre Sache Gott anheim stellten.« (Josephus, Jüd. Krieg, B. 5, §§ 377.382–383.390)

Die biblischen Texte, die vom Kampf Gottes gegen Israels Feinde sprechen, können so auch Anregung sein, dass wir selbst auf Gewalt verzichten. Unsere Aufgabe ist es allein, konsequent unseren Glauben zu leben, auch wenn wir angegriffen werden. Wenn wir zur Selbstjustiz greifen, besteht immer die Gefahr, dass wir unserer Überzeugung untreu werden. Was mit den Feinden geschieht, ist die Sache Gottes. Für den Kampf gegen Ungerechtigkeit und Unterdrückung folgt daraus, dass stets zu prüfen ist, ob auf Gewalt nicht doch verzichtet werden kann. Und wenn sie unausweichlich erscheint, darf sie nur mit äußerster Zurückhaltung und im selbstkritischen Bewusstsein, dass ihr Missbrauch ständig droht, eingesetzt werden. Gewalt beinhaltet viele Gefahren: Unschuldige zu treffen, das eigene Leiden nur zu vermehren, in Terror zu entarten, berechtigte Anliegen und Ziele zu diskreditieren. Am Schicksal des heutigen Israel und Palästina lässt sich dies mit Schrecken ablesen.

1 Vgl. J. Sievers: Josephus und die Zeit »zwischen den Testamenten«, in: Bibel und Kirche 53 (1998), S. 61–66.

2 Vgl. Der Schattenmann im Armenhaus. Haiti unter Präsident Jean-Bertrand Aristide: Terror, Elend, Gewalt, in: Publik-Forum 25.1.2002, S. 10f.

Vertrauen, auch wenn es Nacht ist: Lieber Juan de la Cruz ...

Pierre Stutz

Johannes vom Kreuz (1542–1591)

Juan de Yepes Alvarez wird 1542 in Fontiveros, einem Dorf in der spanischen Provinz Avila, geboren. Schon mit drei Jahren verliert er seinen Vater und seine Mutter. Verarmt zieht er mit den beiden älteren Brüdern nach Medina del Campo. Als Heranwachsender arbeitet Juan als Schreiner, Schneider, Bildschnitzer, Maler und vor allem als Krankenpfleger.

Nach langem Suchen tritt er 1563 in den Karmel zu Medina del Campo ein. Er studiert an der Universität in Salamanca, und ab 1567 unterstützt er Teresa von Avila in ihren Reformplänen. Dieses Engagement bringt ihn trotz wichtiger Aufgaben – Novizenmeister, Rektor – in große Schwierigkeiten mit seinen reformunwilligen Mitbrüdern, den beschuhten Karmeliten. 1577 nehmen sie Juan de la Cruz gefangen und verschleppen ihn nach Toledo, wo er unter unmenschlichsten Bedingungen neun Monate im Klostergefängnis eingesperrt ist. Während dieser Zeit entstehen seine schönsten Gedichte: »Der geistliche Gesang«, »Lied der Liebe« und wohl auch »Die dunkle Nacht«.

Juan ergibt sich nicht seinem Schicksal und wagt eine abenteuerliche Flucht nach Andalusien. Eine Zeit lang kann sich seine Reform durchsetzen, er wird Provinzialsvikar und auf dem 1. Generalkapitel erster Berater. Nebst seiner wichtigen Aufgabe im Orden kommentiert er seine Gedichte in vier mystischen Schriften »Empor den Karmelberg«, »Die dunkle Nacht«, »Der geistliche Gesang« und »Die lebendige Flamme«. Viele Menschen kommen zu ihm, und er ist ihnen ein einfühlsam-fordernder Begleiter. 1591 wird er auf dem 3. Generalkapitel aller Ämter enthoben. Am 14. Dezember 1591 stirbt er verkannt und einsam. 1675 wird er heiliggesprochen und 1926 zum Kirchenlehrer ernannt. In seiner anspruchsvollen Mystik ermutigt uns Fray Juan, der Nacht des Glaubens, die das Gefühl der Abwesenheit Gottes kennt, nicht auszuweichen. Denn im Dunkel des Glaubens können wir uns selbst und Gott neu begegnen.

Lieber Juan de la Cruz,
unzählige schlaflose Nächte verbinden mich sehr mit Dir. Seit Monaten will ich Dir dies mitteilen. Ich habe es nicht getan und wochenlang vor mich hingeschoben. Aus Angst, nicht verstanden zu werden? Aus falscher Bescheidenheit, Dich, den großen Kirchenlehrer, mit meinen Problemen zu belästigen? Aus Unsicherheit, letztlich doch nicht das ausdrücken zu können, was mich zutiefst bewegt und verunsichert?

Heute will ich es tun. Ich will versuchen, zu mir zu stehen. Ich will Dich Anteil nehmen lassen an meinem Weg durch die eigene Nacht der Menschen- und Gottesferne. Denn durch Deine Gedichte habe ich in den dunkelsten Stunden meines Lebens erahnt, dass für mich einzig der Weg durch die dunklen Abgründe innere Befreiung bewirken wird. Ein Weg, dem ich lange ausgewichen bin, weil die Angst vor der Verunsicherung und Verlorenheit in der Dunkelheit zu groß war. Irgendwann war der Leidensdruck so groß, dass ich gar keine andere Wahl mehr hatte. Deine Gedichte haben mir in manchen scheinbar auswegslosen Stunden ein Stück Halt gegeben. Davon möchte ich Dir erzählen. Von der Kraft, die wenige Worte, wie zum Beispiel »auch wenn es Nacht ist«[1] bewirken können. Für mich ist ganz wichtig, in Dir einen Mann und Priester zu entdecken, der es wagt, sich auf einen inneren Prozess einzulassen, einen Mann, der vor den sensiblen Seiten seines Lebens nicht davonspringt und der seine weiblichen Seiten entdeckt und lebt. Deine Hymnen an die Nacht sind nicht billiger Trost auf einen neuen Morgen, sondern durchlebte innere Kämpfe, die persönliche Wandlung und Veränderung ermöglichen. Deine Gedichte gaben meinen mir oft so sinnlos erschienenen schlaflosen Nächten eine neue Dimension der Menschwerdung: Die Dimension des Loslassens, des Sterbens, um neu oder, besser gesagt, endlich ganzheitlicher zu leben. Der Anfang eines Deiner Gedichte »Ich lebe, ohne in mir zu leben, und auf solche Weise hoffe ich, dass ich sterbe, weil ich nicht sterbe«[2] war für mich wie ein Spiegel für jahrelanges ungelebtes Leben. Es fiel mir immer und es fällt mir heute noch schwer, meine Grenzen, Schwächen und meine Bedürftigkeit anzuerkennen. Gefühle der Ohnmacht, Aggression, Trauer, Zweifel und Wut erlaube ich mir kaum zu leben, obwohl sie ganz klar zu mir gehören. So lebte ich lange, ohne in mir auch die feinen Seiten zu leben. Mein Leben war stark geprägt von den Erwartungen der anderen, die ich bedingungslos zu füllen versuchte. Ein Lebensmotiv, das seit meiner Kindheit in mir fest verankert ist. Es zu durchbrechen ist sehr schwer, ist wie ein Sterbeprozess, in dem alte, angelernte Lebensmuster langsam absterben müssen, damit ein freierer Mensch geboren wird, der bewusster mit seiner Geschichte umgehen kann. Ein Prozess, der im Bauch des Fisches geschieht, im Dunkeln, Unscheinbaren. Du ermutigst dazu und besingst darum die Nacht als Ort, wo dieses neue Leben behutsam wachsen kann, weil sich in diesem Prozess Gott selbst ereignet, sogar dann, wenn wir zutiefst von seiner Abwesenheit überzeugt sind. Dieses uferlose Vertrauen bringt Dich selbst dazu, Stufe um Stufe in die eigene Dunkelheit der Seele hinabzusteigen, »ohne anderes Licht und Geleit außer dem, das in meinem Herzen brannte.«[3] Eine Zusage, die mich innerlich sehr bewegt und die ich in einem meiner Lieblingslieder aus Taizé wieder finde: »De Noche, iremos de noche, que para encontrar la fuente solo la sed nos alumbra – des Nachts werden wir ziehen: um die Quelle zu finden, ist der Durst unser einziges Licht.«

Ja, der Durst nach einem Leben, in dem ich mehr in Einklang mit mir selbst und dadurch mit Gott leben kann, ist jene Sehnsucht, die mich dazu geführt hat, mehr zu meinen Grenzen, Verletzungen, Schwächen und meinem Bedürfnis nach Geborgenheit zu stehen. In der Nacht gelingt mir dies besser als am Tag, weil da trotz der unendlichen Dunkelheit der Selbstzweifel und der grausamen Leiden unserer Welt jedes noch so kleine Licht die Dunkelheit erhellen kann. Deine Gedichte, die den Schmerz und die Trauer nicht überspielen und mit frommen Worten überhöhen, sondern ihnen Existenzberechtigung und Heilungskraft verleihen, sind für mich ein solches Licht. Sie entbrannten in mir eine neue Leidenschaft für Gedichte, die vom Geheimnis der Nacht sprechen.

Auf Deinem Weg versuche ich nun zu gehen, lieber Juan, und Deine Zusage, dass es wohl auf meine Schritte ankommt, aber Gott mich letztlich begleitet, hilft mir, Vertrauen in den eigenen Prozess zu haben. Du nennst dies die »Passive Nacht der Sinne«, den Übergang von der Meditation zur Kontemplation: »Das Verhalten in der Nacht der Sinne aber besteht darin, dass man sich nicht länger mit Nachdenken und Meditieren befasst, denn dafür ist jetzt die Zeit nicht mehr. Man halte viel mehr die Seele in Gelassenheit und Ruhe, auch wenn es den Anschein hat, man täte nichts und verliere seine Zeit ... alles was man tun soll, ist, die Seele unbehindert von allen Begriffen und Gedanken freizuhalten, ohne sich zu kümmern, was man bedenken oder betrachten soll, sich begnügend mit einem liebenden ruhigen Aufmerken auf Gott, ohne Besorgnis, ohne den Wunsch, ihn zu kosten oder zu fühlen.«[4]

Dieses liebevolle Aufmerken zu Gott ist das Entscheidende in dem oft schmerzlichen Prozess der Selbstfindung: »Sie mögen es lernen, in liebevoller Aufmerksamkeit Gott zugewandt in jener Ruhe zu verweilen, und sich nicht mit der Einbildungskraft und ihrem Wirken abgeben; denn, wie gesagt, nun ruhen die Kräfte, und sie verhalten sich nicht mehr aktiv, sondern passiv, indem sie aufnehmen, was Gott in ihnen wirkt.«[5] Dies sagst Du so leicht. Sprichst Du so oft davon, weil Du selbst ein Leben lang um dieses liebende Aufmerken gerungen hast? Wenn ich Dein Leben anschaue, dann sehe ich darin dieses ständige innere und äußere Unterwegssein, das lebt von der Sehnsucht nach Ankommen und der Vereinigung mit Christus. Auch diesen Weg versuchst Du konsequent zu gehen, und Du scheust Dich daher nicht, bestimmte religiöse Praktiken in Frage zu stellen.

In der »Aktiven Nacht des Geistes« hinterfragst Du fixierte Frömmigkeitsformen, Heiligenbilder und festgefügte Gottesbilder, indem Du einlädst, Abschied zu nehmen von einem falschen, religiösen Sicherheitsdenken. Dies wird möglich, wenn der Mensch seine drei Seelenkräfte Verstand, Gedächtnis und Wille immer wieder in Glaube, Hoffnung und Liebe verwandeln lässt:

Der Verstand, der Ungerechtigkeit und Machtstreben (auch im Religiösen) wahrnimmt und trotzdem die Welt mit den Augen des Glaubens, das heißt der Vision einer gerechteren und zärtlicheren Welt sieht. – Das Gedächtnis, das sich nicht nur der Vergangenheit (auch schmerzlichsten Kindheitserfahrungen) zuwendet, sondern sich durch die Hoffnung an Befreiungserfahrungen (Exodus) erinnert und sie weitererzählt. – Der Wille, der sich nicht durch religiöses Leistungsdenken den Himmel erkaufen muss, weil Gottes Liebe größer ist als unser Herz.[6]

Dieser anspruchsvolle und befreiende Weg hat nichts von seiner Aktualität verloren. In unserer kirchlichen Umbruchphase ist es für mich wichtig, Dich Juan, als Kirchenlehrer zu kennen, der eine offene Kirche vertritt, die wohl aus dem Geist der Tradition lebt und sich von der Tradition inspirieren lässt, die jedoch nicht an Formulierungen und Äußerlichkeiten festhält und Gott immer neu entdeckt, deutet und feiert. Diese Grundhaltung der Offenheit führt zur schmerzlichsten und befreiendsten Phase, zur Passiven Nacht des Geistes, zur Nacht Gottes. Du denkst so groß vom Menschen, dass Du ihm zumutest, sogar Gott immer wieder loszulassen, um die Beziehung zu ihm lebendig bleiben zu lassen. Denn das Schlimmste, was einer Beziehung geschehen kann, ist Gewöhnung aneinander. In Deinem Leben, in Deinen Beziehungen steht die Wandlung im Zentrum. Dieses Ideal verbindet mich mit Dir, obwohl ich mitten in diesem Prozess bin und darum oft mehr die Nacht als das anbrechende Licht wahrnehme.

Viele Deiner Gedankengänge treffen auf meine Situation zu. Du sprichst von körperlichen Leiden und sozialen Bitterkeiten, die auf diesem Weg anzutreffen sind. Es hilft mir, durch Dich zu erfahren, dass dies leider dazugehört. Auch die große Verunsicherung in der religiösen Praxis, die Unfähigkeit, so zu beten wie bisher, sind für

Dich hoffnungsvolle Wandlungszeichen. Mein schlechtes Gewissen will mir sagen, dass ich nicht mehr so radikal bin. Du unterscheidest klug zwischen Lauheit und Trockenheit. Wenn man an göttlichen Dingen keine Lust mehr verspürt, ersieht man daraus, »dass solcher Mangel an Geschmack und solche Dürre nicht der Lässigkeit und Lauheit entspringen; besteht doch das Wesen der Lauheit darin, sich um die Dinge Gottes nicht zu kümmern und innerlich nicht darum besorgt zu sein ... Zur Zeit der Dürre in der sinnlichen Nacht, da Gott den besprochenen Wandel schafft und die Seele vom Sinnlichen weg zum Geistigen, vom nachdenkenden Betrachten zur Beschauung der göttlichen Dinge führt, wo sie mit ihren eigenen Fähigkeiten nichts mehr wirken und erinnern kann, leiden die geistlichen Menschen große Qual. Und dies nicht bloß ob der Dürre, sondern wegen des Argwohns, sich auf diesem Weg verirrt zu haben. Ihnen scheint, sie hätten alle geistlichen Güter verloren, Gott hätte sie im Stich gelassen, da sie an nichts Gutem mehr Halt und Trost finden können: »Finden solche in dieser Zeit niemanden, der sie versteht, so machen sie Rückschritte.«[7]

Dieser letzte Gedanke wird zur entscheidenden Schlüsselfrage. Deine Mystik der Nacht lässt die Menschen nicht allein, sondern Du selbst hast unzählige begleitet und ermutigt. Bis heute bist Du darum all jenen nahe, die wie Du harte Schicksalsschläge verarbeiten müssen. All jene, die an Gottes Abwesenheit leiden und mit ihm ringen, finden in Dir einen Sympathisanten, einen Mit-ihnen-Leidenden. So erstaunt es nicht, dass Du als biblische Zeugen Jakob, Ijob, Jeremia und Jona anführst. Ich fühle mich von Dir verstanden, obwohl ich vieles nur zaghaft in mir nachvollziehen kann. Doch in meinen schlaflosen Nächten, in denen ich nach Sinn schreie, höre ich durch Deine Gedichte von jener Wirklichkeit, die oft wie vernebelt scheint: vom Anbrechen eines neuen Morgens.

Bei der intensiven Begleitung eines sterbenden Aidskranken half mir Deine Wegleitung durch die Nacht. Ohnmächtig dabei zu sein, wenn der Körper eines jungen Menschen brutal zerstört wird, ließ in mir all die Fragen aufsteigen, die Du in der Nacht der Sinne beschreibst. »Was bleibt nun von meinem Leben?« war die brennende Frage, die zur Nacht des Glaubens führte, die von Revolte, Wut und Nichtwahrhabenwollen geprägt war. Dank Deinen Worten habe ich nicht nach einer Antwort gesucht, sondern ich ging mit dem Sterbenden den Weg durch sein Leben, damit er ehrlicher zu sich, seinen dunklen und hellen Seiten stehen konnte. Welch ein Widerspruch, in diesem schmerzvollen Prozess der Nacht Gottes ereignete sich intensivstes Leben. Je näher der Tod sich abzeichnete, umso mehr konnte der Sterbende loslassen.

Kurz vor seinem Tod fragte ich ihn, ob ich ihn segnen dürfe. Bevor er nickte, schaute er mich lange an. Ich sprach ihm das Gute zu, das wir neu in seinem Leben entdeckt hatten: das Wohlwollen Gottes. Beim Abschied sagte ich ihm: »Ich wünsche dir ...« Dann blieben mir die Worte im Halse stecken. »Ja, was soll ich dir wünschen?«, fragte ich ihn. Ringend um Worte gab er mir sein Testament zur Antwort: »Wünsche mir, dass ich ja sagen kann zu meinem Leben, dankbar bin und loslassen kann.« Einige Stunden später konnte er gelassen sterben, und ich sehe in seinen Worten eine Antwort auf die Frage nach unserem Lebenssinn. Dein radikales Ernstnehmen der eigenen Nacht hilft mitzuleiden mit all den Menschen, denen diese Zuversicht fehlt. Das Aushalten dieses Schmerzes verbindet mit Christus. Denn er selbst ging hinein in jene dunkle Nacht, die die in Auschwitz ermordete Edith Stein – inspiriert von Dir – beschreibt: »Darum darf die Seele Trockenheit und Dunkelheit als glückliche Anzeichen ansehen: als Anzeichen, dass Gott daran ist, sie von sich selbst zu befreien ... Kein Menschenherz ist je in eine so dunkle Nacht eingegangen wie der Gottmensch in Gethsemani und auf Golgotha. In das unergründliche Geheimnis der Gottverlassenheit des sterbenden Gottmenschen vermag kein forschender Menschengeist einzudringen.«[8]

Wenn wir dem eigenem Leiden beim Sprung in die eigenen Abgründe nicht ausweichen, so ist dies ein klarer Protest gegen die Diktatur der Konsumwelt, die uns auf oberflächliches Lächeln programmieren will. Das Aushalten des Leidens drängt uns »in die

praktische Solidarität mit jenen Armen, für die Armut gerade keine Tugend, sondern Lebenssituation und gesellschaftliche Zumutung ist.«[9] Du, Juan, erinnerst uns durch Dein Leben und Dein Werk, dass der Weg zur mystischen Vereinigung nur in Solidarität mit all jenen geschieht, deren Vertrauen und Hoffnung durch Krieg, Brutalität, Vereinsamung, Ausbeutung durchkreuzt worden ist. Denn nur auf dem »Weg schmerzhafter Dunkelheiten gelangt der mystische Mensch schließlich zur Einheit mit Gott, zum Mitgekreuzigt-Werden und Mit-Auferweckt-werden mit Christus.«[10] Es ist jene Verheißung, von der schon Paulus spricht, die mich bewegt weiterzugehen: »Nicht mehr ich lebe, sondern Christus lebt in mir.« (Gal 2,20) Dieses Vertrauen verbindet mich Dir
Pierre

1 J. v. Kreuz, Die dunkle Nacht und die Gedichte. Sämtliche Werke, Bd. 2, Einsiedeln 1992, S. 205.
2 Ebd., S. 193.
3 Ebd., S. 165.
4 Ebd., S. 53.
5 J. v. Kreuz, Empor dem Karmelberg. Sämtliche Werke, Bd. 1, Einsiedeln 1989, S. 46.
6 J. v. Kreuz, Die dunkle Nacht, a.a.O., S. 150.
7 Ebd., S. 47, 51f.
8 E. Stein, Im verschlossenen Garten der Seele, ausgewählt von A. E. Bejas, Freiburg 1987, S. 73f.
9 J. B. Metz, Zeit der Orden? Zur Mystik und Politik der Nachfolge, Freiburg 1977, S. 50.
10 F. Arnold, Befreiungstherapie Mystik. Gotteserfahrung in einer Welt der »Gottesfinsternis«, Regensburg 1991, S. 142.

Aufrichtig den eigenen Weg gehen – im Gespräch mit Gott

Sich im Beten Gott überlassen

Wunibald Müller

Viele Menschen, die sonst kaum oder überhaupt keinen Bezug zu einem religiösen Leben haben, berichten davon, wie sie in Situationen, in denen Angst sie befällt, plötzlich anfangen zu beten. In solchen Situationen erfahren sie ihre eigene Begrenztheit. Das Beten, zum Beispiel auch in Form eines Stoßgebetes, erfolgt dann unmittelbar und spontan aus der Notlage heraus, als ob es in diesem Augenblick wie selbstverständlich aus ihrer seelischen Tiefe heraus entbunden würde. C. G. Jung beschreibt diese spontane Rückkehr zur Sphäre des Religiösen so: »... man ist selbst geneigt, einem hilfreichen Einfall Gehör zu schenken oder Gedanken wahrzunehmen, die man vor dem nicht zu Worte kommen ließ. Man wird vielleicht auf Träume achten, die sich in solchen Momenten einstellen, oder gewisse Ereignisse bedenken, die sich gerade zu dieser Zeit in uns absprechen. Hat man eine derartige Einstellung, so können hilfreiche Kräfte, die in der tieferen Natur des Menschen schlummern, erwachsen und eingreifen ... Das Gebet erfordert bekanntlich eine ähnliche Einstellung und daher auch entsprechende Wirkung.«[1]

Auf dem Hintergrund dieser Aussage von C. G. Jung wird eine – auch psychologisch interessante – Bedeutung des Gebetes angesprochen. Das Gebet als letzte Möglichkeit angesichts von Ausweglosigkeit. Das Gebet hineingesprochen in eine Weite und Tiefe angesichts der eigenen Begrenztheit. Ich bin am Ende, aber Du bist es nicht. Ich überlasse mich einer größeren Macht, einer grenzenlosen Macht. Für den gläubigen Menschen ist diese grenzenlose Macht nicht nur ein Unbewusstes, die Anima, ein unpersönliches Etwas. Es ist Gott selbst, der mir hilft, von dem es im Psalm 18,7 heißt: In meiner Bedrängnis rief ich zum Herrn, zu meinem Gott ging mein Schreien. Von seinem Tempel aus hörte er mein Rufen, mein Schreien drang ihm zu Ohren.

Wenn Angst mich überfällt, wenn ich nicht mehr ein noch aus weiß, wenn ich in Panik bin, wenn ich mich plötzlich mit einer Situation konfrontiert sehe, die ich nicht bewältigen kann, dann kann ich zu Gott rufen, ja schreien: „O du mein Gott, hilf mir. Ich weiß nicht mehr ein und aus! Hilf mir aus dieser Situation! Lass das nicht mein Ende sein!« Das ist die Situation, in der ich einfach meinem Herzen freien Lauf lasse. In der ich das, was mich bedrängt, hinausschreie, ich meine Angst hinausschreie – hin zu Gott. Jetzt wende ich mich aus der Tiefe meiner verunsicherten Seele heraus hin zu einem Größeren, zu einer größeren Macht.

In der Hinwendung zu einem persönlichen Gott bekommt die größere Macht ein Gesicht. Das geschieht auch, wenn die Hinwendung zu Gott, das Beten zu Gott im Falle des Christen zum Beten zu Jesus Christus wird. Entscheidend ist zunächst aber einmal, dass ich in einer Situation wirklicher Angsterfahrung in der Lage bin, mich aus der Tiefe meines Seins heraus an eine höhere Macht zu wenden, in der Erfahrung meiner Begrenztheit und vielleicht auch angesichts der Todesgefahr, mich einem Größeren überlasse. Dadurch komme ich mit etwas in Berührung, was ich angesichts so vieler Sicherheitsvorkehrungen, die mein Leben abgrenzen und schützen, aus den Augen verloren habe. Ich bin nicht mehr allein mit meiner Angst. Viele Menschen durften in solchen Situationen die angstlösende Nähe Gottes erfahren.

Mich in der Erfahrung von Angst dem Größeren zu überlassen kann zur Verwandlung führen, an deren Ende ich gelassener der Angst begegnen kann, ich die Erfahrung machen darf, für die Hermann Hesse die Worte findet: »Die Gnade, die er erlebte, musste wieder strahlen und weiter wirken. Bibelsprüche kamen ihm in den Sinn, und alles, was er von Begnadeten, Frommen und Heiligen wusste. So hatte es immer begonnen, bei allen. Sie waren in denselben harten und finsteren Wegen geführt worden wie er, feige und voll Angst, bis zur Stunde der Umkehr und Erleuchtung. ›In der Welt habt ihr Angst‹, hatte Jesus gesagt. Wer aber die Angst überwunden hatte, der lebte nicht mehr in der Welt, sondern in Gott, in der Ewigkeit.«

Beispiel
Ein 50-jähriger Mann berichtet, wie sein Vater einige Wochen vor seinem Tod sagt: »Ich bin kein ganz Guter, ich bin kein ganz Schlechter. Er wird mich nehmen müssen, wie ich bin.« Als er selbst, bedingt durch eine schwere Krankheit, jeden Moment damit rechnen musste zu sterben, fielen ihm plötzlich die Worte des Vaters ein, und von diesem Augenblick an gab es für ihn weder Hoffnung noch Trauer, weder Angst noch Freude, weder Bleiben- Wollen noch Gehen- Wollen. Eine große Gelassenheit machte sich in ihm breit. Er war einfach da. Dieser Satz des Vaters hatte eine absolute Sicherheit in ihn hineingeschickt. Er schaut der Angst ins Auge als einer, der sich mit der Welt der Ewigkeit, mit Gott verbunden fühlt. Es ist wie bei dem Patienten, von dem Sören Kierkegaard berichtet, dass er vor einer lebensgefährlichen Operation zum Arzt sagt: »Jetzt bin ich bereit.« Dann »tritt die Angst in seine Seele hinein und durchsucht alles und ängstigt das Endliche und Kleinliche aus ihm heraus«[2]. Die Angst geht über in Gelassenheit und Ergebenheit.

Die Erfahrung von Angst kann zu einer Vertiefung der Gottesbeziehung beitragen. Sie kann zu dem Moment werden, durch den die Beziehung zu Gott ganz wirklich wird. Dem Moment, in dem wir uns wirklich Gott überlassen, wir uns seiner Führung überlassen, uns gleichsam auf ihn fallen lassen. Diese Angst auszuhalten und durch die Erfahrung von Enge, die damit verbunden ist, hindurchzugehen kann uns eine ganz wichtige Voraussetzung dafür sein, um schließlich näher bei Gott anzukommen, die Beziehung zu ihm verbindlicher und wirklicher zu machen.

Auch Jesus kannte diese Angst. Sehr eindrucksvoll zeigen das die Berichte über Jesus im Garten Getsemani, wenn es zum Beispiel bei Markus 14,33 heißt: »Da ergriff ihn Furcht und Angst.« Jesus überwindet die Angst, indem er es mit der Angst aufnimmt. Er macht uns dadurch Mut, uns unserer eigenen Angst zu stellen. Wir sollen uns von unserer Angst nicht ins Bockshorn jagen lassen, sondern immer wieder auch durch sie hindurchgehen. Wenn es uns gelingt, diese Angst zu überwinden, eröffnen wir uns neue Möglichkeiten. Es gilt also die Angst für eine Weile auszuhalten.

»In Jesu Botschaft gibt es ein starkes Motiv des Wartens, des Abwägens und Bewegens, davon, eine Spannung aushalten zu müssen, ohne auf voreilige Lösungen einzugehen. Der Gedanke ist, dass die Auferstehung nur folgt, wenn es zuvor Todesqualen im Garten gegeben hat.«[3] In solchen Situationen können wir uns an Jesu Vorbild ausrichten, der durch die Angst hindurchgegangen ist und sie im Durchgehen, im Aushalten, überwunden hat. Wir dürfen auf seine Zusage vertrauen: In der Welt habt ihr Angst. Doch habet Mut. Ich habe die Angst überwunden. (vgl. Joh 16,33: »In der Welt seid ihr in Bedrängnis; aber habt Mut: Ich habe die Welt besiegt.«)

Auch Jesu Sterben am Kreuz ist gezeichnet von Angst. Bei dieser furchtbaren Erfahrung, der Erfahrung äußerster Verlassenheit, bei der er aufschreit. »Mein Gott, mein Gott, warum hast du mich verlassen?« (Mt 27,46), geht er durch die Angst hindurch, überwindet er die Angst – spätestens in dem Augenblick, in dem er aufgeht in Gott, seinem Vater. Einmal wird auch für uns der Übergang vom Leben zum Tod stattfinden. Für die meisten wird er nicht so grausam sein wie bei Jesus. Aber auch wir werden bei diesem Übergang Angst, ja Todesangst erfahren. Es vollzieht sich dabei der letzte Schritt, der zur vollendeten Selbstverwirklichung dazugehört. Für den Gläubigen ist es zugleich der Übergang in eine andere Seinsweise. Dabei scheint etwas von der Erfahrung Jesu, die in den Worten »Ich habe die Welt überwunden« zum Ausdruck kommt, auf.

Die Spannung zwischen Endlichem und Unendlichem kommt im Tod zu ihrem Ende. Sie löst sich in Gelassenheit und innerem

Frieden auf. Die Angst, die uns nach den Vorstellungen von Sören Kierkegaard immer wieder an unsere Endlichkeit erinnern und aus »den Täuschungen der Endlichkeit, aus den vermeintlichen Sicherheiten«[4] lösen soll und zu uns gehört, solange wir in der Welt sind, hat im Tod ausgedient.

1 C. G. Jung, Archetypen, Olten 2001, S. 23f.
2 S. Kierkegaard, Der Begriff Angst, Gütersloh 1981, S. 165.
3 R. Rolheimer, Entdecke den Himmel in dir, München 2002, S. 216.
4 V. Kast, Vom Sinne der Angst, Freiburg 1997, S. 22.

Gott erhört mich nicht?

Alfred Läpple

Die große Ermutigung

Immer wieder hat Jesus, der Christus, die Menschen zum Gebet ermutigt: »Bittet, dann wird euch gegeben werden.« (Mt 7,7) Die Gebetslehre des Neuen Testaments hat Augustinus (354–430) mit den Worten beschrieben: »Wir alle, wenn wir beten, sind Bettler Gottes. Wir stehen vor der Tür des großen Hausvaters, um etwas zu empfangen«. Der große Theologe hat aber das Gebet vieler Menschen durchleuchtet und entlarvt: Wir wenden uns zwar an Gott, aber wir wollen gar nicht Gott. Wir wollen nur Gottes Hilfe für ein irdisches Anliegen, einen irdischen Vorteil, ein irdisches Wohlergehen, bis hin zum Karriereaufstieg und zu hohen Aktiengewinnen. Augustinus ist auch Psychologe, wenn er als Ergebnis seiner Untersuchungen in geradezu wissenschaftlicher Nüchternheit nennt: »Der Mensch betet, nicht um Gott zu informieren, sondern um sich selbst aufzurichten.«[1]

Nimmt aber ein Gebet, in dessen Mittelpunkt das eigene Ich steht, Gott wirklich ernst? Gott wird zur Marionette, zum Erfüllungsgehilfen menschlicher Wünsche degradiert. Sein wahres Gesicht zeigt ich-orientiertes Denken und Beten dann, wenn Gott Bitten und Wünsche nicht erfüllt. Enttäuscht, nicht selten zornig fallen dann Sätze: Ich kann zu einem solchen Gott nicht mehr beten, ich trete aus der Kirche aus, weil Gott meine Oma hat sterben lassen, – weil einer meiner besten Freunde von unheilbarem Krebs befallen ist, -weil meine Cousine bei einem Flugzeugabsturz ums Leben kam.

Kann ein solches, um das eigene Ich besorgte Beten jenes »rechte Beten« sein, von dem der Apostel Paulus schreibt: »Wir wissen nicht, worum wir in rechter Weise beten sollen; der Geist selber tritt für uns ein mit Seufzen, das wir nicht in Worte fassen können.« (Röm 8,26) Wird sich der Heilige Geist in unserem Gebet engagieren, wenn dieses nur um irdische Anliegen und Vorteile kreist?

Ich wurde nicht erhört

Nicht wenige sagen enttäuscht und resigniert: Ich wurde nicht erhört ... Ich habe eine Kerze gestiftet ... Einen erklecklichen Obolus in den Opferstock gesteckt ... ohne Echo Gottes. Man sollte ehrlich und selbstkritisch sein. Schon nach kurzer Zeit haben wir selbst oft eingesehen, in dieser Angelegenheit hätte ich mich selbst engagieren sollen. Man kann seine Hand nicht in den Schoß legen und zu Gott sagen: Mach du es!

Man sollte in das menschliche und gottmenschliche Herz Jesu sich einfühlen, wenn im Neuen Testament der dunkle Text zu lesen ist: »So hat er (Jesus Christus), obwohl er Sohn war, an dem, was er gelitten hat, den Gehorsam gelernt.« (Hebr 5,8) Jesus hat den Gehorsam bis zum Tod am Kreuz (Phil 2,8) gelernt auch durch die Nichterfüllung seiner Ölberg-Bitte: »Lass den Kelch an mir vorübergehen.« (Mk 14,36) »Die Stunde ist da. Jetzt wird der Menschensohn in die Hände der Sünder ausgeliefert.« (Mk 14,41) Das Stichwort»Gehorsam« löst heute sehr häufig eine Abwehrhaltung aus. Oft wurde und wird Gehorsam schändlich motiviert und missbraucht. Der heutige Mensch will kein untertäniger Befehlsempfänger sein, kein Leben »nach höherem Befehl« führen. Diese Grundstimmung färbt und prägt auch das kirchlich-religiöse Leben: Der Christ will in Freiheit entscheiden, glauben und handeln. Was in nicht wenigen Christen innerlich vor sich geht, hat der französische Schriftsteller Leon Bloy (1846–1817) in jenem Aufschrei des Gebetes formuliert: »Herr Jesus! Du betest für die, die dich kreuzigen. Und du kreuzigst die, die dich lieben.« Es ist so leicht gesagt: Herr, dein Wille geschehe, wenn ich auch nicht verstehe und tut's auch noch so wehe.

Hören wir aus dem Neuen Testament nicht einen ganz anderen froh- und freimachenden Klang? Dort ist zu lesen von der »Freiheit und Herrlichkeit der Kinder Gottes ... (und) dass Gott bei denen, die ihn lieben, alles zum Guten führt.« (Röm 8,21.28; vgl. 2 Kor 3,17) Muss nicht in uns selbst ein tiefgreifender Umdenkprozess sich vollziehen: nicht vom Menschen her, sondern von Gott her zu denken und von Gott her unser Leben mit seinem erhörten wie auch mit seinen nicht erhörten Bitten recht zu werten?

Kommt nicht auch mancher Mensch nach Jahrzehnten zu der Einsicht: Es war gut, dass Gott meine Bitte nicht erhört hat. Es wäre kein guter Weg für mich geworden. Aus der Retrospektive lernen wir sehen: Durch das zunächst schmerzlich erlebte Schweigen Gottes bin ich nachdenklich, reifer geworden. Aus der Distanz sehe ich: Die Nicht-Erhörung war für meine Lebensentscheidung das Richtige. Viele Enttäuschungen sind mir und meiner Familie erspart geblieben.

Die überraschenden Fügungen Gottes

Der diskrete Gott der Liebe und Menschenfreundlichkeit (Tit 3,4) meint es mit uns gut. Er will unser Glück in Zeit und Ewigkeit, oft gerade dadurch, dass er unsere Bitte nicht erhört. »Ich vergesse dich nicht. Sieh her: Ich habe dich eingezeichnet in meine Hände.« (Jes 49,15–16) Erst in der Sicht der Ewigkeit (sub specie aeternitatis) werden wir »von Angesicht zu Angesicht« erkennen, dass manche Verzögerungen und Verweigerungen Gottes letztlich zur glücklichen, weil geglückten Zukunft unseres Lebens führten. Es ist nachdenkenswert, hilfreich und unsagbar tröstlich, was Edward Schillebeeckx im Vorwort eines seiner Bücher geschrieben hat: »Menschen sind die Worte mit denen Gott seine Geschichten erzählt«[2] – eine Geschichte mit immer neuen Überraschungen.

Wer auf sein Leben zurückschaut, erkennt immer wieder seltsame Fügungen und Führungen, in die er »hineingehoben« und geleitet worden ist. In der Biographie jedes Menschen gibt es »weiße Flecken«, die unerklärliche und geheimnisvolle Geschehnisse waren und bleiben. Hat es nicht auf übervollen Autobahnen, mit Aquaplaning und spiegelglatten Fahrbahnen Situationen gegeben, in denen wir an schrecklichen Unfällen vor und neben uns ohne Schaden und ohne die geringsten Schrammen vorbeigefahren sind? Wie das vor sich gegangen ist, weiß nur Gott. Können nicht viele sagen: Ich bin einem Menschen begegnet, ohne den mein Leben anders verlaufen wäre, ohne den ich vielleicht meinen Glauben an Gott, meine Verbundenheit mit der konkreten Kirche verloren hätte? War es nicht Gottes gnädige Fügung und das Gebet meiner tieffrommen Mutter, die mir und meinem Bruder die Heimkehr aus dem Zweiten Weltkrieg 1939/45 und anschließender Kriegsgefangenschaft geschenkt hatte? Manche sprechen vom Schicksal, vom Zufall. Könnte es nicht sein, dass diese unerklärlichen und geheimnisvollen Geschehnisse uns letztlich »von Gott zugefallen« und »von Gott geschickt« worden sind? Die Melodie des Menschen und die Melodie Gottes haben sich geheimnisvoll vereint.

Ein Franziskus von Assisi hat sich in die Hände Gottes fallen lassen, so das im Zusammenhang seines Lebens und seiner Entscheidungen Gott seine Geschichte erzählen konnte. »Ein Herz und eine Seele in Gott sein«, wie im ersten Kapitel der Augustinus-Regel, um das Jahr 388/89 für einen Gefährten geschrieben, zu lesen ist. Um genau diesen Zusammenklang Gottes mit dem Menschen, des Menschen mit Gott geht es – auch in der Zukunft. Das ist die große Tröstung für die Zukunft, aber auch unsere große Neugier auf unserer Wanderung in die Zukunft.

1 Augustinus, Epist. 140, S. 69.

2 E. Schillebeckx, Menschen – Die Geschichte von Gott, Freiburg/Basel/Wien 1990.

Das Gespräch mit Gott

Anselm Grün

Der dritte Schritt besteht nun in dem, was wir normalerweise Gebet nennen, im Sprechen mit Gott. Da fragen manche gleich: Was soll ich denn Gott sagen, er weiß doch sowieso schon alles. Natürlich weiß Gott alles. Gott braucht auch mein Gebet nicht. Aber ich brauche das Gebet. Mir tut es gut, dass ich mich mit meinen innersten Nöten und Ahnungen an Gott wenden kann. Wir können uns ja mal vorstellen, was wäre, wenn wir uns nur an Menschen wenden könnten und nicht an Gott, den Urgrund allen Seins. Dann kämen wir uns im letzten unverstanden vor. Denn Menschen können unsere letzten Fragen nicht beantworten. Sie können uns ein Stück Verständnis und Geborgenheit schenken. Aber mit unseren tiefsten Ahnungen und Sehnsüchten ließen sie uns allein. Wir würden in einer kalten und unverstandenen Welt leben. Das Gebet gibt uns mitten in der Fremde und Unbehaustheit unseres Daseins das Gefühl von Geborgenheit, von Verstandensein und Angenommensein. Wir dürfen uns mit unseren Fragen an den wenden, der sie allein zu beantworten vermag. Gerade auf die Frage nach dem Leiden und nach dem Tod Unschuldiger kann uns kein Mittel wirklich antworten. Aber wir leben eben nicht im Raum des Absurden, sondern wir dürfen Gott, den Urgrund aller Welt, ansprechen.

Was soll ich nun Gott sagen? Alles, was in mir auftaucht. Ich soll mein Leben zur Sprache bringen, so wie es konkret ist. Ich kann Gott von Begegnungen mit Menschen erzählen, von dem, was mich gerade beschäftigt, von Ärger und Enttäuschung, von Freuden und schönen Erlebnissen, von Ängsten und Sorgen und von meiner Hoffnung. Das Gebet muss nicht fromm sein, nur ehrlich. Es soll wirklich mein Leben vor Gott ausbreiten. Dabei kann es helfen, wenn ich das, was mir einfällt, in Worte kleide, entweder in innere Worte, oder aber auch in vernehmbare Worte. Es ist eine gute Übung, sich einmal zu zwingen, eine halbe Stunde laut mit

Gott zu reden. Dabei kann ich mit der Frage beginnen: Gott, was hältst Du eigentlich von mir? Was sagst Du zu mir und zu dem, was ich tue? Oder ich könnte mich fragen, was ich diesem Gott sagen möchte, so dass es meiner Wahrheit entspricht. Dabei muss ich mich zwingen, wirklich die halbe Stunde durchzuhalten. Wenn mir Gott ferne rückt, dann rede ich darüber mit Ihm. Wenn ich ärgerlich werde, sage ich es Ihm. Und wenn mir nichts mehr einfällt, spreche ich mit Gott darüber, wie viel wichtiger mir andere Dinge sind als Er. Diese Weise des Betens ist allerdings keine Übung für jeden Tag, sonst würde sie zu einem Geplapper werden. Von Zeit zu Zeit, vor allem dann, wenn es in mir durcheinander und leer geworden ist, ist es eine gute Hilfe. Ich mache diese Übung selbst gar nicht so gerne. Aber wenn ich mich darauf einlasse, spüre ich, dass sie mir gut tut. Am Anfang habe ich genügend Worte und Formulierungen parat, um mein Gebet interessant zu machen. Doch irgendwann kommt der Punkt, wo ich meinen Formulierungen nicht mehr traue, wo ich wirklich die Wahrheit meines Lebens Gott sagen muss. Da muss ich dann ehrlich sagen, was mich in meinem Herzen bewegt. Das Gebet geht immer anders aus, als ich es mir erwartet habe. Es zwingt mich in die Wahrheit. Ich kann Gott nichts vormachen. Ich muss ihm sagen, wie es wirklich mit mir steht. Es genügt nicht, ihm alles Mögliche zu erzählen, ich muss ihm meine innerste Wahrheit erzählen. Nur dann wird mich das Gebet befreien. Denn die Wahrheit allein wird uns frei machen.

Eine andere Möglichkeit ist, einfach vor Gott zu sitzen und hochsteigen zu lassen, was von alleine kommt. Ich muss dann gar nicht in Worte fassen, was sich in mir rührt. Denn für manche Ahnungen und Gefühle fehlen mir die Worte. Ich spüre manches nur diffus, ohne es formulieren zu können. Doch wenn ich vor Gott sitze und auf ihn schaue, dann steigt von alleine auf, was wichtig ist. Vor allem regt sich das, was nicht recht war. Evagrius Ponticus sagt, es gäbe kein wirkliches Gebet, in dem ich nicht auch auf meine Fehler stoße. Ich muss dann gar nicht nach meinen Fehlern und Sünden forschen. Indem ich Gott anschaue, entdecke ich selbst, was nicht recht war. Das Gebet ist dann der Ort, wo ich ungeschützt vor Gott bin, wo ich nichts zwischen ihn und mich halte, keine Worte, keine vorformulierten Gebete. Ich halte vielmehr mich selbst hin. Das zwingt mich in die Wahrheit. Tagsüber kommen ja öfter Ahnungen in mir hoch, dass das doch nicht ganz stimme, was ich gerade tue, dass ich nicht in der Wahrheit bin, nicht ganz gegenwärtig, dass ich mir irgend etwas vormache, dass da noch eine ganz andere Dimension in meinem Leben ist. Doch dann dränge ich diese Ahnungen wieder zurück, indem ich mich mit der Arbeit oder mit anderen Gedanken beschäftige. Es gibt ja tausend Fluchtmöglichkeiten vor diesen inneren Ahnungen. Aber dann habe ich das Gefühl, dass sich eine Staubschicht auf mein Inneres legt und dass ich selbst unter dieser Staubschicht ersticke. Im Gebet als dem ungeschützten Dasein vor Gott wird diese Staubschicht wieder aufgewirbelt und das Eigentliche meines Herzens kommt zum Vorschein. Ich komme in Berührung mit dem Grund meiner Seele.

In dem Drama »Der seidene Schuh« lässt Paul Claudel Dona Proeza auf die Frage »Womit soll ich denn beten?« antworten: »Alles, was uns mangelt, das eben dient uns zum Gebet. Der Heilige betet mit seiner Hoffnung, der Sünder mit seiner Sünde.« Wir sollen im Gebet Gott also zum einen unseren Mangel hinhalten, unsere Sehnsucht, unser Ungenügen an uns und unserem Leben, und zum anderen unsere Sünden hinhalten, unsere Schattenseiten. Das Gebet befreit nur dann, wenn ich Gott auch in meine Abgründe schauen lasse, in das Verdrängte, in das vom Leben ausgeschlossene, in die mörderischen Tendenzen meines Herzens, in das Falschc und Dunkle, in die Leidenschaften der Seele und in die Bedürfnisse und Wünsche, die unter der Oberfläche liegen. Im Gebet darf ich meine Angst und meine Verzweiflung vor Gott tragen. Ich kann Gott alle Stimmungen und Gefühle zeigen, die ich mir selbst nicht erklären kann. Ich darf bloßlegen, was ich verdrängt habe, was ich bei mir selbst nicht wahrhaben wollte, weil es meine Ehre ankratzt, das Idealbild zerbricht, das ich unbewusst von mir habe.

Vor Gott soll ich alles ans Licht kommen lassen, ohne es zu rechtfertigen oder zu entschuldigen, ohne es überhaupt zu bewerten. Ich muss meine Abgründe offen legen, damit Gottes Licht sie ausleuchten und so für mich bewohnbar machen kann. Nur wenn ich alles Gott hinhalte, wird das Gebet mich befreien. Ich brauche vor nichts in mir Angst zu haben. Es darf alles sein, aber es muss in Beziehung zu Gott gebracht werden.

Was ich von der Begegnung mit Gott ausschließe, das wird mir an meiner Lebendigkeit fehlen, das wird auch von meinem Leben ausgeschlossen. Es wird mich nur hinterrücks überfallen und mir schaden, anstatt meine Beziehung zu Gott zu intensivieren. Das Gebet muss nicht fromm sein, sondern in erster Linie ehrlich. Ich soll Gott in alle Abgründe meines Herzens hineinschauen lassen, ihm alle Dunkelheiten hinhalten, alle Verhärtungen, alle Bitterkeiten. Dabei kann es mir helfen, wenn ich auf meinen Leib und auf meine Träume achte. Sie können mir zeigen, wo ich etwas von Gott abgetrennt habe, wo ich mich in Privaträume zurückgezogen habe. Die Verspannungen in meinem Leib deuten darauf hin, dass ich da etwas nicht anschaue und dass ich es auch von Gott nicht anschauen lasse. Meine Träume sagen mir, was noch dunkel und unerlöst ist in mir, wo in meinem Keller etwas modert, weil das Licht Gottes nicht hineindringt. Alle finsteren Winkel und alle verschlossenen Räume meines Hauses soll ich im Gebet Gott hinhalten, damit sein Licht und seine Liebe alles erleuchten und verwandeln. Beten heißt dann, alle Kammern meines Leibes und meiner Seele, meines Bewussten und meines Unbewussten aufzuschließen und Gott dort eintreten zu lassen, damit das ganze Haus meines Lebens von Gott bewohnt und erleuchtet wird.

Wenn ich Gott alles gesagt habe, was mir einfällt und was in der Stille in mir hochkommt, dann soll ich versuchen, ihm meine ganze Wahrheit zu sagen. Wie steht es denn wirklich um mich? Was ist meine wahre Situation? Wo fliehe ich vor Gott, wo bin ich mit mir selbst im Zwiespalt, wo stimmt es nicht mit mir? Dabei geht es nicht so sehr um einzelne Fehler, die ich vielleicht begangen habe, sondern um die Grundfrage meines Lebens. Was will ich denn mit meinem Leben? Wo verschließe ich die Augen vor der Wirklichkeit meines Lebens, vor der Wirklichkeit Gottes? Wo kreise ich nur um Wünsche und Bedürfnisse, anstatt mich Gott zu öffnen? Das Gebet zwingt mich in die Wahrheit. Aber die Wahrheit wird mich auch frei machen. Sie bringt mich wieder in Ordnung, sie macht mich recht, wenn ich verkrümmt war in meinen eigenen Überlegungen und Wünschen. Die Begegnung mit Gott führt mich in meine Wahrheit, führt mich zu mir selbst.

Für viele ist Beten identisch mit Bitten. Das ist sicher zu einseitig. Aber dennoch ist auch das Bitten ein wesentlicher Teil der Begegnung mit Gott. Ich darf Gott um alles bitten, was mir wichtig ist. Bitten heißt zunächst, dass ich meine Bedürfnisse und Wünsche zugebe, dass ich Gott sage, was mir fehlt und wonach ich mich sehne. Bedürfnisse und Wünsche gehören wesentlich zu mir. Und es wäre Stolz, sie zu verdrängen oder sie aus der Begegnung mit Gott herauszuhalten. Ich darf vor Gott alles aussprechen, auch meine Wünsche und Bedürfnisse, auch meine Nöte und Schwierigkeiten. Und ich darf Gott bitten, dass er mir hilft, oder dass er den Menschen hilft, die mir am Herzen liegen. Im Bitten bekenne ich in aller Demut, dass ich bedürftig bin, dass ich nicht ohne bestimmte Bedingungen auskomme. Ich bekenne auch, dass Gott allein mir noch nicht genügt, dass ich auch seine Hilfe brauche, dass mir auch seine Gaben wichtig sind und nicht nur die Begegnung mit ihm. Bitten ist dabei nicht nur ein »Sichfügen« in den Willen Gottes, sondern zuerst einmal wirkliches Betteln um Hilfe. Ich darf Gott zutrauen, dass er mich versteht und dass er meine Wünsche ernst nimmt. Doch zugleich lasse ich mich im Bitten von Gott in Frage stellen. Indem ich ihm in aller Freiheit meine Wünsche sage, bekomme ich auch schon Abstand dazu. Ich halte sie Gott hin und lasse mich von ihm in Frage stellen. Bitten ist dann ein Ringen mit Gott, an dessen Ende die Ergebung in Gottes Willen steht. Aber ich muss mich eben nicht sofort in Gottes Willen ergeben, sondern darf ihm durchaus meine eigenen Vorstellungen und Wünsche sagen.

Jesus selbst fordert uns auf, zu bitten, und er verheißt, dass er auf unsere Bitten hören werde: »Alles, um was ihr in meinem Namen bittet, werde ich tun, damit der Vater im Sohn verherrlicht werde.« (Joh 14,13) Im Gleichnis vom gottlosen Richter und der Witwe macht er uns Mut, ohne Unterlass zu beten und um unser Recht zu kämpfen. Und er verspricht, dass Gott helfen wird: »Sollte Gott seinen Auserwählten, die Tag und Nacht zu ihm schreien, nicht zu ihrem Recht verhelfen, sondern zögern? Ich sage euch: Er wird ihnen unverzüglich ihr Recht verschaffen.« (Lk 18,7f) Wir haben also ein Recht auf Leben und sollen darum kämpfen, auch vor Gott. Doch wir dürfen uns die Erfüllung unserer Bitten nicht zu äußerlich vorstellen. Natürlich kann Gott von außen eingreifen und die äußeren Verhältnisse ändern. Wir dürfen in dem Vertrauen beten, dass Gott wirklich eingreift. Aber zugleich sollen wir sehen, dass das Gebet als Begegnung mit Gott selbst schon die Erfüllung unserer Bitte sein kann.

Im Gebet erfahre ich das Recht auf Leben. Da hat kein Feind mehr Macht über mich. Da erfahre ich in Gott eine tiefe Geborgenheit, die stärker ist als alles, was mich am Leben hindern möchte. Im Gebet spüre ich, dass ich nicht allein gelassen bin wie die Witwe, die keine Lobby hat und sich an keinen wenden kann, weil selbst der Richter kein Interesse hat, ihr zu helfen. Im Gebet erfahre ich Gottes Schutz. Das nimmt den äußeren Verhältnissen die Macht über mich. Ganz gleich, ob Gott auch die äußeren Bedingungen ändert, so kann ich in jedem Gebet schon eine Veränderung meiner Einstellung erfahren. Bitten ist immer beides: Gott darum bitten, dass er etwas tut und eingreift, dass er die äußeren Verhältnisse ändert; und im Gebet, im vertrauensvollen Bitten schon eine innere Änderung erfahren, eine Ahnung, dass mir im Grunde nichts schaden kann, dass ich in Gottes Hand bin, ganz gleich, was auch immer geschehen mag.

Noch etwas anderes will das Gespräch mit Gott sein: der Ort der Intimität, an dem ich Gott alles sage, was in meinem Herzen ist an Sehnsucht, an Ahnungen, an Wünschen, an Wunden. Intim werden mit Gott, das heißt, vor ihm wirklich alle meine Gefühle auszudrücken, die in mir sind und die oft genug verschüttet sind, weil ich selbst Angst vor ihnen habe. Da kommen vielleicht sehr kindliche Gefühle hoch, wie die Sehnsucht nach Geborgenheit und Liebe, Gefühle, die ich vor mir selbst verberge, weil sie mir peinlich sind, weil ich meine, als Erwachsener sei ich doch darüber hinweg. Das Gebet will mir Mut machen, wirklich alles auszudrücken, nichts zurückzuhalten, meine tiefsten Sehnsüchte und alle Defizite meines Lebens, meine Liebe und das Angerührt sein in meinem Herzen. Dabei werde ich mit meinen Worten an Grenzen stoßen. Gebärden können mir helfen, meine intimsten Gefühle auszudrücken. So könnte ich die Hände über der Brust kreuzen und Gott meine Sehnsucht nach Intimität hinhalten.

Ein Mitbruder erzählte, dass er manchmal unter die Decke krieche und Gott all das sage, was er sich sonst nicht traue, dass er all die Gefühle Gott hinhalte, die eben nur unter der warmen Decke am Abend aufsteigen, und dass er manchmal ein Kissen an die Brust drücke und so bete, um Gott sein Bedürfnis nach Liebe und Zärtlichkeit zu zeigen. Wenn wir den Mut haben, das vor Gott anzusprechen und auszudrücken, was wir vor uns selbst verbergen, was wir nur in der intimsten Liebe zu einem Partner sagen würden, dann wird unser Leben tiefer und lebendiger. Es verliert alle Langweiligkeit und Durchschnittlichkeit. Wir werden echter und freier. Wir haben keine Angst mehr vor unserem eigenen Herzen. Das Herz beginnt zu schlagen. Wir fühlen: wir sind wirklich da, wir leben. Es ist schön zu leben. Zugleich ist es natürlich und schmerzlich. Es gibt keine Intimität ohne Verwundbarkeit. Aber gerade das macht uns lebendig und echt. Das Gebet sollte für uns der Ort sein, an dem wir intim sein können, an dem wir mit dem Innersten in uns in Berührung kommen und unser Innerstes Gott hinhalten. Unser ganzes Leben würde dadurch gewinnen. Die Masken fielen weg. Wir bräuchten nicht so viele Schalen um uns herum. Wir könnten auch Menschen näher an uns heranlassen. Und wir würden im Innersten spüren, was Menschsein heißt: im

Herzen angerührt und angesprochen zu werden, verwundet zu werden von der Liebe Gottes, die uns aufschließt für Gott und für die Menschen.

Gebet – Atem der Seele

Reinhard Abeln, Anton Kner

»Nichts tröstet mächtiger als die Gewissheit, in allen Lagen von der Liebe Gottes umfangen zu werden«, schreibt der Reformator Johannes Calvin (1509–1564). Das alte Bundesvolk nannte Gott »Jahwe«, zu deutsch: »Ich bin für euch da«. Deswegen kann es für den gläubigen Menschen auch keinen wichtigeren Gesprächspartner geben als Gott selbst. Die Sprachforschung hat nachgewiesen, dass das Wort »Gott« das »angerufene Wesen« bedeutet. Gott ist einer, der immer zu sprechen ist, den man immer anrufen kann – ohne Voranmeldung, ohne Terminabsprache. Wir nennen einen solchen »Anruf« schlicht »beten«. Wer betet, also vor dem Vater innehält und den Alltag vor ihm ausbreitet, vermag den Dingen und Ereignissen des Lebens den richtigen »Stellenwert« zu geben. Dabei kommt es nicht darauf an, dass wir viele Worte machen, sondern dass wir uns einfach »von Gott betrachten lassen« (Carlo Carretto), dass wir ihn bitten, er möge vollenden, was wir nur anfangen konnten. Das Gebet – auch der »Atem der Seele« genannt – ist eine in Jahrtausenden bewährte Hilfe, um mit dem Leben besser fertig zu werden. Beten macht nach den Worten von Peter Wust »ruhig, sachlich, kindlich und objektiv«. Wer betet, bekommt wieder festen Boden unter die Füße, er erhält mehr Kraft, um die Sorgen, die ihn drücken und bedrücken, meistern zu können. Es gibt keinen Ersatz für das Gebet. Don Bosco hat über das Gebet gesagt: »Wenn ihr betet, wachsen aus zwei Körnern vier Halme.«

Auch Jesus hat immer wieder gebetet. Wiederholt berichten die Evangelisten, dass sich Jesus an einen bestimmten Ort, zum

Beispiel auf einen Berg, zurückgezogen hat, um zu beten. (Mt 14,23) Jesus betete vor der Wahl der Apostel. (Lk 6,12) Er betete eine Nacht lang nach der wunderbaren Brotvermehrung. Er betete, bevor er den Jüngern um die vierte Nachtwache – auf dem See daherwandelnd – begegnete. Er betete im Garten Getsemani und am Kreuz. Jesus trug alles, was ihm auf dem Herzen lag, vor den Vater. Dadurch erhielt alles den richtigen Stellenwert. Das Geschehene sah er in einem neuen Licht. Alles, was war, bekam ein neues Gesicht. Und je länger Jesus betete, um so größer wurde seine Freude, seine Zuversicht, seine Geborgenheit beim Vater.

Könnte das Tun Jesu nicht ein Modell für unser Leben sein? Das Beten wird uns natürlich nicht in die Wiege gelegt; es wächst uns auch nicht von allein zu. Beten – mit und ohne Worte – will vielmehr geübt sein. Wer dies tut, wer vor allem bei diesem Tun durchhält, kann erfahren, was der heilige Kirchenlehrer Bernhard von Clairvaux (1090–1153) einmal so ausgedrückt hat: »Der ruhige Gott macht alles ruhig.« Viele große Frauen und Männer waren Menschen des Gebets. Blaise Pascal (1623–1662), der berühmte Philosoph und Mathematiker, betete so zu seinem Gott: »Du allein hast meine Seele erschaffen können, du allein kannst sie aufs neue erschaffen; du allein hast ihr dein Bildnis einprägen können, du allein kannst sie umprägen und ihr dein ausgelöschtes Antlitz wieder eindrücken, welches ist Jesus Christus, mein Heiland, der dein Bild ist und das Zeichen deines Wesens.«

Im Bemühen, das Leben sinnvoll zu gestalten, ist das Gebet eine wertvolle Hilfe. Für viele ist es zur unentbehrlichen Kraftquelle geworden, die sie befähigt, selbstlos und aufopfernd zu leben. Wo finden wir sonst Licht und Trost, Orientierung für unser Handeln und Tragkraft im Leiden als im Gebet? »Beten Sie für mich«, bittet der Gläubige, wenn er von Gott der Fürbitte des anderen eine hilfreiche Wirkung zutraut, eine Hilfe, die ihn befähigt, seine Situation anzunehmen, zu ertragen. Und wenn wir in eine aussichtslose Situation geraten, dann kommt es uns über die Lippen: »Da hilft nur noch beten!« Das ist Ausdruck unseres Glaubens.

Das Gebet formt den Menschen und lässt ihn auch in schweren Stunden nicht verzagen. Es hilft, den nächsten Schritt im Leben vertrauensvoll zu gehen. Die tätigsten Hände sind immer noch die betenden Hände, wie das nachfolgende kleine Gebet (von H. Klemm) sehr deutlich ausspricht: »Gib Hände, Herr – die segnen und Gutes tun, Hände – die schaffen und niemals ruhn, Hände – die liebend Strauchelnde halten, Hände – die im Gebet sich falten, Hände – die dankend zu Gott sich erheben, Menschenhände, so braucht sie das Leben.« Eine überlieferte Geschichte erzählt: Dem Missionar einer Buschkirche in Neuguinea fiel ein Mann auf, der immer nach der Sonntagsmesse noch lange Zeit in der Kapelle auf dem Balken knien blieb, den man dort anstelle eines Knieschemels gebrauchte. Er konnte nicht lesen; erschaute nur mit auf der Brust gekreuzten Armen zum Altar, der jetzt abgeräumt und leer war. Einmal nahm sich der Missionar ein Herz und fragte den Kanaken, was er denn da die ganze Zeit tue. Der antwortete lächelnd: »Ich halte meine Seele in die Sonne.«

Beten heißt: eine Sache mit Gott besprechen, auf Gott hören, sich in Gottes große Hand legen. Wer das übt und dabei überzeugt ist, dass Gott brennend an ihm interessiert ist, kann erfahren, dass sein Leben nicht einfach eine Seifenblase ist, die aufgeht, schillert, platzt und nichts übrig lässt als einen Tropfen Wasser, sondern dass es ein Schritt ist hin zu noch mehr Leben, das heißt zu Frieden und Zufriedenheit, zu beglückender Gelassenheit und Geborgenheit.

Wer es mit einem »Anruf bei Gott« probieren möchte, findet dazu im Psalm 31 eine willkommene Hilfe: »Herr, ich suche Zuflucht bei dir. Lass mich doch niemals scheitern; rette mich in deiner Gerechtigkeit! Wende dein Ohr mir zu, erlöse mich bald! Sei mir ein schützender Fels, eine feste Burg, die mich rettet! Denn du bist mein Fels und meine Burg; um deines Namens willen wirst du mich führen und leiten. Du wirst mich befreien aus dem Netz, das sie mir heimlich legten; denn du bist meine Zuflucht. In deine Hände lege ich voll Vertrauen meinen Geist; du hast mich erlöst, Herr, du treuer Gott. Dir sind alle verhasst, die nichtige Götzen verehren, ich aber verlasse mich auf den Herrn.« (Ps 31,1–7)

Viele haben diesen Psalm zu ihrem Lieblingspsalm gemacht und »erfahren«: Gott ist immer für mich da – in seinen Händen bin ich geborgen – ich bin niemals allein! Von dem heiligen Kirchenlehrer Aurelius Augustinus (354–430) stammt ein Wort, das unserem Leben Wegweisung geben kann: »Gott hört auf dein Rufen, wenn du ihn dabei suchst. Er hört dich nicht, wenn du durch ihn anderes suchst.« Gott verstößt keinen. Er weist niemand zurück, der sich in seine Arme flüchtet. Gott steht auch dem einzelnen gegenüber zu seinem Wort (das zunächst dem erwählten Volk galt): »Mit ewiger Liebe habe ich dich geliebt.« (Jer 31,3)

Beten macht menschlich

Reinhard Abeln, Anton Kner

Ein erfahrener Seelsorger hat einmal gesagt: »Das Christsein eines Menschen steht und fällt mit dem Beten.« Im Gebet findet die Grundhaltung des Menschen vor Gott ihren Ausdruck: das gläubige Sich-Öffnen, das demütige und dankbare Empfangen, das Ergriffen- und Beglücktsein von Gott. Beim Beten berühren sich Gott und Mensch auf das innigste. Leider steckt in der heutigen Zeit das Beten in einer schweren Krise. Die Hast des Erwerbslebens und die Zerstreuungen der Freizeit lassen viele nicht mehr zur Besinnung kommen. Der Glaube an die Machbarkeit der Welt und das rationale Zweckdenken haben die Kräfte zahlreicher Menschen nach außen abgelenkt wie nie zuvor in der Geschichte. Religion im Alltag ist drauf und dran, als belanglos in eine Nische abgedrängt zu werden.

Bei nicht wenigen ist an die Stelle des Betens zu Gott eine religiöse Hinwendung zur Welt und zu ihren Gütern getreten. Und das hat zum Versiegen der inneren Quellen geführt. Viele leben einfach so dahin, von einem Tag zum anderen, von einer

Abwechslung zur nächsten. Zum Beten hat man einfach keine Zeit mehr, weil es immer wieder »Wichtigeres« zu tun gibt. Schon Aurelius Augustinus kannte diese Not, wenn er sagte: »Man hat zu viel im Kopf.«

Doch das Gebet ist eine Existenzfrage (keine Randfrage!) für den Menschen – ob er es wahrhaben will oder nicht. Wer betet, wird und bleibt menschlich. Wer das, was ihm auf dem Herzen liegt, vor dem Vater ausbreitet, von ihm sichten und beurteilen lässt, vermag all den Dingen und Ereignissen in seinem Leben den richtigen Stellenwert zu geben; er »blickt durch«. Kurz: Der Beter lebt wesentlich; er kann nicht nur überleben, sondern wirklich leben. Fjodor Michailowitsch Dostojewski (1821–1881), der russische Romanschriftsteller und Gottsucher, hat einmal geschrieben: »Man kann nicht Mensch sein, ohne sich vor etwas zu beugen. Ein Mensch, der sich nicht beugen kann, ist nicht fähig, sich selbst zu ertragen ...«

Wer nicht betet, »schwimmt«, verliert sehr oft die Maßstäbe, hält sich für unentbehrlich und unersetzlich, lebt im Protest gegen sich selbst, gegen seine Grenzen, gegen seine Umgebung, wird eng und kleinkariert, leidet unter Gefühlsstau, lebt in Extremen, wird unpersönlich und hart. Wer nicht betet, hat keine Mitte. Was aber nicht in der Mitte aufgehängt ist, hängt schief und geht schief. Am Gebet kann sich nicht bloß das Überleben eines Menschen, sondern auch sein menschenwürdiges Weiterleben entscheiden. Wer nicht betet, zahlt in der Regel einen hohen Preis für den Gebetsausfall. Er dreht sich im Kreis wie jemand, der nur mit einem Ruder rudert. Vom großen Kirchenlehrer Augustinus (354–430) stammt das Wort: »Wer richtig zu beten weiß, weiß auch richtig zu leben.« Richtig leben, den Sinn des Lebens finden, das Leben bewältigen – wer möchte das nicht? Das erstreben wir doch alle – ob gesund oder krank, reich oder arm, bekannt oder weniger bekannt. Wissen wir aber auch, wie sehr das Gebet dabei helfen kann?

Beten ist lebenswichtig, schenkt dem Menschen den Schlüssel zur Weisheit des Lebens. Niemand hat das so klar zum Ausdruck gebracht wie der verstorbene Münsteraner Philosophieprofessor Peter Wust. Einige Wochen vor seinem Tod (1940) schrieb der 55-jährige Gelehrte seinen Studenten einen Abschiedsbrief. Darin hieß es: Wenn Sie mich nun fragen sollten, bevor ich jetzt gehe, ob ich nicht einen Schlüssel kenne, der einem das Tor zur Weisheit des Lebens erschließen könnte, dann würde ich Ihnen sagen: ja. Dieser Schlüssel ist nicht die Reflexion, wie sie es von einem Philosophen erwarten möchten, sondern das Gebet. Das Gebet macht still, kindlich und objektiv.

Das Gebet – so der Philosoph – ist also der Schlüssel zur Weisheit des Lebens. Eine verblüffende Aussage, vor allem aus dem Mund eines Philosophen! Nichts Anstrengendes wird genannt und verlangt; nichts, was nur wenigen vorbehalten ist; nichts, was hohe Intelligenz, starken Willen oder komplizierte Technik voraussetzt. Etwas ganz Einfaches wird vielmehr erwähnt, etwas, was wir alle können und hoffentlich auch tun: beten, mit Gott »von Herzen sprechen«.

Man muss nicht ein einziges theologisches Buch gelesen haben, um beten zu können. Keine Fremdwörter sind nötig, um mit Gott ins Gespräch zu kommen. Ein Kind kann es ebenso wie ein gescheiter Erwachsener. Nichts ist letztlich so einfach wie beten – vorausgesetzt man hat es gelernt und übt es immer wieder. Was Peter Wust über die Wirkung des Betens sagt, darin liegt – wie uns erfahrene Beter bestätigen -wirklich die Weisheit des Lebens: Beten macht still, kindlich und objektiv. Beten hat heilende Kraft.

»Herr, lehre uns beten!« Wer still, kindlich und objektiv beten will, sollte nach guten Vorbildern Ausschau halten, die ihm Wegweisung und Orientierung geben können. Das wohl schönste Vorbild hat uns Jesus gegeben. Das Wunderbare ist nicht, dass Jesus betete, sondern wie er es tat.

Immer wieder berichten die Evangelisten, dass sich Jesus an einen einsamen Ort, zum Beispiel auf einen Berg, zurückzog, um zu beten. (Mt 14,23) Jesus betete vor der Wahl der Apostel (Lk 6,12), er betete eine Nacht lang nach der wunderbaren Brotvermehrung.

Jesus betete, bevor er den Jüngern um die vierte Nachtwache auf dem See daherwandelnd begegnete; er betete im Garten Getsemani und am Kreuz, als er von Traurigkeit ergriffen wurde. Beten war für Jesus lebenswichtig. Er hatte Zeit und nahm sich Zeit dafür. Manchmal waren die Apostel dabei und konnten Jesus beobachten. Dann dachten sie: »Wir möchten es auch können.« Und sie baten ihn: »Herr, lehre uns beten!« (Lk 11,1) Jesus hat das, was ihn bewegte, im Gebet vor den Vater getragen. »Er hat sein Leben, sich selber, sein Volk und seine Jünger im Gebet vor Gott gebracht, schweigend und sprechend, schauend und hörend«, schreibt Bernhard Rieger. Dadurch bekam alles den richtigen Stellenwert, erschien alles in einem neuen Licht, offenbarte alles sein wahres Gesicht. Und je länger Jesus betete, desto größer wurde seine Zuversicht, um so mehr wuchs seine Freude: »Ich bin nie allein, der Vater ist immer bei mir!« (Joh 8,16; 16,32)

Könnte das nicht ein Modell für unser Leben sein? Sollten wir nicht immer wieder mitten in unserem Tun (mindestens aber danach) innehalten, um zu beten, um alles Sagbare und Unsagbare vor dem Vater auszubreiten, von ihm sichten und beurteilen zu lassen? Nur so bekommen alle Dinge und Ereignisse in unserem Leben den richtigen Stellenwert. Gelegentlich trifft man auf Menschen, die eine seltsam mächtige Ruhe ausstrahlen – in ihrem Gesicht, in ihrer Stimme oder in ihrem ganzen Wesen. Es ist ziemlich sicher, dass dies Menschen sind, die beten können. So konnte der liebenswürdige Papst Johannes XXIII. das Wort sagen: »Der Mensch ist nie so groß, als wenn er kniet.«

Aufrichtig den eigenen Weg gehen – in Gebet und Kontemplation

Gebet in der Gemeinschaft und Kontemplation

Karin Johne

Das Taizé-Gebet

Eigentlich schon seit unserer Studienzeit hatten wir mit tiefer Anteilnahme den damals völlig neuen Versuch miterlebt, dass sich an verschiedenen Stellen Europas evangelische Christen zu Ordensgemeinschaften zusammenschlossen und das Ideal der drei Gelübde: Armut, Ehelosigkeit und Gehorsam im Raum der evangelischen Kirche zu leben versuchten. Immer mehr konzentrierte sich dann im Laufe der Jahre unser Interesse auf die kleine, aber stetig wachsende Gemeinschaft von Taizé. Wir erlebten in der Dresdner Kreuzkirche mit, wie über 4000 Jugendliche aus der DDR wie selbstverständlich über sechs Stunden betend auf engsten Raum zusammengedrückt beieinander blieben, betend und singend, bis nach Mitternacht dann die Kirche geräumt werden musste. Längst waren auch gesungene Gebetsverse aus Taizé zum festen Bestandteil unserer Exerzitien- und Meditationskurse geworden. Sowohl die morgendlichen Schweigemeditationen als auch die abendlichen Eucharistiefeiern bekamen von daher ihren Rahmen und ihr festliches Gepräge. Aber als wir dann mit einer kleinen Gemeindegruppe im vergangenen Jahr in Taizé selbst erlebten, wie fünftausend Jugendliche dreimal täglich in die Kirche strömten und dort nur dazu zusammenkamen, um Gott zu suchen, zu beten und anzubeten – da leuchtete für mich so etwas auf wie eine Verheißung für die Zukunft der Menschheit. Wenn es noch eine Zukunft für unsere Menschheit gibt, dann wird sie aus solchen Zellen wachsen!

Aber was war es denn eigentlich, was solch eine unzählbare Schar junger Menschen auf diesen kleinen Hügel in Burgund zog? Was motivierte zum Beispiel eine Gruppe von polnischen Jugendlichen, den weiten Weg bis nach Mittelfrankreich mit dem Fahrrad auf sich zu nehmen? Was strahlte so aus, dass selbst aus Sarajewo jüngere und ältere Menschen den Weg aus dem Kriegsgebiet dorthin gesucht und gefunden hatten Menschen, die willens waren, anschließend wieder zurückzukehren?

Ganz tief in mir ahnte ich sehr bald so etwas wie eine Bestätigung eines Weges, der sich mir selbst tastend Schritt um Schritt über Jahrzehnte hin erschlossen hatte. Als ich später einige der Tagebücher von Frère Roger las, fand ich dort vieles wieder, was mir im Laufe der Jahre mehr und mehr als Zentrum und auch Ziel meines Weges aufgegangen war: Das ökumenische Anliegen, die Verbindung über alle Konfessionsgrenzen hinweg, die das gemeinsame Beten und Meditieren schafft, das Leben der Ökumene im eigenen Herzen, ehe daraus konkrete Schritte für die Kirchen wachsen können, die Einbindung der Stille in den anbetenden Wortgottesdienst, die Bindung des Gebetes an Musik, die tief ins Herz dringt und dort weiterbeten kann, das »Weniger ist mehr als viel«, welches ganz tiefe Dimensionen erreicht und verwandelt, trotz bleibenden Schwachheit und Unvollkommenheit.

Ganz besonders tief bewegte mich die Erfahrung, dass in Taizé trotz der sprachlichen Schwierigkeiten und der großen Zahl der Teilnehmer wirklich das ganze Evangelium angeboten und den Jugendlichen zugemutet wird. Und gerade dort zeigt es sich auch wieder, dass sich die zentralen Botschaften des Heilsgeschehens in ganz einfachen, ganz wenigen Worten mitten ins Herz hinein singen lassen. So können diese Worte dann auch mitten im Alltag, mitten während der Arbeit weiterklingen.

Und damit knüpft diese so junge Bewegung letzten Endes unmittelbar an Evagrius Ponticus an, der bereits im vierten Jahrhundert empfiehlt, gegen bestimmte »Dämonen« je eigene, kurze Bibelworte als Waffe zu benutzen; Bibelworte, die in ihrer ständigen

Wiederholung die dunklen Gedanken und Gefühle zu heilen vermögen. Wer in die Augen der Jugendlichen in Taizé schaut, während sie beten, der ahnt etwas von der heilenden Kraft dieser Gesänge. Nicht nur einmal habe ich es erlebt, dass innere Dunkelheiten wichen, wenn ich mich von dem Vers durchdringen ließ: »Jésus le Christ, lumière intérieure, ne laisse pas mes ténèbres me parler« – »Christus, dein Licht verklärt unsere Schatten, lasse nicht zu, dass mein Dunkel zu mir spricht.«

Als Frère Roger gefragt wurde, was er für die innerste Mitte von Taizé halte, antwortete er spontan: Das Gebet – und im Gebet die Zeiten des Schweigens. Jeder, der miterlebt, wie die Tausende von jungen Menschen in der Kirche von Taizé dreimal am Tage etwa 10 Minuten in völliger Stille aushalten, der beginnt neu nach dem Wert des Schweigens im Gebet zu fragen. Nicht umsonst spüren heute so viele Menschen, dass ihnen etwas fehlt, was sie vielleicht in der Übung absoluten Schweigens finden könnten. Zen-Kurse sind gefragt und gesucht.

Die schweigende Kontemplation

Die Übung kontemplativer Schweigemeditation begegnete mir erstmalig in einem Kurs, den Pater Lasalle SJ in Dresden anbot. Ich sehe mich noch in dieser Gruppe von Meditierenden sitzen – und spürte, dass ich damals noch einen inneren Widerstand gegen die angestrebte absolute Leere in. mir vorfand. Ich las in den Pausen Johannes Tauler, um die Leere mit christlichen Inhalten zu füllen – aber es gelang weder das eine noch das andere zu meiner Zufriedenheit. Eine kurze Ahnung dessen, was angestrebt war, kam mir allerdings doch bei einer der Übungen: Fast körperlich spürte ich, wie mich meine Gedanken und Bilder wie am Rand eines Brunnens festhielten, in den ich mich hinuntersinken lassen wollte. Diese Erfahrung war für mich wiederum wie eine noch auf Erfüllung wartende Verheißung. Aber weitere Versuche erschienen noch über eine lange Zeit hin nach wie vor vergeblich, bis ich – auch wieder nur kurz aufleuchtend – dieses Erlebnis hatte.

Einige Jahre danach schien dann die Zeit reif zu sein zu einem neuen Schritt: Während eines Meditationskurses sprang ein Funke über auf mich – von Mensch zu Mensch. In einem Kurs wurden wir angeleitet, den Ort in uns zu suchen, wohin weder Gedanken noch Gefühle einen Zugang haben. Da begriff ich in einer fast intuitiven Erkenntnis, wo sich das zentrale Anliegen eines Meister Eckehart und eines Johannes vom Kreuz, mit denen ich schon lange gelebt hatte, und der kontemplativen Schweigemeditation berühren und treffen.

Fast gleichzeitig wurde mir das Büchlein »Über das Gebet« von Evagrius Ponticus zugänglich. Für Evagrius ist Gebet letztlich überhaupt nichts anderes als Kontemplation, gemeint als Berührung Gottes jenseits aller Vielfalt und Unterschiedlichkeit. Erst da, wo der Mensch dieses alles zurücklässt, wo er in der »apatheia«, der Leidenschaftslosigkeit alles Unterschiedene und Getrennte übersteigt, kann er Gott in seinem absoluten Geheimnis berühren. Und das allein ist nach Evagrius »natürliches Ziel« der nach Gottes Bild und auf Gott hin geschaffenen menschlichen Seele. Weit darüber hinaus, dass mir diese Schrift die christlichen Grundlagen der Kontemplation auch »theologisch« vermittelte (natürlich in der Weise der damaligen Theologie), wurde ich beim Lesen der kurzen Abschnitte in eine Tiefe und Stille hineingezogen, die nichts anderes war als Kontemplation selbst.

Da begann ich zu ahnen, dass es eine Möglichkeit gibt, solche von Gott erfüllte Stille von Mensch zu Mensch weiterzuleiten. Wie tief muss die innere Stille des Evagrius gewesen sein, wenn er sie über fast zwei Jahrtausende hin, durch zweimalige Übersetzungen seiner Schrift hindurch bis zu mir hin »senden« kann!

Und dennoch: Jedes Erleben solcher tiefen, gefüllten Stille bleibt immer neu ein Geschenk der Gnade. Ich kann es nie verdienen, von mir aus nie erreichen oder gar festhalten – weder für mich selbst noch für einen anderen Menschen – ja, ich kann es letztlich nicht einmal verstehen. Bewusst und übend kann ich niemals weiter als bis an die Schwelle dieses Raumes herankommen. Jenseits dieser Schwelle hört jedes eigene Wollen und Können auf; in diesen Bereich reicht kein unterscheidendes Wort oder Bild hinein, und damit tritt auch jedes verstandesmäßige Begreifen zurück.

Und doch trägt dieser Bereich nicht weniger, sondern mehr an Wirklichkeit in sich als all das, was wir normalerweise begreifen, darstellen oder aussagen können. Wirklichkeit ist nämlich etwas – wie das Wort schon sagt –, was »Wirkkraft« für mein Leben hat. Was aber diese Wirklichkeit »bewirkt«, kann ich bestenfalls im Nachhinein erspüren. Vielleicht erlebe ich, dass sich meine bisherige Sicht der Welt etwas verändert oder dass sich meine Wachheit gegenüber äußeren Geschehnissen irgendwie vertieft hat, nachdem mich etwas von dieser anderen Wirklichkeit angerührt oder für kurze Zeit in sich aufgenommen hat. Nachweisen könnte ich so etwas niemals.

Chorgebet und Kontemplation bei Benedikt

Anselm Grün

In der Regel Benedikts finden wir zwar lange Ausführungen über die Ordnung des Betens, über die Anzahl der Psalmen, die zu bestimmten Stunden zu beten sind, aber nur zwei kurze Kapitel über das Wie des Betens. Benedikt schreibt wenig über das innere Gebet – nicht weil er es nicht kennt, sondern weil es für ihn selbstverständlich ist. Benedikt steht in der Tradition des Mönchtums, vor allem in der Tradition Cassians, für den das unablässige Gebet das zentrale Werk des Mönches ist. Aus vielen beiläufigen Bemerkungen kann man schließen, dass Benedikt das unablässige Gebet voraussetzt, und dass er erwartet, dass es von seinen Mönchen zu jeder Stunde geübt wird. Daher gibt er auch keine besonderen Zeiten für die Übung des kontemplativen Betens an. Es ist der lebendige Strom des inneren Gebetes, aus dem heraus dann zu bestimmten Zeiten das Chorgebet als Insel aufragt. Wenn wir in Kapitel 19 nach einer Theologie des Stundengebetes suchen, so stoßen wir auf zwei entscheidende Aussagen, die beide die innere Einheit von Chorgebet und kontemplativem Beten anzeigen – die Einheit von gemeinsamem äußeren Gebet und dem inneren Gebet des einzelnen, der mit seiner Sehnsucht in Berührung kommt.

Beten in der Gegenwart Gottes

Benedikt beginnt sein Kapitel mit der Einschärfung, dass wir gerade beim Gebet daran glauben sollen, dass Gott gegenwärtig ist. Wir glauben, dass Gott überall gegenwärtig ist und dass die Augen des Herrn an jedem Ort die Guten und die Bösen beobachten. Doch wollen wir das in besonderer Weise glauben, und zwar ohne irgendwie zu zweifeln, wenn wir beim Gottesdienst stehen.[1]

Benedikt greift hier die Grundhaltung des Mönchs auf, von der er immer wieder in seiner Regel spricht, von der Grundübung, um die es ihm in allen Anweisungen für das geistliche Leben geht: der Wandel in der Gegenwart Gottes. Das meint nichts anderes als ein unablässiges inneres Beten. In allem, was der Mönch tut, weiß er sich vor Gott und von Gott angeschaut. Er hängt nicht an seinen Gedanken, an seiner Arbeit, sondern er ist im Tiefsten in Gott verwurzelt. Was der Mönch den ganzen Tag übt, das wird im Augenblick des gemeinsamen Betens besonders intensiv erfahren, da wird das Bewusstsein, dass Gott wirklich gegenwärtig ist, dass wir vor ihm stehen, besonders wach und stark. Benedikts Anweisung, sich beim Gebet die Gegenwart Gottes bewusst zu machen, sagt etwas Wichtiges über sein Gebetsverständnis aus. Nicht die einzelnen Worte sind das Entscheidende, sondern das Dastehen in der Gegenwart Gottes, das Ausgerichtetsein auf Gott, die Offenheit von Seele und Leib für den gegenwärtigen Gott. Benedikt beschreibt diese Offenheit in drei kurzen Psalmenzitaten:

Bei dem ersten Zitat, »Dient dem Herrn in Furcht!«, ist Furcht die Haltung absoluter Offenheit für Gott, das Durchdrungensein von Gottesgeheimnisvoller Nähe. Hildegard von Bingen beschreibt den Gottesfürchtigen (»timor dei«) als einen Menschen, der am ganzen Leib voller Augen ist.[2] Er sieht nicht nur mit seinen leiblichen Augen auf Gott, sondern mit all seinen Sinnen, mit seinem ganzen Leib. Alle Aufmerksamkeit, die ein Mensch aufbringen kann, ist auf Gott gerichtet. Gott fällt in diesen Menschen ein durch alle Poren seines Leibes, es gibt nichts, wo sich der Mensch in sich selbst zurückzieht, wo er sich in seinen Privatraum abschließt. Dem gegenwärtigen Gott öffnet er Bewusstes und Unbewusstes, Leib und Seele.

»Psalliert weise« (»Psallite sapienter«) ist die zweite Anregung, mit der Benedikt die Offenheit für Gott beschreibt. Er meint damit, dass es im Gebet nicht nur um Worte geht, sondern um Erfahrung. Der Mönch soll so beten, dass er durch die Worte Gott selbst schmeckt, Gott selbst erfährt, dass er nicht nur den Sinn der Worte einsieht. Vielmehr soll der andere, dem er die Worte sagt, Geschmack bekommen an Gott, zu dem er betet. »Sapienter« (weise) bezieht sich auf das innere Gebet. Der Mönch soll die Psalmen so beten, dass sein äußeres Sprechen zugleich ein Schmecken des Gemeinten ist, ein Spüren Gottes, der sich in allen Worten selbst ausspricht.

Das dritte Zitat bezieht sich auf die himmlische Liturgie, an der wir im Chorgebet Anteil haben: »Im Angesicht der Engel will ich dir singen.« In diesem Bild drückt Benedikt aus, was es heißt, vor dem gegenwärtigen Gott zu stehen und selbst gegenwärtig zu sein. Der Mönch soll sich bewusst sein, dass er vor dem Gott steht, den die Engel anbeten, und dass er im Kreis der Engel steht, die Gott schauen. Das Beten der Mönche ist ein Eintauchen in das ewige Gebet der Engel, ein Eintauchen in ihre Gemeinschaft. Engel sind Bilder von Gottes konkreter Gegenwart. Von Engeln umstellt sind die Beter eingehüllt in Gottes heilende und liebende Gegenwart. Das Bild sagt noch etwas anderes. Die Engel schauen Gott. Ihre Augen sind nicht mit dem Schleier des Fleisches verhüllt. Ununterbrochen schauen sie Gott. Sie geben das Ziel unseres Betens an. Kontemplation bedeutet ja Schau. Die Engel leben in ständiger Kontemplation. Und sie zeigen uns, worum es auch in unserem Beten geht, dass wir von uns selbst wegschauen und uns von den Worten immer mehr zur Schau Gottes führen lassen.

Sich vom Wort Gottes verwandeln lassen

»Mens nostra concordet voci nostrae.« – Um den Sinn dieser Worte haben viele geistliche Autoren gerungen. Sie haben offenbar gespürt, dass hier der Schlüssel zu Benedikts Gebetslehre liegt, der Schlüssel, der uns das Tor aufschließt zum Verständnis der Einheit von Chorgebet und Kontemplation. Victor Warnach hat die drei wichtigsten Betriffe dieses kurzen Satzes untersucht. »Mens« meint nicht der Verstand, sondern den inneren Menschen mit seiner Erkenntnis, seinem Willen und Gefühl. Mens meint fast das gleiche wie »cor«, das Herz, gibt jedoch besonders den beherrschenden Teil der Seele an. Für Augustinus bezeichnet mens die höhere Einheit aller Seelenkräfte. Mens ist »der innerlichste, gottzugewandte Seelengrund, das Auge der Seele, das sich dem Lichte der ewigen Wahrheit öffnet und auf diese Weise in den Besitz der Weisheit gelangt.«[3] In der monastischen Literatur bezeichnet mens vor allem »den betenden Geist, der gerade durch das Gebet mit Gott vereinigt wird.«

Die »vox«, mit der der betende Geist oder das Herz in Einklang stehen soll, ist nicht einfach die Stimme, auch nicht das Wort, sondern die »Vergegenwärtigung des inneren Gedankens.« Vox kann auch »zur Erscheinung des göttlichen Geistes« werden. In den Psalmen wird immer wieder von der »vox Dei« gesprochen, von der Stimme Gottes, die wir hören sollen. Und Benedikt spricht in seinem Prolog von der göttlichen Stimme, die uns mahnt, die uns aber auch zugleich als süße Stimme des Herrn einlädt zum Leben. Das Wort »concordet« verbindet mens und vox. »Concordare« bedeutet ein seelisches Einswerden, innere Harmonie, eine gefühlsbetonte Einheit. Die Verbindung von vax und mens meint dann, »dass Geist und Stimme zu einer lebendigen Einheit zusammenwachsen sollen.«[4] Wir würden erwarten, dass unsere Worte aus unserem Herzen kommen und ihm entsprechen sollten, doch Benedikt sieht das anders: Unser Herz soll mit der Stimme in Einklang sein.

Das Wort, die Stimme ist das Maß für das Herz. Es ist das Wort Gottes, dem sich unser Herz angleichen soll. Indem wir das Wort aussprechen, soll unser Herz, unser ganzer innerer Mensch damit eins werden. Die Worte sollen nicht im Kopf bleiben. Benedikt meint nicht, dass wir über die Worte nachdenken sollen, dass wir also nur andächtig beten. Das rein vernünftige Beten, in dem wir über alles nachdenken, was wir beten, zerstreut. Es zieht uns ab von unserer eigenen Tiefe. Benedikt ermahnt uns vielmehr, dass wir unser Innerstes vom Wort Gottes, das wir mit unseren Lippen sprechen, verwandeln lassen, dass das Wort auch unser Herz zum Klingen bringt. Mein Herz soll offen sein, dass das Wort mich anrühren kann. Nicht ich mache etwas mit dem Wort, sondern das Wort macht etwas mit mir – und zwar im Innersten der Seele.

Wenn das Herz mit dem Wort in Einklang stehen soll, dann kann das zwar auch bedeuten, dass unser Leben unserem Beten entsprechen soll. Aber das ist nur ein äußerer Aspekt. Gerade auf dem Hintergrund unseres Themas will es besagen, dass zwischen unserem Geist und dem Wort keine Distanz mehr ist, dass unser Inneres ganz eins wird mit dem Wort. Ich soll das Wort also nicht objektiv betrachten und darüber nachdenken. Ich soll beim Psalmenbeten nicht meine theologischen Kenntnisse auffrischen. Das macht das Beten zwar interessant, aber zugleich zerstreut es uns und führt uns weg vom Eigentlichen, vom Einswerden mit Gott. Wenn ich dagegen mit dem Wort eins werde, dann führt mich das Wort zur Einheit mit Gott. Ich denke dann nicht nach, sondern ich lasse mich vom Wort von mir selbst wegführen, hin zu Gott. Ich bleibe nicht bei mir und betrachte das Wort, sondern ich binde meinen Geist an das Wort und lasse mich von ihm in das Geheimnis Gottes tragen.

Aber wie kann ich so beten, dass mein Geist mit dem Wort eins wird? Darauf gibt Cassian eine Antwort, die ein neues Licht auf Benedikts Worte werfen kann. Cassian beschreibt in Collation X,11 einen sehr beachtenswerten Vorgang, in dem die innere Beziehung des Psalmengesanges mit dem kontemplativen Gebet deutlich zutage tritt. Im vorangegangenen Abschnitt hatte Cassian die stete Wiederholung der Gebetsformel »Gott, komm mir zu Hilfe, Herr, eile mir zu helfen« erläutert. Dann fährt er fort, dass die Armut und Einfachheit dieses Verses den Übenden selbst zu einem »Armen im Geiste« macht, dem das Himmelreich gehört und der in die erhabensten Geheimnisse eingeführt wird. Die ständige Übung der Gebetsformel führt zur kontemplativen Erfahrung.

An dieser Stelle sagt Cassian unvermittelt, dass der Beter jetzt alle Anregungen der Psalmen in sich aufnimmt und sie so betet, als wären sie nicht vom Propheten gedichtet, sondern dass er sie so ausspricht, als habe er sie als sein eigenes Gebet aus sich selbst hervorgebracht. Der Beter identifiziert sich vollkommen mit dem Inhalt der Psalmen. Der Psalm spricht nicht von der Erfahrung des Propheten, sondern von der Erfahrung des Beters selbst. Diese Erkenntnis geht nicht über das Denken und Schlussfolgern des Beters, sondern in einer spontanen Aneignung des Psalms im Herzen des Beters. Cassian sagt: Denn wenn wir die gleiche Herzensregung aufnehmen, in der ein Psalm gesungen oder geschrieben wurde, und gleichsam seine Verfasser geworden sind, so eilen wir seinem Verständnis eher voraus, als dass wir ihm nachfolgten. Wir erfahren also die Wirkung der Worte früher als ihre Kenntnis (durch Nachdenken).

Das bedeutet also, dass die Erfahrung des Psalmeninhaltes im Herzen des Beters schneller ist, als dass er sie rational durchdringen kann. Die denkerische Verarbeitung der Psalmenerfahrung könnte erst im Nachhinein geschehen. Weiter sagt Cassian: So werden wir von der Wirklichkeit belehrt, alles nicht als Gehörtes hinzunehmen, sondern wie etwas Bekanntes zu betasten; und es nicht wie etwas dem Gedächtnis Anvertrautes, sondern wie ein unserer Natur Einwohnendes aus innerer Herzensregung zu gebären. Das bedeutet: Der Psalm, der im Inneren des Herzens widerhallt, wird nicht aufgenommen, so wie man Gehörtes aufnimmt und es dem Gedächtnis einprägt, sondern das Widerhallen des Psalms ist wie ein Neugebären, wie, etwas, das bereits zur inneren Natur des Menschen gehört, noch bevor es der Verstand erfassen und erkennen könnte. Cassian fasst den Gedanken nochmals kurz zusammen in den Worten: Denn den Sinn dieser Psalmworte durchschauen wir nicht beim Lesen (und Durchdenken) des Textes, sondern durch die vorausgehende (spontane innere) Erfahrung. Das meint wohl Benedikt, wenn er sagt, dass das Herz mit dem Wort in Einklang stehen soll. Cassian führt dann unmittelbar fort: Und so gelangt unser »mens« – Herz, Gemüt – zu jenem unvergänglichen Gebet, zu dem in der vorigen Abhandlung der Gang der Unterredung aufstieg. Gemeint ist hier das Glutgebet, die »oratio ignea«, wie Cassian den Höhepunkt der kontemplativen Erfahrung nennt. Das würde bedeuten, dass die Identifizierung des Beters mit dem Psalm im Innersten des Herzens die kontemplative Erfahrung hervorruft.

Wenn man den ganzen Vorgang nochmals in den Blick bekommen möchte, könnte man sagen: Die stete Wiederholung der immer gleichen Gebetsformel führt zu einer Reinigung des Herzens, die die Erfahrung göttlicher Geheimnisse möglich macht. Das so gereinigte Herz kann spontan den Psalm mit all seinen Gefühlen und Regungen aufnehmen und sich völlig damit identifizieren, als sei der Psalm in ihm selbst entstanden. Dies bewirkt offensichtlich einen weiteren Reinigungsprozess, so dass dann aus dem Herzen das unaussprechliche Glutgebet aufsteigt. So greifen kontemplative Übung und Psalmengesang ineinander über und bedingen sich gegenseitig.

Auf dem Hintergrund Cassians meint Benedikt mit dem»mens concordet voci« offensichtlich, dass wir die Psalmen so beten, dass kein Zwischenraum besteht zwischen dem Wort und unserem Inneren. Es ist wie beim Anschauen eines Mandala-Bildes. Auch da geht es nicht um das Betrachten eines von mir unabhängigen Bildes, sondern um ein Einswerden mit dem Bild. Ähnlich geht es beim Psallieren um ein Einswerden mit dem Wort, um ein Verschmelzen mit dem Wort. Wir sprechen Worte, die uns vorgegeben sind. Aber indem wir sie sprechen, werden wir eins mit ihnen, bringen wir sie aus unserem Innersten hervor und lassen uns zugleich von ihnen in das innerste Geheimnis unseres Herzens und in das Geheimnis Gottes hineinführen.

Es gibt zwei verschiedene Weisen, sich dem Wort Benedikts und der Auslegung Cassians zu nähern. Die eine Weise ist die kontemplative Erklärung, dass wir die Worte aus unserem Inneren, aus unserem Seelengrund neu gebären. Die Voraussetzung dieses Betens ist das Einssein mit Gott, das sich dann im Einswerden mit dem Wort konkret vollzieht. Indem ich meinen Geist in das Wort binde, werde ich von mir selbst frei. Das Wort reißt mich aus der Gebundenheit an meine eigenen Gedanken und bindet mich an Gott. Und indem ich mich ganz vom Wort binden lasse, werde ich mehr und mehr befreit von mir selbst und vom Kreisen um mich und gelange immer tiefer in das Geheimnis des liebenden Gottes, der schon in mir wohnt.

Doch man kann die Worte Cassians und Benedikts auch noch anders verstehen. Dabei sollen wir die fremden Worte der Psalmen als Bilder nehmen, mit denen wir unser eigenes Leben ausdrücken. Dieses eher psychologische Verständnis der Cassianstelle meint, dass wir durch die Bilder der Psalmen alle persönlichen Erfahrungen und alles, was in unserem Unbewussten diffus vorhanden ist an Gefühlen und Ahnungen, vor Gott zur Sprache bringen. Wir benutzen dann vorgegebene Worte. Aber die Worte sind gleichsam unsere eigene Dichtung, weil wir sie mit unserem eigenen Leben füllen. Die Psalmen sind Gedichte. Und Gedichte lassen einem die Freiheit, seine persönlichen Erfahrungen in ihren Worten zum Ausdruck zu bringen.

Auf dieser Ebene bedeutet »mens concordet voci«, dass wir uns ganz auf das Wort einlassen, dass wir nicht über es nachdenken, sondern es als Ausdruck unseres Geistes, unseres Herzens benutzen. Wir sollen unsere Stimme mit unserem Leben füllen. Dann werden wir eins mit dem Wort. Das Wort bleibt nicht mehr fremdes Objekt, das wir betrachten, sondern Träger unserer eigenen Erfahrung. Auch dieses Verständnis führt letztlich zur kontemplativen Erfahrung. Denn dann binden die Worte meine Gefühle und Gedanken, sprechen sie vor Gott aus und befreien mich so allmählich davon. So werde ich immer offener für Gott. Denn mein

Leben mit allem, was mich gerade bewegt, wird so in Gott hineingehalten. Es trennt mich nicht mehr von Gott, es wird von Gott aufgenommen, geheilt und kommt so zur Ruhe und zum Frieden, wie es im Psalm 60 heißt: »Nur zu Gott hin wird still meine Seele.« Nur wenn wir unsere Seele vor Gott aussprechen und aussingen, kommt sie zur Ruhe. Denn dann bringen wir sie in Beziehung zu Gott.

Gefährlich war für die Mönche das Unbezogensein, das Zerstreutsein, das wahllose und ziellose Herumphantasieren, in seiner Phantasie spazieren gehen. Das Heilmittel dagegen ist das Bezogensein auf Gott, die Bindung an Gott. Durch das Psalmenbeten wird alles in mir angesprochen. Ich darf es anschauen und brauche es nicht zu verdrängen. Aber ich halte es Gott hin, ich bringe es in Beziehung zu ihm. Und in der Beziehung zu ihm wird es gebunden und so kann ich zur Ruhe kommen. Das Aussprechen aller Gedanken und Gefühle in den Bildern der Psalmen bringt uns zur wahren Stille und zur Kontemplation. Hier ist das Psalmenbeten die Voraussetzung und Ermöglichung der Kontemplation, während beim ersten Modell die Kontemplation das erste ist, aus der heraus dann die Worte fließen, die mich immer mehr mit Gott eins werden lassen. Beide Sichtweisen sind möglich und legitim.

Beten mit lauterer Hingabe

Im 20. Kapitel seiner Regel schreibt Benedikt über das persönliche innere Gebet, das jedoch innerhalb des gemeinsamen Chorgebetes verrichtet wurde. Nach jedem Psalm beteten die Mönche still weiter. Doch dieses stille Gebet war kein Gebet mit Worten, sondern ein Ankommen des Wortes im Herzen, ein Ruhen im Seelengrund, ein Verkosten des Einswerdens mit Gott. In Ägypten standen die Mönche nach jedem Psalm auf, breiteten die Arme zum Gebet aus und warfen sich dann kurz auf die Erde nieder und verharrten wieder mit ausgebreiteten Armen im Gebet.[5] Sie beteten mit dem ganzen Leib, um auszudrücken, dass sie sich mit Leib und Seele nach Gott sehnen, wie es im Psalm 63 heißt: »Gott, du mein

Gott, dich suche ich. Meine Seele dürstet nach dir. Nach dir schmachtet mein Leib wie dürres lechzendes Land ohne Wasser.«

Das Gebet mit dem Leib zeigt, dass die Pause nach den Psalmen nicht dem Nachdenken diente, also keine Meditationspause war, wie sie heute viele verstehen. Sie war vielmehr ein Freiraum, in dem das innere Gebet hervorsprudeln konnte, ein Augenblick, in dem man sich ohne Worte und ohne Gedanken tief in seinem Seelengrund verankerte und dort mit Gott eins wurde. Die Praxis des alten Mönchtums zeigt somit, dass das kontemplative Gebet bewusst in das gemeinsame Chorgebet eingebaut war, dass es ein gesundes Wechselspiel gab zwischen dem gemeinsamen Psallieren und dem inneren Gebet nach jedem Psalm. Dabei war es kein Nacheinander, sondern ein Ineinander. Denn das mündliche Gebet war schon vom inneren Gebet getragen und führte zum inneren Gebet. Das innere Gebet war die Grundmelodie, die sich dann verschieden äußerte im Singen, Rezitieren und im schweigenden Sichniederwerfen.

Benedikt fordert nun »oratio brevis et pura«, dass die Gebetspause kurz (brevis) und das innere Gebet rein (pura) sei. Und er entfaltet das mit verschiedenen Ausdrücken, die alle zeigen, dass es ihm um das kontemplative Beten geht. Wir sollen »puritatis devotione« beten, mit lauterer Hingabe. Dabei sollen wir nicht viel reden, sondern »in puritate cordis et compunctione lacrimarum«, in der Reinheit des Herzens und in der Zerknirschung mit Tränen beten. Benedikt schöpft hier aus Cassian, der ausführlich über die Reinheit des Herzens geschrieben hat. Die Reinheit des Herzens ist Ziel der ganzen Askese und allen Betens.[6] Sie ist die Offenheit des Willens und Verstandes für Gott, das in Gott zur-Ruhe-Kommen des Herzens, das nur durch die Liebe möglich ist. Reinheit. des Herzens ist für Cassian letztlich Liebe, die sich ganz und gar auf Gott ausrichtet und sich ihm hinhält, damit alles Unreine in den Wünschen und Gedanken ausgebrannt wird und der Mensch im Herzen ganz eins wird mit Gott. Das Beten in der Reinheit des Herzens ist nichts anderes als das kontemplative Beten, in dem die eigenen Gedanken und Gefühle keinen Platz haben, weil Gott einen bis zum Rand ausfüllt. Die Tränen der Zerknirschung, die Benedikt für das Beten vom Mönch erwartet, beziehen sich auf das kontemplative Beten. Gott rückt dem Mönch in diesem Beten so nahe auf den Leib, dass er in Tränen ausbricht. Die Tränen sind Zeichen einer intensiven Gotteserfahrung. Isaak der Syrer meint, sobald wir der Wahrheit Gottes nahe kommen, beginnen unsere Augen Tränen zu vergießen. Die Tränen bringen unsere Sinne zur Ruhe und schließen uns ein in den Frieden Gottes.[7] Für Evagrius Ponticus gibt es keine wirkliche Gotteserfahrung ohne Tränen. Die Tränen sind Zeichen der Nähe Gottes, leiblicher Ausdruck der erfahrenen Gegenwart des liebenden Gottes.

Benedikt rechnet offensichtlich damit, dass die Mönche durch das Psallieren in eine Verfassung gebracht werden, die dem inneren Gebet dienlich ist. Der Psalm hat im Beten die Sehnsucht geweckt, die in dem kurzen Gebet nach dem Psalm mit Leib und Seele gespürt wird. Oder anders ausgedrückt: Die Worte der Psalmen fachen die Glut im Herzen des Beters an. In dem kurzen Gebet nach dem Psalm kann die Glut aufflammen und Geist und Herz erhellen. Dann wendet sich der Mönch wieder einem neuen Psalm zu, um die Glut in anderen Teilen seiner Seele zum Glühen zu bringen. So besteht für Benedikt kein Gegensatz zwischen Chorgebet und Kontemplation, sondern beide bedingen und durchdringen einander.

Es gab in vergangenen Jahren Versuche, Chorgebet und Kontemplation in der Weise miteinander zu verbinden, dass man nur ganz wenige Psalmen betete und nach jedem Psalm eine lange Meditationspause einlegte. Das ist sicher möglich. Aber es ist dann kein Chorgebet mehr und widerspricht der Intention Benedikts, der das Chorgebet selbst als eine Weise des kontemplativen Betens verstanden hat. Es geht nicht darum, die Psalmen durch lange Meditationspausen zu unterbrechen, als ob nur die Schweigepausen wirklich Kontemplation wären, sondern um das immer stärkere Entfachen der Glut unserer Liebe und unserer Sehnsucht nach Gott durch die Worte der Psalmen und um ein Aufflammen dieser Glut in den kurzen Pausen nach einem Psalm.

Chorgebet und Kontemplation haben ihren je eigenen Ort. Es ist gut, die Kontemplation im schweigenden Sitzen zu üben. Denn dadurch werden wir auch im Chorgebet immer wieder mit dem Ort in uns in Berührung kommen, in dem Gott selbst in uns wohnt. Aber es ist auch gut, beides nicht miteinander zu vermischen. Denn damit würde man die eigentliche Verbindung und Einheit von Chorgebet und Kontemplation zerreißen, die gerade im Wechselspiel von Wort und Schweigen besteht.

1 P. Luislampe, Kapitel 19 Regel Benedikt, in: Monastische Informationen 42 (1985).
2 Vgl. Ebd., S. 9f.
3 V. Warnach, Mens concordet voci, in: Liturgisches Leben 5 (1938), S. 169–190.
4 Ebd. , S. 175–179.
5 Vgl. G. Holzherr, Die Benediktsregel, Einsiedeln 1985, S. 167.
6 Vgl. A. Grün, Die Reinheit des Herzens, Frankfurt 1978.
7 Vgl. A. Grün, Gebet und Selbsterkenntnis, Münsterschwarzach 2002, S. 31–48.

Aufgehoben im See der Zeit

Wunibald Müller

Wenn ich mich einschwinge in den Rhythmus der Psalmen, werde ich weggetragen von einem Zeitverständnis, das mich festlegt in ein Gestern, Heute und Morgen. Meine Zeit beginnt nicht mehr länger irgendwann und bewegt sich irgendwohin, um irgendwann zu Ende zu sein. Sie ist nicht länger wie ein Fluss, der sich unaufhörlich in eine bestimmte Richtung bewegt, sondern ein tiefer See. Ein See, in dem ich verweilen darf. Ich darf mir Zeit nehmen, zu mir zu kommen. Ich darf ganz im Moment leben und im vollen Verweilen im Augenblick zugleich etwas vom Ewigen erahnen. Die Hektik, das »Streben nach«, fällt von mir ab.

Ich lasse mich nicht länger treiben. Ich bleibe in meinem See. Und je länger ich darin verweile, desto mehr komme ich in Berührung mit mir – äußerlich und innerlich. Ich spüre meinen Körper und werde zunehmend sensibler für die Stimme meiner Psyche und Seele. Jetzt werde ich nicht länger abgelenkt davon. Leib und Seele selbst können zur Ruhe kommen. Endlich dürfen sie den ständigen Druck des Funktionieren-Müssens, der Pflicht, der Leistung unterlaufen, sich gehen lassen und einfach alles sein lassen. Jetzt erst spüren sie, wie erschöpft sie sind, wie beschädigt und Reparatur bedürftig. Langsam kommen sie zur Ruhe. Und sie fangen an, es zu genießen, sich im See der Zeiten ausstrecken und ausdehnen zu können. Ruhe überkommt sie. Gelassenheit macht sich breit. Das Gestern und Morgen verliert an Bedeutung. Ja, ich bin. Ich bin jetzt. Hier und da. Ich lebe. Gerade jetzt.

Die Erfahrung des Jetzt wird immer dichter. Sie geht immer tiefer. Sie umhüllt mich immer mehr. Bis sie übergeht in ein Erahnen dessen, was es heißt, wenn die Zeit endgültig stillsteht. Wenn der Moment des Augenblickes zur Ewigkeit wird. Ich selbst bin dann wie aufgegangen und zugleich aufgehoben im See der Zeit. Einst wird dort für immer mein Platz sein. Jetzt finde ich hier die Ruhe und Rast, die ich benötige, um wieder zu mir zu finden, um zu meinen Wurzeln und zu meinem Fundament vorzustoßen. Mit meiner Tiefe und meinem Grund in Kontakt zu kommen. Das Ewige, Zeitlose in mir wieder mehr zu spüren und zu erfahren. Jetzt verankere ich mich wieder dort, halte mich daran fest. Das hilft mir, wieder ins Lot zu kommen, die Ereignisse in meinem Leben so zu gewichten, dass ich zunehmend wieder die Balance finde. Ich treibe nicht länger wie ein führerloses Schiff auf hoher, stürmischer See. Ich vermag mich zunehmend wieder zu orientieren, Herr meiner Lage zu werden. Ich bin wieder in Kontakt mit dem, was tiefer und höher ist, was alle räumlichen und zeitlichen Kategorien übersteigt. Damit bin ich wieder verankert und im Bewusstsein der Erfahrung und dem Erahnen dieser Verbundenheit, überlasse ich mich wieder der fließenden und mich treibenden Zeit, dem Leben.

Gebet, Meditation und Schweigen

Anselm Grün

Gebet und Meditation

Ein wichtiger Weg der Reinigung ist das Gebet. Mit Gebet meine ich aber nicht, dass ich Gott bitte, dass er mir von außen her allen Schmutz abwäscht. Die Reinigung im Gebet geschieht vielmehr nur dann, wenn ich alles in mir Gott hinhalte, gerade auch meinen inneren Schmutz und meine Schattenseiten. Indem ich es Gott hinhalte, kann sein Licht in das Dunkle und Unklare in mir eindringen und es klären. Ich muss den eigenen Schmutz wahrnehmen, damit er vom Licht Gottes erleuchtet werden kann. Und ich muss vor allem auch meine eigene Frömmigkeit Gott hinhalten und sie von ihm in Frage stellen lassen, ob sie nicht getrübt ist durch eine Ideologisierung krank machender Lebensmuster, ob ich nicht Gott für mich benutze, anstatt mich im Gebet Gott hinzugeben.

Die Reinigung im Gebet kann auf zwei Weisen geschehen: einmal indem ich im Gebet Gottes Liebe in das Trübe und Schmutzige in mir einfließen lasse; zum andern indem ich den inneren Dreck aus mir herauswerfe. Ich stelle mir dann vor, dass ich vor Gott sitze und alles in mir aufsteigen lasse, was hochkommt. Und das werfe ich dann Gott vor die Füße. Der hl. Benedikt hat diese zweite Methode offensichtlich im Blick, wenn er dem Mönch rät: »Schlechte Gedanken, die sich in unser Herz einschleichen, sofort an Christus zerschmettern und dem geistlichen Vater eröffnen.« (Regel Benedikts 4,50) Benedikt bezieht sich hier auf Psalm 137,9: »Wohl dem, der deine Kinder packt und sie am Felsen zerschmettert.« Die Kirchenväter haben diesen Vers auf die bösen Gedanken bezogen. Der Fels war für sie ein Bild für Christus. Schon im Prolog der Regel hatte Benedikt davon gesprochen, dass der Mönch die »Teufelskinder von Gedanken packt und an Christus zerschmettert« (Regel Benedikts Prolog 28). Es ist ein eindrucksvolles Bild, das Benedikt dem Mönch vor Augen hält: Er soll seine bösen Gedanken aus sich herauswerfen und am Felsen Christus zerschmettern, so dass sie keine Macht mehr über ihn haben. Es ist ein Akt voller Kraft und Aggression, der den Mönch von seinem inneren Schmutz befreien soll.

Für die frühen Mönche war das Jesusgebet ein Gebet der Reinigung. Sie haben das Jesusgebet bewusst in alle Bereiche der eigenen Psyche hineingebetet. Wenn ich in meine Wut, in meine Enttäuschung, in meine Bitterkeit, in mein inneres Chaos hineinspreche: »Herr Jesus Christus, Sohn Gottes, erbarme dich meiner«, dann läutert sich in mir etwas. Der Ärger verliert seine Macht über mich. Die Trübungen klären sich. Die inneren Verwicklungen lösen sich auf. Ich will mit dem Jesusgebet nicht meinen Ärger wegbeten. Ich nehme den Ärger und das Gekränkt sein an, ohne dagegen zu wüten. Ich will meine Emotionen nicht in den Griff bekommen. Ich halte sie Gott hin und spreche das Jesusgebet in die Affekte hinein, ohne inneren Druck, dass sie sich wandeln müssen. Ich gehe liebevoll mit den Affekten um. Im Jesusgebet lasse ich die barmherzige Liebe Jesu in die inneren Trübungen fließen und verbinde damit mein eigenes Wohlwollen, meine eigene Milde und Barmherzigkeit. Dann erlebe ich oft, dass sich die Gefühle nach einer halben Stunde wandeln. Auf einmal spüre ich keinen Groll mehr in mir. Ich erlebe einen tiefen inneren Frieden. Es hat sich etwas in mir geklärt. Ich bin mit mir in Berührung. Der andere hat mit seiner Verletzung keine Macht mehr über mich. Ich lasse ihn sein, wie er ist, ohne noch grollend an ihn zu denken.

Manchmal erlebe ich bei der morgendlichen Meditation vor der Christus-Ikone, wie da trübe Gedanken aufsteigen. Auf einmal fällt mir ein, wie unfair ein Mitbruder mit mir umgegangen ist und wie negativer über mich geredet hat. Und schon verwickle ich mich in innere Selbstgespräche, in denen ich meine ganze Intelligenz aufwende, um den anderen in seiner Borniertheit bloßzustellen. Mir fallen dann alle möglichen psychologischen Muster ein, die ich dem anderen nachweisen könnte. Doch wenn ich dann auf Christus schaue, spüre ich, dass ich nicht einfach fortfahren kann mit meinen destruktiven Selbstgesprächen. Für mich ist dann das Bild Jesu, der am Kreuz hängt und trotz des zerstörerischen Hasses seiner Feinde nicht bitter geworden ist, eine Herausforderung, mein Inneres zu klären. Ich merke, wie ich mir selbst schade, wenn ich diesen trüben Gedanken nachhänge. Ich halte sie Christus hin und bitte ihn, dass sein Geist und seine Liebe in mich einströmen und alles Bittere und Rachsüchtige aus mir vertreiben. Und ich spüre meine Verantwortung, in diesen Tag mit einem geläuterten Herzen zu gehen und nicht mit der Mördergrube, die sich in meinem Herzen breit machen möchte.

Für uns Mönche ist das tägliche Chorgebet ein reinigendes Ritual. Viermal am Tag versammeln wir uns zum Beten und Singen der Psalmen. In den Psalmen drücken wir unsere Emotionen aus. Die Psalmen sind nicht nur fromm. Sie bringen alle Emotionen zur Sprache, Liebe und Hass, Angst und Vertrauen, Sorgen und Zweifel, Sehnsucht und Verlassenheit, Schmerzen und Freuden. Indem wir unsere Gefühle aussingen, klären sie sich. Die Verwicklungen unserer eigenen Emotionen mit den Stimmungen, die von außen auf uns einströmen, hören auf. Die innere Gefühlslandschaft hellt sich auf, das Unbewusste lockert sich. Es hat uns nicht mehr im Griff. Auch wenn ich nicht besonders andächtig eine halbe Stunde lang die Vesper gesungen habe, fühle ich mich nachher doch irgendwie aufgeräumt. Ich trage nicht mehr den unklaren emotionalen Ballast mit mir herum. Es ist klarer geworden in meinem Innern. Ein Besucher meinte einmal, beim Singen der Psalmen fühle er sich wie am Strand. Die Wellen kommen und gehen und zurück bleibt ein gereinigter Strand. So reinigt das Psalmensingen seine Seele.

Schon allein die Struktur des Tages, der mich viermal einlädt, meine Arbeit zu unterbrechen, wirkt reinigend auf mich. Ich erlebe immer wieder, wie ich mich tagsüber von Konflikten emotional aufladen lasse. Da kommt ein Mitbruder und beschwert sich, dass etwas nicht gut organisiert ist. Der andere erzählt, dass eine Firma ihre Waren nicht oder falsch geliefert hat. Der Baumeister berichtet von Fehlern, die am Bau passiert sind. Wenn da zuviel auf mich einströmt, dann staut sich in mir Ärger auf. Und wenn ich diesem Ärger Raum lasse, reagiere ich auf jeden Telefonanruf gereizt. Und es wächst in mir das Gefühl, dass mein ganzes Bemühen umsonst ist. Auf einmal sehe ich alles schwarz. Ich fühle mich gelähmt. Ich könnte versuchen, die Verwicklungen dieser Emotionen zu erklären: meinen inneren Widerstand gegen das tägliche Feuerwehrspielen, meinen Unwillen, mir immer nur das Negative anhören zu müssen. Mein Widerstand und mein Unwillen gegen ständige Konflikte laden sich auf mit den Emotionen, die mir die Mitbrüder und Mitarbeiter entgegenbringen. Und schon entsteht ein Emotionsbrei, den ich nur schwer klären kann. Und während der Arbeit im Büro komme ich gar nicht dazu, die inneren Zusammenhänge meiner Emotionen zu erkennen und wieder aufzulösen. Doch wenn ich in die Mittagshore gehe, erlebe ich sie wie eine heilsame Unterbrechung. Ich lasse mich auf die Psalmen ein, höre die Lesung und gehe schweigend zum Mittagessen. Und auf einmal merke ich, wie sich in mir etwas gelöst und geklärt hat. Die innere Verunreinigung, die im Laufe des Vormittags entstand, ist durch die Mittagshore weggewischt worden.

Schweigen

Ein weiterer zentraler Weg der Reinigung war seit jeher das Schweigen. Im Schweigen begegne ich mir selbst. Da tauchen die dunklen Stellen der Seele auf. Das Schweigen kann das Unklare klären. Das Sprechen wühlt die Emotionen auf. Wenn ich schweige, kann sich der Schmutz setzen. Die Mönche vergleichen die Klärung der Trübungen mit dem Wein. Der Wein muss still stehen bleiben, damit sich das Trübe setzt. Wenn der Mönch still bleibt und schweigt, kann sich auch in ihm setzen, was ihn tagsüber oft genug aufwühlt. Im Schweigen begegne ich mir selbst. Da erkenne ich, welche Trübungen mich seit Kindheit an beeinträchtigen. Wenn ich diese Trübungen in die Klarheit Gottes halte, können sie sich auflösen. Das Schweigen reinigt nicht automatisch. Wer seinen inneren Zorn in sich verschließt, bei dem kann das Schweigen den Zorn sogar noch verstärken. Nur wenn ich den Zorn wahrnehme und versuche, ihn im Schweigen loszulassen, kann er sich auflösen.

Normalerweise klären sich die Emotionen, wenn sie ausgesprochen und bearbeitet werden. Im Schweigen klären sie sich, obwohl oder vielleicht gerade weil ich sie nicht äußere. Die Mönchsväter glaubten, dass sich Emotionen verstärken, sobald sie ausgesprochen werden. Manche Emotionen muss man durch Schweigen klären. Ein Altvater vergleicht es mit dem Ungeziefer, das in einem Glas eingeschlossen ist. Sobald der Deckel sich öffnet und Sauerstoff einströmt, regt es sich. Wenn der Deckel des Glases lange genug verschlossen bleibt, stirbt das Ungeziefer. Solange ich schweige, kann sich nicht aller Schmutz, den ich aus meiner Umgebung aufsammle, an meine Emotionen hängen. Schweigen führt dazu, dass ich Abstand bekomme zu meinen Emotionen. Aus diesem Abstand heraus kann ich dann meine eigenen Gefühle trennen von allem, was sich mit ihnen verbunden hat. Im Schweigen stirbt das Ungeziefer in meiner Seele ab. Es bekommt keinen Sauerstoff mehr.

Aber das Schweigen will geübt sein. Die Mönche unterscheiden ein inneres und äußeres Schweigen. Es gibt Menschen, die zwar äußerlich schweigen. Innerlich aber reden sie ununterbrochen. Sie kreisen schweigend um ihre Unzufriedenheit oder um die Menschen, die ihnen auf die Nerven gehen. Sie fressen den Ärger in sich hinein. Sie halten ununterbrochen nörgelnde Selbstgespräche. Dann nützt das Schweigen gar nichts. Schweigen bedeutet, das, was in mir immer wieder auftaucht, loszulassen. Aber es gilt das spirituelle Grundgesetz: Ich kann nur loslassen, was ich angenommen habe. Ich muss das, was in mir auftaucht, anschauen. Ich muss mich dem Schmutz stellen. Dann kann ich mich davon distanzieren und ihn loslassen.

Manchmal muss ich dem inneren Lärm aber auch beherzt entgegentreten und ihn zum Schweigen bringen. Das Markusevangelium berichtet uns, dass die Jünger in ihrem Boot in einen heftigen Wirbelsturm gerieten. Während sich die Jünger mit Rudern abmühten, schlief Jesus hinten im Boot. Als sie ihn aufweckten, »stand er auf, drohte dem Wind und sagte zu dem See: Schweig, sei still! Und der Wind legte sich, und es trat völlige Stille ein.« (Mk 4,39) Der innere Sturm in uns entsteht, wenn wir nicht mehr in Berührung sind mit dem Jesus in uns, mit unserer inneren Mitte, mit unserem wahren Selbst. Wir müssen dann wieder Fühlung aufnehmen mit dem Christus in uns und wie Jesus aufstehen und den inneren Turbulenzen gebieten, dass sie schweigen sollen. Manche Gedanken, die immer wieder in uns auftauchen und uns innerlich beschmutzen, müssen wir kraftvoll aus uns herauswerfen, damit wir wieder klar denken können. Das ist kein Unterdrücken, sondern ein bewusstes Gebieten, damit das Selbst wieder Herr im Hause ist und sich nicht mehr von tausend Gedanken hin- und herschaukeln lässt.

Das Schweigen kann wie ein Bad sein, in das die Seele eintaucht. Wenn ich einen ganzen Tag schweigend wandere, dann fühle ich mich danach anders. Ich habe im Schweigen gar nicht viel bearbeitet. Die Stille war vielmehr wie ein reinigendes Bad für meine Seele. Es ist etwas zur Ruhe gekommen. Vieles ist einfach abgefallen. Beim Bad reibe ich nicht gewaltsam den Schmutz ab. Wenn ich mich in die Badewanne lege, dann löst sich der Schmutz von selbst auf. So ähnlich ist es mit dem Schweigen. Das, was mein Inneres verunreinigt hat, löst sich langsam auf. Und die Seele kann wieder frei atmen. Wir brauchen immer wieder solche Zeiten der Stille, in denen sich lösen kann, was sich in unserer Seele an Staub angesammelt hat.

Mit dem Leib beten

Meinrad Dufner

Die vielfältigsten Formen kulturellen Ausdrucks haben oft ihre Wurzeln im religiösen Empfinden und Äußern. Das liegt auch in der Sache selbst, dass Seelisches, Geistiges und Geistliches materialisiert mitgeteilt und dargestellt werden soll. Mal ist es Gebärde, mal Wort, mal Bild, mal Musik, mal Ritual, mal Kleidung, mal Nacktheit. Im Folgenden sollen einige Aspekte des betenden Leibes gezeigt werden und zum eigenen Erfahren locken.

Die markanteste Haltung des Menschen, welche ihn vom Tierreich sehr auffällig unterscheidet, ist die Senkrechte. Auf der Erde stehend, zum Himmel ausgestreckt, beschreibt seine Gestalt die Gebärde einer stehenden Säule. Keiner der Pole darf fehlen. Ohne den tragenden Boden ist kein Stehen möglich. Ohne die Weite des oberen freien Raumes kommt keine Senkrechte zustande. Belastung oder gar Gebücktheit entstünde. Auf Erde angewiesen, zum Himmel verwiesen – dieser doppelte Ursprung des Menschen beschreibt seine Weise, wie er leben muss: Die Erde bestehen, zum Himmel gereckt. Auch seine Fragen und Antworten müssen diesen beiden Richtungen Rede stehen, in ihnen sich behaupten.

Diese Ausgespanntheit in die Senkrechte ermöglicht eine vielseitige Wendigkeit, eine Übersicht und vor allem die Handfreiheit, aus welcher alles Handeln archaisch entstand. Durch das Aufrichten und Befreien der Vorderläufe zu Händen wurden Handfertigkeit vom Bauen bis zum Geigespielen möglich. Und handelnd und hantierend lernte der Mensch begreifen, erst physisch, dann geistig. So ist das nur Stehen, die Erfahrung der Senkrechten und Aufrechten schon genug Dank, Beauftragung, Würde und Bürde. Dieser Ausspannung treu und gewachsen zu bleiben, mehr fordert das Leben nicht. Aber wir wissen, wie die Gefahr, sich an einem der Pole niederlassen zu wollen, einen verlockt; wie diese Einsamkeit des Stehens zu schwer wird und die Versuchung zu fliehen groß. Das Gebet als senkrecht- Stehender zeigt vor Gott die Bitte um solches Vermögen, zeigt aber auch Einübung und Beauftragung dazu.

Eine andere Grundgestalt menschlichen Leibseins ist beschrieben mit der Zwei, dem Doppelten: zwei Augen und Ohren, zwei Nasenlöcher, zwei Arme, zwei Hände, zwei Beine und zwei Füße. Weit mehr Doppelungen und zweifache Vorgänge ließen sich noch aufzählen. Das Aufbrechen der gesammelten und monolithischen

Eins stellt demnach die Grundsituation dar. Mit der Zwei entsteht Spannung, mit der Zwei entsteht das eine, das andere. Es unterscheidet sich etwas, es begegnet sich etwas, es findet oder verliert sich etwas. Es fragt und beantwortet, es zeigt und spiegelt oder steht entgegen. Die Zweigestalt ist unsere Aufgebrochenheit. Dank ihrer sieht das Auge Entfernung, hört das Ohr Stereo, begreifen die Hände von allen Seiten, können die Füße Schritte tun. Diese Verdoppelung macht uns schon vor dem Begegnen mit anderen zum dialogischen Wesen, zum Lebendigen als Austausch und Beziehung.

Die Zwei aushalten heißt auch, den Zweifel bestehen, den sie aus sich gebären kann. Als eine Zweigestalt mich Gott zeigen, wortlos nur fühlend, ist unendliche Bitte, ist Schrei und Ruf, ist aber auch Lob mit der Gabe des Verschiedenen. Mit dem Unten verbinden wir Fundament und Halt, aber auch Dunkel und Gefahr, Last, Fron und Tod. Das Oben dagegen leuchtet, ist Licht, meint Weite, Höhe, Freiheit, Leben, Himmel und Gut. Vorne ist Zukunft, ist Ausweg, ist Voran und Weiter. Hinten liegt zurück, ist vorbei. Vorne haben wir im Blick, hinten sind wir blind und damit gefährdet. Rechts ist die lichte Seite, mit der die meisten Menschen handeln, zupacken, schreiben. Rechts ist der Ehrenplatz, rechts hat in unserer Sprache mit richtig und gerecht zu tun. Links ist die untergeordnete Richtung. Wir sprechen von linkisch, oder der hat mich gelinkt, oder man könne jemanden links liegen lassen.

Das christliche Kreuzzeichen beschreibt die Grundrichtungen des Oben und Unten, des Rechts und des Links in einer Gebärde, die auch ohne Worte schon heiliges Zeichen sein kann. Wenn ein Mensch sich solcher Ausspannung stellt, sich so ins Kreuz spannen lässt, vollzieht er seinen Auftrag zum Leben. Jesu Wort: »Wer mir nachfolgen will, nehme sein Kreuz auf sich«, meint unter anderem doch auch dieses: Meiner individuellen Bestimmung und Mitgift von oben und unten, rechts und links treu zu sein; mich so ein- und ausspannen zu lassen. Ein Anbetungsgebet in der Gestalt der

Zwei wird dann zu einem mich richten lassen, mich formen lassen für die Kreuzgestalt des Lebens, in der ich dem Menschensohn ähnlicher werde.

Auch die Drei gehört zur Prägestruktur unseres Leibes. Wir finden sie in der Beweglichkeit der Hände, Finger, der Beine und Füße Wir haben sie vor allem im oben-unten-mitten, in Kopf-Rumpf-Gliedmaßen. Wie beim Lesen der Handschrift als graphologische Aussage erzählt das Oberfeld von der geistigen Welt, das Unterfeld von der vitalen Zone und deren Beschaffenheit und die Mitte ist eben die Mitte von beidem. In dieser Zone tragen wir körperlich unsere Stoffwechselorgane des Atmens und der Ernährung. Hier nehmen wir besonders die seelischen Emotionen wahr, hier fühlt sich Freude und Trauer, Enge und Weite, Glücklichsein und Schwermut besonders deutlich.

Die alte Rede behauptet, dass aller guten Dinge drei sind. Also dann wird es mit uns gut sein, wenn die eigene Dreigestalt harmonisch in uns zusammenlebt. Ein Gebet aus der Drei spart keinen Bereich aus, bewertet nicht einseitig, schafft Ausgleich und Frieden. Das Verweilen mit der Dreigestalt hat auch mit dem Mysterium der göttlichen Trinität etwas zu tun. Gebet, das so dreifach anwesend ist, ist Gebet, in dem ein liebendes Bewegen besteht, ein Gebet, welches Einheit in dreifacher Vielheit genießt.

Neben der Geraden und seiner Ausrichtung, als Stehen oder Arm und Bein, tragen wir das Rund an uns. Aus dem Runden sind wir geboren, ins Runde zieht es uns immer wieder zurück im Schlaf, im Liebkosen, im Rückzug als Leib oder Seele. Rund ist der Kreis, die Kugel,. das Vollkommene. Auch als Gerundete dürfen wir vor Gott beten. Es wäre die Gebärde der Vollendung wie des Ursprunges. Es ist die Gebärde der Heimat, des Schutzes, der Geborgenheit. Es ist die Kindeshaltung. So kenne ich die Gebete unter der Bettdecke, die stillen Augenblicke aus Angst und Vertrauen, aus Gefährdung und Mut beim Erwachen in den Tag. Es ist aber auch die Gebetshaltung des kranken Menschen oder des alten, gar sterbenden. Der Mensch hat in dieser Haltung aufgehört zu handeln, zu besorgen, zu bestimmen. Er gibt sich in das, was ihn bergen und aufnehmen kann. Er wartet und reift, wie die Frucht in der Schale, wie das Küken im Ei, hoffend ein anderes Leben würde bereitet.

In fast allen Religionen lernen die Menschen das Gebet, welches sich mit dem Atem verbindet. Tatsächlich ist Kommen und Gehen des Atems die Urbewegung. Nehmen wir hinzu, dass mit der Geburt der erste Schnaufer anhebt und im Sterben das letzte Ausatmen weggeht, dann berühren wir atmend Anfang und Ende. Jedes Einatmen schöpft neues Leben, jedes Ausatmen verabschiedet sich. Keiner der beiden Zustände ist von Dauer, jeder drängt ins andere und wieder zurück. Die Luft ist unser Lebenselement. An ihrem Wehen, Kommen und Gehen hängt alles -Leib, Seele, Geist. Die Gedanken, die wir denken, brauchen den Sauerstoff, die Worte, die wir sagen oder hören, trägt die Luft. Es ist Menschheitswissen, dass Atem bekommen mit Gott zu tun haben muss. folglich »betreiben« wir auch unser Gebet mit dem Atem. In diesem Rhythmus schwingt das Gottesgedenken der Buddhisten, das Jesusgebet des Orthodoxen, der Rosenkranz der Katholiken wie auch der Muslime. Ja der Atem selbst, achtsam begleitet als innere Bewegung, ist Hingabe, Verehrung und Lehre in einem. Er ist ja Atem seines Atems.

Kann man auch mit der Haut beten? Mit den Händen natürlich. Aber auch mit der Nacktheit des ganzen Körpers? Die Wüstenväter und vor allem der heilige Franziskus konnten das noch, durften das noch. Ich erinnere mich an so ein Hautgebet bei einem Afrikaaufenthalt: Es war eine tiefe Erfahrung, ungeschützt wie ein eben Geborenes, nackt wie ein allem Beraubter, wie ein Bettler oder Liebender vor Gottes Gegenwart zu stehen, zu sitzen, zu knien, zu liegen. »Du umfängst mich von vorne, von hinten, Du weißt um mich.« Kein Hilfsmittel schiebt sich zwischen das Begegnen, keine fromme Leistung vermag mich zu zieren. Ich bin wie ich bin, und ich zeige mich ganz, wie es nur im Raum von Liebe vollendet sein kann. Und ich weiß, so ganz gesehen zu sein. Ein

Auge, das liebt und ganz zugewandt mich beschaut wie eine Mutter ihr Kind, wie der Arzt den Patienten. Schließlich öffnet ein tiefbejahtes Nacktsein alle Poren. Es stülpt geradezu das Innerste zu äußerst. Das geht aber nur in der Gegenwart einer Nähe, die mir wichtigere Nähe ist als ich mir selber sein kann. Leider ist derart vitales Beten bei den meisten Menschen außer Übung gekommen. Es würde sich lohnen, wieder so beten zu lernen.

Das Sitzen gilt als eigentliche Haltung des meditativen Gebetes. Tatsächlich braucht der Sitz weniger äußere Wachheit, da vom Boden, vom Stuhl, von einer möglichen Lehne der Körper mehr getragen wird. Das Sitzen ist tiefer in der Ruhehaltung, aus der heraus es mehr Bewegung bräuchte bis wir wieder in Gang kämen. In alter Zeit war Sitzen mancherorts nur das Vorrecht von Königen, Priestern, Richtern und Alten. Bei altägyptischen Statuen und am romanischen Marienbild können wir es ablesen. Dort sitzt der Pharao dem Gott auf dem Schoß. Das Kind sitzt in der Maria, wie die Maria auf dem Thron. Sitzen Dürfen entstammt einer größeren Präsenz, die mich trägt, an der ich lehne und mich halte, von der her Platz und Autorität gewährt ist. Jedes Sitzen im Gebet hat etwas von dieser abgeleiteten Würde, von Gnade und Erwählung an sich.

Das Knien zeigt andere Beziehung an. Hier geht es nicht um das eigene Erwähltsein, hier geht es um die verehrte Größe eines Größeren. Um ihn größer sein zu lassen, macht sich der Beter klein. Wer kniet, versinkt in den Boden, verzichtet auf die Möglichkeit eigener Schritte, eigener Wege. Es ist Übergabe an einen anderen, es ist Auslieferung oder Gebärde einer Beauftragung, die übernommen wird. So werden Firmung und Priesterweihe zum Beispiel kniend empfangen. In der Tradition war das Knien vor allem die Gebetshaltung bei der eucharistischen Anbetung. Dieses Knien vor der Gegenwart Christi ist ein wertvolles Gegengewicht gegen die Routine des Kommunionempfanges. Um den es geht, der ist zu groß, als dass wir ihn einverleiben könnten. Um das zu bekennen und im Glauben zu vertiefen, ist das Knien ein elementares Gebet, eine Vorbereitung zur Kommunion und deren Nachbereitung.

Liegen meint wieder eine andere Aussage. Vor jemandem gar in der Prostratio liegen, ganz ausgestreckt mit dem Gesicht zur Erde, ist Auslieferung und Übergabe, wie sie nicht vergrößert werden kann. Ich überlasse mich völlig. So wird am Karfreitag zu Beginn der großen Liturgie gebetet. So betet der Kandidat vor einer Weihe, so liegt der Mönch bei seiner Profess. Im Privaten könnte es elementares Gebet sein, wie es der ostkirchliche Mönch in der abgeschiedenen Zelle viele Male täglich vollzieht. Sich völlig ausgebreitet dem Boden überlassen, oder mit aller Herzenshinneigung sich an eine heilige Stätte lehnen, sich einbücken in die Höhle oder sich ausstrecken auf der Höhe des Berges – es sind alles Gebete des Leibes, die oft mehr sagen als das dazu gesagte Wort oder der gefasste Gedanke. Es lässt sich auch das geschlossene Bibelbuch an die verschiedensten Leibstellen drücken. Ich brauche von dorther dann nur zu hören, was das Wort hier und da mir sagen will. Mit allem will nichts anderes vermittelt sein, Gebet ist so umfassend, Gottesbeziehung so allgemein, dass wir sie in allen Lagen und Weisen geschehen lassen dürfen und sollen. Die »Gebetspolizisten« haben soviel Lust am Gebet getötet. Hier wird dagegen behauptet: der ganze Leib ist Gebet, und immer mehr Gebet will er werden.

Das führt mich zu den vier klassischen Weisen des Gebetes in der Tradition: Gebet als Schweigen, als Wachen, als Fasten, als sexuelle Enthaltsamkeit. In allen Weisen geht es um die gleiche psychospirituelle Technik. Ein elementares Grundbedürfnis des Menschen wird für Zeit hintangestellt, wird gestaut, um es mit Gebetswachheit zu füllen. Der Schweigende verbietet sich die Worte, der Wachende den Schlaf, um in der Gegenwart da zu sein. Der Fastende füllt das Leerwerden von Speise mit dem Gottgedenken. Der sexuell Enthaltsame versagt sich Beziehung, um mit Haut und Haar in der Gottesbeziehung sich aufzuhalten. In allen vier Bereichen wird mittels der Beziehungsorgane – Mund, Bewusstheit, Schoß – die Gottesbeziehung aufgenommen. Das heißt aber auch umgekehrt, dass das Leben mit diesen Beziehungsmöglichkeiten

Eingangstüre zum Gebet sein kann: das heilige Mahl und jedes Mahl, das Wort und die Erotik. Es kann nicht anders sein, als dass die Vorgänge des Begegnens und sich Verschenkens auf den unterschiedlichen Ebenen sich ergänzen und darstellen.

In all diesen Weisen sich auf Gott hin öffnen, alle diese Weisen zu Gott hin durchschreiten, das ist Gebet. Wir sind Leib, um leibhaftig Gebet zu sein immer mehr und immer wacher, immer liebender Gott gehören.

Aufrichtig den eigenen Weg gehen – in Alltag und Familie

Vom Umgang mit den Dingen

Irmgard und Peter Abel

Bekannte besuchen uns. Die Kinder spielen miteinander, mitunter geht es lautstark und kräftig zu. Als wir am Abend das Spielzeug aufräumen, denken wir uns: »Da muss eine Horde Vandalen durch unseren Garten gezogen sein.« Ein Kinderrechen ist kaputt, von einem Kipper ein Rad abgebrochen, und an der Schaukel fehlt ein Stück. Mit einem inneren Schrecken stellen wir fest, dass die Kinder der Bekannten brutal mit den Dingen umgegangen sind. Das schmerzt. – Was diese Kinder wohl bewegt? Natürlich wissen wir um die Vernachlässigung vieler Kinder, um die Barbarei, die sich in den fehlenden und eingekauften Beziehungen der Erwachsenen ausdrückt. Und wir wissen auch um die Wegwerfmentalität, die ein kaputtes Spielzeug einfach durch ein neues ersetzt. Wir ahnen, dass hier der lieblose Umgang mit der Schöpfung konkrete Formen im Lebensraum Familie findet.

Benedikt ist im Umgang mit den Dingen eindeutig: Behandle die dir anvertrauten Dinge wie heiliges Altargerät. Gerade auch Kinder können mich das lehren. Ich beobachte sie auf dem Spielplatz beim Spiel im Sand. Es gibt Tränen, wenn aus Versehen ein Turm in die Brüche geht. Mit Hingabe, Geschick und Vorsicht nutzen sie ihr Werkzeug. Behandle dein Gerät wie Altargerät! Die Benediktsregel ist unerschütterlich ehrfurchtsvoll im Umgang mit alltäglichen Dingen. Deswegen gebietet Benedikt (Regel Benedikts 32) Zuverlässigkeit und Ehrfurcht im Umgang mit ihnen. Er verlangt sogar eine so große Sorgfalt, dass Buch geführt wird über das Inventar. Wer unverantwortlich und unachtsam mit den Dingen umgeht, soll zur Verantwortung gezogen werden. »Wenn einer die Sachen des Klosters im Schmutz verkommen lässt oder nachlässig behandelt, werde er zurechtgewiesen.« (Regel Benedikts 32,4)

Die Frage des Besitzens relativiert sich, wenn der Besitz dem Dienst an Gott dienen soll. Benedikt verlangt keine radikale Armut der Gemeinschaft, wie es spätere Orden taten, und damit wird seine Einstellung zum Besitzen auch in der heutigen Familie möglich. Er lehnt zwar das Privateigentum in einer Radikalität ab, die so nicht im Lebensraum Familie lebbar ist. Aber er gibt deutliche Hinweise zur Spiritualität des Besitzerwerbes und des Besitzens: Auf Statussymbole wie Griffel und Tafel verzichte der einzelne, auch wenn sie in der Gemeinschaft vorhanden sind. Das einzelne Mitglied der Gemeinschaft darf alles Notwendige erwarten. (vgl. Regel Benedikts 33,5; 34,1f)

Benedikt handelt hierbei nicht gleichmacherisch. Nicht nach Ansehen und Würde, sondern mit Rücksicht auf den notwendigen Bedarf lasse man dem einzelnen das Notwendige zukommen, wird einem das gegeben, was man zum Leben braucht. (vgl. Regel Benedikts 35,10) In seiner menschlichen und befreienden Sympathie geht er sogar davon aus, das zu geben, was der einzelne in seiner Schwäche braucht. Die Zielrichtung, nach der die Güter aber verteilt werden, ist der gemeinschaftliche Friede (vgl. Regel Benedikts 34,5), die Pax Benedictina untereinander und darin der Friede mit Gott. »Damit in allem Gott verherrlicht werde« (Regel Benedikts 90; 57,9) – dieser Kernsatz der Regel ist nicht in einer Anweisung zur Liturgie zu finden, sondern das Leitmotiv des Handels mit den erwirtschafteten Gütern. Ehrfurcht vor den Dingen ist mit dem ehrfurchtsvollen Umgang miteinander und der Ehrfurcht vor Gott gekoppelt.

Da geschieht eine radikale Korrektur, denn mit den Dingen ehrfurchtsvoll umzugehen heißt nicht, sie zu verherrlichen, sondern im konkreten Umgang mit den Gebrauchsgütern Achtung voreinander und vor dem Geheimnis des Lebens einzuüben. Die Dinge werden zum Geschenk Gottes. Das macht mich frei für das Geheimnis der Schöpfung, weckt in mir den Willen, diese dort zu bewahren, wo ich es im Alltag kann.

Mystik und Eros in der Familie

Gerhard Riedl

Mystik und Eros ist im ganz gewöhnlichen Durcheinander enthalten, das zum Beispiel aus sehr unterschiedlichen Familienmitgliedern, einem abgegessenen Abendbrottisch, zu spülenden Geschirrhügeln, aufzuräumenden Spielzeug und noch unklaren Hausaufgaben besteht. Doch wer sucht da schon gern. Lieber besuche ich einen Workshop, gehe für ein paar Tage ins Kloster oder zu einem Kurs ins Haus der Kontemplation St. Benedikt. Das ist ja auch gut so. Denn dort wird mir wieder gesagt, dass der mystische Weg ein Weg ist, der in den Alltag führt.

An einem von diesen ganz durchschnittlichen Alltagen war ich gerade dabei, mich leise aus dem Getriebe in der Küche auszuklinken, um einen Stock höher in der Stille zu sitzen. Da rief mir meine Frau nach: »Wasch die Windel raus und schalt auf zwei!« Tonumfang und Melodie waren so eindeutig, dass ich genau wusste, was sie von meiner Idee hielt. Sollte ich nun dieses tun und jenes lassen oder was? Für alles fand ich eine gute Begründung:

»Sitzen ist jetzt wichtiger, ... jetzt erledige das halt, dann hast du deine Ruhe, ... du musst auch mal nein sagen können, usw.« Innerhalb von Sekunden erzeugte dieses Hin und Her Konfusion. Ärgerlich zu reagieren ist in diesem Zustand ein probates Mittel, die Schuld anderen zu geben. Und ich muss zugeben, dass es lange dauerte, bis ich begriff, dass es weder Tricks noch Schleichwege gibt auf diesem Weg.

Weder der neidvolle Blick zu den Alleinstehenden oder in mönchischer Gemeinschaft Lebenden, die scheinbar sitzen und Kurse besuchen können, wann es ihnen passt, noch das etwas wehleidig klingende »Du hast's gut« zu meinem Freund Anselm bringt mich da weiter. Umgekehrt hilft denen auch nicht, mit erotischen Phantasien behaftet, auf uns Eheleute zu zeigen und zu sagen »Ihr habt's gut, ihr lebt in einer Partnerschaft und könnt eure Sexualität genießen«. Mit solchen Schwarz-Weiß-Malereien kommen wir nicht sehr weit. Verschiedene Wege bringen auch verschiedene Aufgaben mit sich. Also fange ich da an, wo ich gerade stehe, bzw. sitze, schaue auf ein schönes Kalenderblatt und lasse mich von Christi an Morgenstern ermutigen: »Wir brauchen nicht so fort zu leben, wie wir bis jetzt gelebt haben. Macht euch nur von dieser Anschauung los und tausend Möglichkeiten laden euch zu neuem Leben ein.« Das setzt jedoch voraus, dass ich bereit bin, meine Zielstreberei aufzugeben.

Das Gerenne nach spirituellen und sexuellen Highlights trübt den Blick für die weniger attraktive Alltäglichkeit. Wenn wir in unseren Ideen und Vorstellungen wie Kletten kleben, entdecken wir nicht die sich uns bietenden Möglichkeiten. Apropos Gelegenheit! Es war ein tibetischer Lama, der mich darauf aufmerksam machte, dass wir unser Augenmerk zum Beispiel darauf legen könnten, den Tisch abzuwischen, wie wenn er meine Seele wäre. So eines konkreten Hinweises bedarf es manchmal, um einen Weg aus dem einseitigen Funktionieren zu finden, denn »in der Wirklichkeit ist's unterbrochen durch all die Irrtümer, Fehler, Unzulänglichkeiten, durch das Bösartige von Mensch zu Mensch, durch das Ratlose und Trübe –, ja beinah durch alles, was uns täglich angeht«. (Rilke, Briefe 18) Nach Patentrezepten halten wir vergebens Ausschau. In diesem Zusammenhang darf an Watzlawicks Ausdruck von der »Patentlösung« erinnert werden. Er charakterisiert damit Lösungen, die so patent sind, dass sie das Problem mitsamt den dazugehörigen Zusammenhängen aus der Welt schaffen. Eine Hilfestellung wie den Tisch einmal bewusst abzuwischen, kann dazu beitragen, die Frust- und Jammerschleifen in unserem Alltag zu unterbrechen und Gelegenheiten zu entdecken.

Von einer solchen Gelegenheit möchte ich erzählen: Letztes Jahr erneuerten wir unser Hausdach. Das war eine größere Arbeit, die mehrere Leute ordentlich beschäftigte. Als ich nachmittags die Treppe hinuntersprang, um Nägel zu holen, schaute mich unsere zweijährige Lena mit großen Augen an und bat: »Grüß Gott spielen!« Das heißt übersetzt: »Spiel doch mit mir Kaufladen!« Nicht vom Donner gerührt, aber von ihrem leisen Fragen und Schauen angezogen, legte ich mein Werkzeug hin und fing an, mit ihr zu spielen. Diese Unterbrechung öffnete meine Wahrnehmung ganz überraschend für eine andere Wirklichkeit als die, der ich gerade intensiv verpflichtet war. Dieses kleine Wesen bremste meine Zielstreberei und nahm mich mit in ihre Welt.

Es währte gar nicht so lange, bis sie mich wieder ziehen ließ. Die Zeit war kurz, doch der Spiel-Raum, den ich mit ihr betrat, war so anders als der, aus dem ich kam und in den ich verändert wieder ging. Es gibt Augenblicke im Leben, wo du weder Mystik von Eros noch Eros von Mystik unterscheiden kannst. Vielleicht ist das wie eine lange Welle, die überraschend angerollt kommt und dich umarmt und befruchtet, wie du dich umgekehrt die ganze Welt umarmend und befruchtend erlebst. Mit den Stunden verblasst die erst ein-, dann auswärts drehende ursprüngliche Freude und geht in eine heitere Stimmung über. Früher oder später dominiert das Ich dann wieder und ‚der Glanz in den Augen lässt nach. In der Familie spiegeln uns die Kinder mit ihren direkten Lebensäußerungen den hohen Wert solcher Erfahrungen wider. Bloßer Gefühlsüberschwang wird die kleinen Störungen und Ärgernisse zu Hause nicht lange überleben.

Es gibt in unserem Leben unter Umständen mehr von jenen Erlebnissen, »Seinsfühlungen« (Graf Dürckheim), als wir annehmen. Während ich mich mit diesem Thema beschäftige, bin ich überrascht, wie verloren geglaubte Erfahrungen wieder auftauchen, so dass sich die Sache auf einmal ganz anders präsentiert: wie kommt es, dass wir nicht fähig sind, diese Ereignisse verschiedener Qualität und Intensität zu verbinden zu einem Faden, einer Spur, einem Weg?

Wenn ich allerdings meinen beruflichen Alltag in der Familien- und Lebensberatung anschaue und – soweit es mir möglich ist – offen bin für die Nachrichten aus der einen Welt, dann ist da wenig von Mystik und Eros zu spüren. Aber viel ist wahrzunehmen von Leid und Gewalt, Macht und Kommerz, Krieg, Betrug, Ausbeutung und Wahnsinn. Das liegt sicher auch an meinem Bild von Mystik und Eros. Und dass sich viel von dem, was ich außerhalb von mir wahrnehme, in mir abspielt, ist schmerzhaft, aber Wirklichkeit. Weder das eine noch das andere auszuschließen, ihm aber auch nicht zu erliegen, erfordert wahrhaft, sich Um Herzensbildung zu bemühen. In den dunklen und schwarzen Farben des Lebens ist das Lichte immer wieder schwer zu erkennen oder gar nicht zu sehen. Das ist keine intellektuelle, sondern eine meine gesamte Existenz betreffende Schwierigkeit. Durch Emotionen und Denken hindurch zur liebenden »Intelligenz des Herzens« (Hillesum) vorzudringen, finde ich nicht leicht.

Ein Beispiel mag das unterstreichen: Nach zweijähriger Zusammenarbeit an der Beratungsstelle kam eine Frau nochmals auf ihre Abtreibung zu sprechen. Sie war damals erst siebzehn Jahre alt und freute sich auf das Kind. Ihr Vater zwang sie jedoch, in Holland abzutreiben. Es würde hier zu weit führen, die damit zusammenhängenden kranken Beziehungsmuster, Macht-Ohnmachtkonstellationen und sonstigen Familiennöte zu würdigen. Auf jeden Fall träumt Frau B. seit zwanzig Jahren ähnliche Abtreibungsträume immer wieder. Ergänzend zu unseren Gesprächen bot ich ihr an, das ganze von ihr erlebte Drama zu malen. Sie könne sich dafür ja Zeit lassen; es ginge zunächst nur darum, mit ihrer Wirklichkeit wieder in Kontakt zu kommen. Doch schon zum nächsten Termin brachte sie eine Serie von zehn Bildern mit, die sie während ihrer schlafarmen Nächte gemalt hatte. Eines wirkte bedrückender als das andere.

Das Allerletzte war jedoch nochmals ganz anders: es zeigte einen das ganze Blatt ausfüllenden schwarzen Malstrom, der blutrote, zerfetzte Körperteile umherschleuderte. Ihr Kommentar: »Das bin ich mit dem Kind.« Betroffenes Schweigen, Ratlosigkeit, Todesstille. Später fiel mir der in der Mystik beschriebene ›horror vacui‹ ein; dieses schwarze Loch in der menschlichen Existenz. Frau B. wünschte ich, dass ihr mutiges, lebendiges Erinnern zu einer sie erlösenden Gegenwart beiträgt. Hoffnung besteht! In diesem Beispiel sehen wir die unheilvollen Auswirkungen der Lebensrnacht Geschlechtlichkeit, jener Kraft, durch die auch das Wunder des Lebens gezeugt wird und in der zwei eins zu werden vermögen. Wir dürfen angesichts der realen Not vieler Menschen auf diesem Gebiet (Abtreibung, sexueller Missbrauch, Sexsucht usw.) nicht nur unser heiles Süppchen kochen. Der Weg zum Heil ist für viele Menschen lange und sehr schmerzhaft. Worten wie Mystik und Eros können wie bei Frau B. ausgesprochen negative Erlebnisse zugrunde liegen. Echtes Verstehen und Mitfühlen mag, wo es gelingt, in solchen Situationen Türen öffnen für ein umfassenderes Wahrnehmen der Wirklichkeit.

Auf eine Erfahrung des Ehelebens möchte ich noch eingehen. Auch in der Partnerschaft gibt es Phasen sexueller Enthaltsamkeit. Das Errichten einer Behausung, die berufliche Karriere – meistens die von uns Männern –, die Anforderungen durch die Kinder, der Hausarbeitstalltag – meistens der der Frauen –, Krankheiten, Konflikte und vieles mehr, all das kann zu einem »Ich bin müde Gefühl« führen. Nachdenklich stimmt uns, wenn diese Phasen länger andauern oder sehr einseitig erlebt werden. An dieser Stelle soll noch angemerkt werden, dass wir allzu gern in Konflikten zu »schwindelerregend schiefen Sichten« (O. Paz) unseres Beziehungsuniversums neigen.

Zärtlichkeitsbedürfnisse werden unter Umständen durch kleine Kinder abgesättigt. Ich meine jedoch nicht, dass Sexualität in irgendwelche geistigen Bereiche sublimiert wird. Eher, dass die familiären, beruflichen und geistigen Prozesse soviel Kraft aufsaugen, oder anders ausgedrückt, dass das Zu-Ernstnehmen des»1000-kleine-SorgenAlltags« (Hillesum) die Vernachlässigung (bis hin zur Verödung) des sexuellen Bereichs nach sich zieht. Die Familie bietet Sicherheit. Unbestreitbar! Die Kehrseite indes besteht in der Gefahr des Zerfaserns und Zerfasertwerdens. Wenn wir uns mal wieder dabei ertappen, wie wir uns in fast alles und jedes verstricken, vieles voreilig dramatisieren, dann hilft uns ein einfaches Gegenmittel: »Raus aus der Identifikation!« Das sagt sich allerdings leichter, als es sich tut.

Wie Eros und Mystik in der partnerschaftlichen Sexualität erlebbar wird, mag verschieden sein. Wie es das Laute und das Leise gibt, so auch das Wilde und das Zärtliche. Sexuelles Erleben sollte jedem Befriedigung ermöglichen, die sich bis zur Zufriedenheit auszudehnen vermag. Von der je eigenen Potenz könnte es zu einer Lebendigkeit hinführen, die nicht mehr Orgasmen zählen muss. Und vom Boden eines ichhaften Genießens vermag es uns zu hoch- und tiefbeglückenden Erfahrungen tragen. Einfachheit in der intimen Gebärde und vermehrtes Wahrnehmen von Nuancen in der Begegnung könnten Leitmotive sein. Auf unser Thema bezogen ist es eine der Aufgaben in der Ehe, von der personalen zur kosmischen Sexualität zu reifen. Thich Nath Hanh sagte einmal schmunzelnd, dass er der Erfinder der achtsamen Umarmung sei. Mich selbst zu befriedigen ist machbar, eine achtsame Umarmung ist es nicht. Da gehören zwei dazu und eine Qualität, die uns umfasst.

Die Sehnsucht, sich auch durch den Partner zu erfahren, ist groß. Leider verwechseln wir immer wieder Vergnügen mit Glück. Sexuelles Vergnügen lebt von ständig neuen Reizen. Das wird uns auch von den Medien unaufhörlich eingeimpft. Konrad Lorenz nahm dazu eindeutig Stellung: »Vergnügen führt zur Triebverflachung, der Verhausschweinung des Menschen; führt zu einem Überwuchern niedriger Triebe. Es gibt Menschen, die nur an Fressen und Begattung denken.« Kontrapunktiv dazu schlage ich vor, um nur eine Möglichkeit anzudeuten, der Traumfrau durch Traumarbeit nachzugehen und dabei zu entdecken, wie viel diese Bilder mit der eigenen Lebensgeschichte zu tun haben. Das ist allemal hilfreicher als die Partnerin an dem Traumgebilde zu messen und echte Begegnung zu erschweren.

Es ereignete sich einmal Folgendes: Müde kommen Vater und Mutter aus den Zimmern der Kinder. Endlich schlafen sie! Es ist still. Sie schauen sich an. Kein Funke, der überspringt, nein, es ist eher ein mildes Ganzes. Da ist nichts mehr, was fehlt oder noch dazugehörte! Sie verschauten sich einfach für einen Moment und gingen hinunter, um die Küche aufzuräumen. »Gesegnete Ruhe« nannte F. Perls diesen Augenblick des Nachschwingens nach einem Tun, in dem man mit vollstem Herzen dabei war und ist, wenn sich im Körper, Geist und Seele tiefer Friede ausbreitet. Unsere erste Sprache ist die Bewegung. Schauen wir einmal, wie sanft und friedvoll die achtsam bewegten, kleinen Finger und drehenden Hände eines Säuglings spielen. Für den einen ist das eine ganz nette, tollpatschige Bewegung, für den anderen tanzt in den gleichen Gebärden die Schöpfung.

Ich gebe zu, dass ich Achtsamkeit am meisten schätze, wenn sie mir angenehm ist. Wenn aber mehrere Kinder gleichzeitig Keuchhusten haben und du X-mal in X Nächten aufstehst, kann es sein, dass dich der Affekt mal überrennt. Unter Umständen in einer ganz anderen Situation während des Tages. Doch auch dieser Mist kann, in Bewusstheit angenommen, zu glänzen anfangen. Wo uns schmerzhaft Fehlhaltungen bewusst (gemacht) werden, ertappen wir uns oft flüchtend (in Intellektualismus, Aktivität, Alkohol, Meditation usw.), wehrhaft verteidigend, überzogen angreifend oder nach den schon erwähnten »Patentlösungen« suchend.

Da ist uns »liebevolles Hinhören« unangenehm, wird allzu gern zum Fremdwort. Wir leben und inszenieren unsere persönlichen und familiären Dramen mit viel Energie, verteidigen unser Ich mit Zähnen und Klauen. Der erste Schritt ist, zuzugeben, dass uns unser Kampf sehr ans Herz gewachsen ist. Ohne dieses Eingeständnis wird der Weg nicht frei für weitere Wachstumsschritte. Die Familie ist eine gute Plattform für solcherlei Bewegungen, es mangelt nicht an entsprechenden Gelegenheiten, sogar Liebeserklärungen: Eine Frau und ihr Mann umarmen sich liebevoll. Ohne dass die beiden dar auf achteten, bemerkte das jemand anders. Zwei himmelblaue Augen schauen zum Vater hoch und das kleine Kind sagt »Papa, gell, Du hast die Mama gern« und lachend ergänzt es »Ich auch«. Da lebt Eros in der Familie.
In einem»Handbuch für alltägliche mystische und erotische Erfahrungen« würde zum Beispiel etwas stehen über das morgendliche Aufwachen, über das bewusste Atmen, hätte das sorgfältige Abnehmen des Telefonhörers mal mit der anderen Hand und zum anderen Ohr geführt genauso Platz wie das Zuschauen, wie die Kleinste in der Familie hingebungsvoll die Schnürsenkel durch die Ösen der Schuhe des großen Bruders fädelt. Es könnte sein, dass wir auf unser Bett hingewiesen
würden, das uns in der Nacht so gut wärmte, damit wir es wieder etwas sorgfältiger behandeln. Vielleicht würden wir ermuntert werden, eine schon zum zwanzigsten Male vorgetragene Kritik des Partners nicht gleich mit Gestöhn zu kontern, sondern sie im Atem spürend auf uns wirken zu lassen. Wir könnten unter Umständen die unseren Kampf enttäuschende Erfahrung machen, dass uns unser Gegenüber tatsächlich nicht eins über die Rübe zünden wollte, sondern uns ein dringend notwendiger Spiegel ist, der uns dabei hilft, den Balken im eigenen Auge zu entdecken. Unerschöpflich wäre da das Angebot! Tatsächlich glaube ich, dass es uns allen gut tut, aus dem Charakterpanzer auszusteigen und dem Wiederholungszwang ein Schnippchen zu schlagen. Und dazu bedürfen wir einander! Es mag uns durch diese Weisen gelingen, den Boden für

ein »spirituelles Milieu« in der Familie zu bereiten. Da werden wir uns gegenseitig zum Nährboden, in den hinein wir, in Anlehnung an ein indisches Sprichwort, mit den Kindern Wurzeln schlagen dürfen, solange wir klein sind oder uns klein fühlen, und wo uns und unseren Kindern Flügel wachsen, wenn wir größer, reifer werden. Individuation bedeutet, familiär betrachtet, Ko-Evolution (J. Willi), wenn wir die Familie als Wachstumsweg, als Weg zu Gott betrachten.

Gotteserfahrung in alltäglichen Erlebnissen

Anselm Grün

Viele erfahren Gott in den täglichen Ereignissen ihres Alltags. Was andere für Zufall halten, das erleben sie als Fügung Gottes. Gott selbst spricht zu ihnen, wenn ihnen gerade jetzt dieser Mensch begegnet, wenn sie in der Buchhandlung ausgerechnet auf diesen Buchtitel stoßen oder wenn sie in der Zeitung von einer Situation lesen, in der sie ihre eigene ausgedrückt finden. Sie erfahren Gottes konkrete Zuwendung, wenn an einem grauen Novembertag die Sonne durch die Wolken bricht und gerade auf sie scheint. Wir hatten vor ein paar Jahren in der Abteikirche ein Konzert mit Bruckners 5. Symphonie. Während des langsamen Satzes fiel die Sonne durch die bunten Fenster auf das Kreuz. Leuchtende Flügel schwebten um das Kreuz. Das war nicht nur für mich, sondern auch für viele Besucher einfach stimmig, ein Zeichen, dass in dieser Musik Gott selbst hörbar und erfahrbar wurde.

Solche Erfahrungen sind kein Gottesbeweis. Aber dennoch können sie für mich zu konkreten Gotteserfahrungen mitten in meiner Lebensgeschichte werden. Gott begegnet mir nie direkt. Aber in Erfahrungen von Sonnenaufgang oder Sonnenuntergang, von Windstille mitten in einem Sturm, von einem Regenbogen während eines Gesprächs, von unvermittelten Begegnungen mit Menschen, die mir etwas Wichtiges sagten, von gelingender Autofahrt auf spiegelglatter Bahn kann mir Gott selbst erfahrbar werden. Ich kann darüber nicht lauthals berichten, sondern nur achtsam und behutsam, in einem bescheidenen Glauben, dass Gott selbst mich da berührt hat.

Gotteserfahrung in der Lebensgeschichte bedeutet für mich aber noch etwas anderes. Unser Leben mit seinen konkreten Erfahrungen ist der Weg zu Gott. Die Krankheit, die mich befällt, kann zur Gotteskrise werden. Sie kann mich aber auch, wenn ich sie annehme, zu Gott hinführen. Meine Angst, meine Eifersucht, mein Ärger, meine Enttäuschung, meine Empfindlichkeit, meine Depression, mein mangelndes Selbstwertgefühl, meine Sexualität, mein Scheitern, das alles kann der Ausgangspunkt auf meinem Weg zu Gott werden. In der geistlichen Begleitung erlebe ich immer wieder, dass Menschen meinen, sie würden nur dann Gott erfahren, wenn sie ihre Angst oder Eifersucht oder Depression in Griff bekämen. Und sie bitten Gott, dass er sie von diesen Gefühlen und Konflikten befreien möge.

Wenn sie sich frei fühlen, dann ist das für sie eine Gotteserfahrung. Aber oft genug sind sie dann enttäuscht, dass Gott ihnen die Angst und die Depression nicht nimmt. Ich habe in meiner Lebensgeschichte jahrelang gedacht, Gott dafür einspannen zu können, damit er, mich von den lästigen Ängsten, Traurigkeiten und Hemmungen befreien möge. Heute weiß ich, dass ich Gott für mich benutzt habe. Es ging mir nicht um Gott, sondern um mich selbst. Je älter ich werde, desto klarer wird mir, dass das konkrete Leben, so wie es ist, der Ort ist, an dem ich Gott erfahren kann. Das verlangt allerdings einen anderen Umgang mit meinen Emotionen und Ängsten.

Statt Gott darum zu bitten, dass er mir meine Angst nehme, folge ich meiner Angst bis zu ihrem Ende. Ich gebe zu, dass ich Angst habe vor dem Krankwerden und Sterben. Wenn ich einverstanden bin mit meiner Angst, dann führt sie mich zu Gott. Gerade in meiner Ohnmacht, meine Angst loszuwerden, lasse ich mich dann mit meiner Angst in Gott hineinfallen. Auf dem Grund meiner Angst geht mir Gott auf Ich spüre, auch mit meiner Angst bin ich in Gottes Hand. Solange ich Gott darum bitte, mir die Angst zu nehmen, halte ich an der Illusion fest, dass ich mich selbst im Griff habe und dass ich meine Ängste überwinden könne. Es ist die Illusion meines Ego. Die Mystik spricht davon, dass die wahre Gotteserfahrung den Ich-Tod voraussetze. Viele haben das falsch verstanden und gegen das eigene Ich gewütet. Wir sollen nicht gegen unser Ich wüten, sondern uns vom Leben in die Schule nehmen lassen. Wenn ich mich in meine Angst ergebe, lasse ich meine Illusionen in bezug auf meine Fähigkeiten, mein Leben selbst bewältigen zu können, los. Und gerade an diesem Ort geht mir Gott auf, mehr als durch alle selbst gewählten Meditationsmethoden.

Ehepartner und Ordensleute haben oft das Gefühl, von Gott verlassen zu sein, wenn es in der Partnerschaft oder in der Ordensgemeinschaft einfach nicht mehr weiter geht, wenn man sich das Leben gegenseitig schwer macht. Und sie meinen, sie könnten Gott nur erfahren, wenn sie dieser belastenden Situation ausweichen. Natürlich gibt es Höllenerfahrungen, aus denen man getrost aussteigen darf. Aber oft genug können mich gerade die Konflikte tiefer in die Ahnung von Gottes Gnade führen. Ich ergebe mich, ich lasse die Illusion los, als ob ich mit gutem Willen alle Beziehungsprobleme lösen könnte. Ich lasse mich durch die Enttäuschung an der Gemeinschaft zu Gott führen. Ich kann diese Spannung nur überleben, wenn ich in Gott gegründet bin, wenn ich mich im Tiefsten bei Gott daheim und von Gott verstanden fühle. Gott suchen heißt für mich immer mehr, auszuwandern aus dem Land meiner Illusionen, die Identifikation mit meinem Ego loszulassen und so offen zu werden für den Gott, der mir gerade dort begegnen möchte, wo ich jetzt im Augenblick stehe.

Sonntag – Heilige Zeit

Meinrad Dufner

Sonntäglich – ist zunächst eine Zeitangabe. Diese galt Jahrhunderte als unumstößlich, so stetig, wie die Tage kommen. Und jeder Tag hatte sein eigenes Gesicht, das ihm die biblische Heilsgeschichte aufprägte. Den Freitag hielten die Menschen als Todestag Christi mit Fleisch-Abstinenz. Der Sonntag ist der Auferstehungstag, das Ostern einer jeden Woche. Wie kann man sich Ostern entgehen lassen? Zu Ostern gehört das Ostermahl. Das ist die Messe.

Sonntäglich meint aber auch eine Umstandsbestimmung, eine Qualität zu leben, sich zu geben, sich zu fühlen. Das begann früher oft mit dem vorsonntäglichen Bad – einer nach dem anderen bis die ganze Familie durch war. Als Vorbereitung gehörte in meiner Heimat dazu, Straße und Hof und Hauseingang zu fegen. In der Küche richtete die Mutter den im Alemannischen notwendigen Hefekranz. Zahlreiche Arbeitsvorgänge brauchte es, ein Ritual, das in keinem Fall gestört werden durfte.

Am Sonntagmorgen gab es frische Wäsche: ein weißes Hemd, Sonntagskleid und geputzte Schuhe. Schon das Frühstück leuchtete von unserem »Sonntagsstaat« – um so schlimmer, wenn gerade jetzt gekleckert wurde. Aber auch diese leise Ängstlichkeit hatte den Geschmack von sonntäglich.

»Der Sonntag ist der Tag des Herrn, am Sonntag ruh und bete gern.« So klingt es noch immer in meinen Ohren, denn es war von frühesten Kindertagen als Sprichwort eingesenkt, so dass das Herz nie mehr vergessen könnte. Es ist nicht zu vergessen, weil diese Rede absolut anschaulich gemacht wurde. Mein umtriebiger Vater saß in seinem Zimmer, las, rauchte eine Zigarre, schlief. Die Geschwister spielten, erzählten, vertrieben sich miteinander die Zeit. Nur für Mutter und Hausangestellte gab es Arbeit. Doch auch diese wurde in der frischen und weißen und feinbestickten Schürze erledigt. Holz holen, Schweres tragen, Putzarbeiten gab es am Sonntag nicht. Die Küchenarbeit durfte dauern, sie war in kein zwanghaftes Zeitfenster eingepresst. War der Tisch bereitet, was meistens mir, dem Jüngsten, oblag, wurde zur Tafel gerufen. Gebet und Segen eröffneten das Mahl. Zum Sonntäglich gehörte für die Erwachsenen ebenfalls die Mittagsruhe. Alles durfte Zeit brauchen. Verweilen und Dauern vergrößerte den Sonntag. Wir genossen den Sonntag.

Genuss zu lernen, Genuss als geistliches Tun, ist mir tief vertraut. Das Hämmern- und Nageln-Verbot, das Arbeitstabu hatte nichts Reglementierendes, es war vielmehr Befreiung. Das Sonntägliche befreite mich sogar vom Damoklesschwert der Hausaufgaben. Es galt gleichsam ein Asyl aus Zeit. Heute füllen sich die Sonntage mit Wochenendaktivitäten. Ich erlernte noch die Sonntagsfaulheit. »Ruhe gern« war mit »bete gern« auf eine Stufe gestellt worden. Gebet hat nichts mit Leistung und Fleißigsein zu tun. Wie haben wir es als Kinder unangenehm, ja fast pervertiert erlebt, wenn beim Verwandtschaftsbesuch in anderem Haus das Tischgebet wie ein Güterzug auftrat, da die Vaterunser wie Wagen an Wagen endlos daherrollten. Ich habe Gebet als ein ganz Ruhiges und zur Ruhe Bringendes erlernt. Am Morgen vertrieb es die Angst vor der Tagesanforderung. Des Abends barg es vor der Bedrohung der Nacht und versöhnte mich mit dem Tag. Unterwegs war es ein Innehalten, eine Pause. Mitten im Getriebe lernte ich es als Stoßgebet, ein Wort, ein Gedanke aus dem Affekt, beladen mit allem Gottzutrauen, dessen ich fähig war.

Religion wurde mir als Gangart im festen, ruhigen Schritt vermittelt – eben sonntäglich. So fiel von einer solchen Frömmigkeit immer etwas auf alles Feiern und Faulsein und Zeithaben und Genießen. Es sich bei Gott und vor Gott gut gehen lassen, lag näher als selbstquälerische Abstinenz. An Gott glauben hieß darum, sich im Feld einer großen Bejahung bewegen. So wie mein Vater vor Lehrern und Pfarrern und anderen Leuten für mich eintrat, genau so und um vieles mehr musste Gott sein. So wie meine Mutter die dauernde Sorge für uns trug, so nur konnte Gott sein. Also hieß beten, das Heim betreten, in die warme Stube kommen, da sein dürfen, ausruhen.

Hole ich das alles in unser Heute, dann führt es mich zum Wort »langsamer«. Langsamer leben, langsamer sprechen, langsamere Beziehungen, langsamer tüchtig und fleißig sein. Unser klösterlicher Zimmermann steht jetzt vor mir. Sein Gebet ist so stetig wie seine handwerkliche Arbeit. Da ist keine Hektik. Da wird bei jedem Stundenschlag die Maschine abgestellt, der Hut gelüftet, Hände gefaltet zu immer gleichem Gebet. Wer von den Gästen dieses Ritual mal erlebt hat, hat das wichtigste, was mein Kloster geben kann, erfahren.

Aber alles Leben, jeder Alltag kennt Zeitmulden, Übergänge, Anwege, die zum Ruhen im Gottgedenken taugen würden. Gebet ist ein Moment, ein Ort, an dem das Herz sich zur Ruhe begibt. Das Sitzen in einem bestimmten Sessel, der Blick aus dem Fenster, auf das Land oder auf meinen Baum. Nochmals anders gesagt: Wo immer der Mensch zu ganz Eigenem einkehrt, da springt Gebet auf. Immer ist die tiefste Wahrheit von uns Bedanken und Rufen aus Tiefen und Ferne nach größerer Nähe.

Tausendfach täglich das Herz beim eigenen Eigentlichen kurz sich einfinden lassen. Beim einen ist die Musik das Seelenheim, beim anderen sind es Bilder, Gedichte und die tägliche Lesung, welche mich kurz zum Wesentlicheren führen. Das Vorbeigehen an einem Bildstock oder ein kurzer Kirchenbesuch, ein Lied, mit dem ich die menschenleere Wohnung fülle, und nicht zuletzt der Gang in die Natur; alles Gelegenheiten auch am Werktag sonntäglich zu sein. Schließlich kann man auch ein Bad nehmen, die Kleider wechseln, sich schön halten, sonntäglich machen. Ich brauche Ihre Phantasie nicht endlos füttern, Sie haben sie selber. Beten und Gotteshinwendung will Freude sein, Durchatmen und Aufrichten. Wer wollte sich solches nicht immer wieder gönnen!

Sonntag
Der Sonntag hängt
mit seinem vollen Frieden
in den Bäumen
und liegt
mit ausgestrecktem, langen Leib in seiner lichten Haut
den Hang herab.
Was summend oder singend lebt, ist leise,
und weiß,
dass es der Gottesfeier Gast.
Der Wind spielt zärtlich Liebe mit den Blättern,
die hüpfen auf und nicken
fast wie Lachen.
Im Wiederkauen sagen Rinder Dank und lassen ihre
nimmer satten Weideschellen schweigen.
Der Höchste feiert Hochamt
ohne Orgellärm und lautes Gottgeplapper.
Er hat mich Gast sein lassen in der letzten Stalle,
aus der ich lautlos
singe im Verneigen.

Einfluss auf die Gestaltung des Tages nehmen

Wunibald Müller

In Afrika, so wurde mir berichtet, werden Legehennen, die vom ständigen Eierlegen besonders erschöpft sind, für einige Tage aus der Menge herausgenommen und in einen gesonderten Raum gebracht, wo sie sich von den Strapazen etwas erholen können. Das scheint mir durchaus eine mögliche, auf die menschliche Situation übertragbare Intervention zu sein, wenn Menschen Gefahr laufen auszubrennen oder schon ausgebrannt sind: Ich verlasse für eine Weile die Umgebung, die für mich mit viel Stress verbunden ist und setze für diese Zeit die Tätigkeit aus, die mir zur Belastung geworden ist. Wenn es mir dann wirklich gelingt, den äußeren Abstand nutzend, auch einen inneren Abstand zu dem, was mich belastet hat, zu finden, kann das eine wirkungsvolle Weise sein, dem Ausbrennen etwas entgegenzusetzen.

Nicht selten gelingt es uns jedoch nicht, diese Distanz zu gewinnen. Unsere alten Verhaltensmuster holen uns wieder ein. Wir kommen nicht wirklich zur Ruhe, vermögen uns nicht zu entspannen. Wir kehren zwar etwas gestärkt in die alte Umgebung zurück, jedoch nur, um sehr schnell wieder an dem Punkt angelangt zu sein, der uns veranlasste, etwas Abstand zu suchen, uns eine Pause zu gönnen.

Manche haben bei ihrem Versuch, einem inneren Ausbrennen vorzubeugen, gute Erfahrungen damit gemacht, im Ablauf eines Tages ganz bewusst Akzente zu setzen, die dazu beitragen können, nicht länger einfach dem Sog eines von außen vorgegebenen Rhythmus zu verfallen. Sie stehen bewusst etwas früher auf, um in Ruhe den Tag beginnen zu können. Sie meditieren, lesen einige Zeilen aus einem Buch, das sie inspiriert, ihnen Gedanken vermittelt, mit denen sie den Tag beginnen und die sie tagsüber begleiten. Manche beginnen den Tag mit einer kurzen Betrachtung oder mit einem Gebet. »Sich Zeit nehmen«, so Bernhard von Clairvaux, »ist die Voraussetzung, um zu sich selbst und zu Gott zu kommen. Denn was ist wesentlicher für den Gottesdienst als das, wozu Gott selbst im Psalm ermahnt: ›Nehmt Euch Zeit und seht, dass ich Gott bin‹.« (Ps 46,11)

Ein anderer mag die ersten zehn Minuten des Tages damit verbringen, sich an seine Träume zu erinnern, diese aufzuschreiben und zu versuchen, herauszufinden und nachzuspüren, was sie ihm sagen wollen. Alle genannten Möglichkeiten können dazu beitragen, den Tag bewusst zu beginnen. Sie können mir helfen, mehr mit mir in Berührung zu kommen, auch mit dem, was mich augenblicklich innerlich bewegt. Wieder andere haben gute Erfahrungen mit Leibarbeit gemacht, zum Beispiel mit Yoga, Eutonie, Tai

Chi, den Fünf Tibetern oder autogenem Training. Solche Übungen können ein gutes Gegengewicht zu unseren sonstigen Tätigkeiten und damit verbundenen Bewegungen darstellen. Ich tue bei all dem vor allem etwas für mich, tue mir etwas Gutes, schenke mir, meiner Befindlichkeit, meinen Gedanken, meinen Sehnsüchten, meinem Leib Aufmerksamkeit. Ich gönne mir etwas.

Und ich tue mir etwas Gutes, wenn ich trotz allem, was mich begrenzt, was mir vorgeschrieben ist, nicht nachlasse herauszufinden, wie ich mein Leben, meinen Tag gestalten kann, wie ich den Spielraum, den ich habe, für mich sichern kann. Ich muss versuchen zu bestimmen, welche Akzente ich bei der Gestaltung des Tages setze. »Auf die Beschaffenheit des Tages selbst einzuwirken, das ist die höchste aller Künste«, sagt Henry Thoreau.[1] Wenn mir das gelingt, entscheide ich mit darüber, wie mein Tagesablauf aussieht, was ich denke, tue, womit ich mich befasse. Zumindest sehe ich die Möglichkeiten, die mir trotz allem Vorgegebenen dazu bleiben.

So bestimme ich, wie ich zum Beispiel meinen Tag beginne und wie ich ihn beende. Und in der Art und Weise, welche Akzente ich setze, kommt zum Ausdruck, wie ich mit mir umgehe, was für eine innere Haltung ich mir selbst gegenüber habe. »Welche Rituale habe ich, den Tag zu beginnen und ihn zu beschließen? Morgens in der letzten Minute aufzustehen und das Frühstück herunterzuschlingen ist auch ein Ritual, aber eines, das krank macht«, sagt Anselm Grün.[2] Oder, so fragt er weiter, »Wie sieht zum Beispiel der Abend aus? Oft kommt man frustriert von irgendwelchen Sitzungen oder irgendwelcher Arbeit heim und hat dann zu nichts mehr Lust. Man stopft seinen Ärger zu durch Essen, Trinken oder Fernsehen. Dann fällt man müde ins Bett. In den Ritualen soll das zum Ausdruck kommen, was mir wichtig ist, was ich bestärken will. In den Ritualen entdecke ich meine Identität.«

Der Tagesbeginn und der Tagesbeschluss bieten sich in besonderer Weise für solche Rituale an, um auszudrücken, was uns wirklich wichtig ist. Aber solche Rituale im Sinne von Akzentsetzungen können auch in den üblichen Tagesablauf eingebaut werden:

Momente, in denen ich mich innerlich oder äußerlich zurückziehe, mit mir in Kontakt komme, für eine Weile bei mir verweile, mir vergegenwärtige, was mich augenblicklich beschäftigt, vielleicht sogar in ein Selbstgespräch darüber trete, dabei all das zulassend, was in mir hochkommt, wie Freude, Frust, Trauer, Ärger, Dankbarkeit, Überdruss. Ein anderer mag die Mittagspause dazu benutzen, ein paar Schritte zu gehen, sich von einer anderen Umgebung etwas ablenken zu lassen, durch eine gemächlichere Gangart den ansonsten von Hektik bestimmten Rhythmus zu unterbrechen. Wieder einem anderen mag ein kurzer Aufenthalt in einer Kirche oder Kapelle, das Eintauchen in den Raum der Stille, ein kurzes Gebet zur Ruhe kommen lassen. Das sind kleine Akzente, Rituale, die uns, wenn wir sie regelmäßig anwenden, helfen können, bei uns selbst zu bleiben.

Wichtig ist, dass wir diesen Ritualen eine große Bedeutung im Ablauf eines Tages einräumen. Ihnen soll mindestens die gleiche Bedeutung zukommen wie den Pflichten, denen wir nachkommen müssen. Die Rituale sollen so etwas wie Eckpfeiler in unserem Tagesablauf darstellen, die deutlich machen, was uns wichtig ist und welche Werte und Einstellungen zum Leben wir pflegen und bestärken wollen. Regelmäßig angewandt, bekräftigen Rituale unseren Weg, unsere Identität. Sie sind ein Schutz, der uns vor Einflüssen und Verhaltensweisen bewahren kann, die unsere Identität bedrohen könnten. Darüber hinaus verbinden uns Rituale mit unserer Seele. Sie lassen uns die Kraft und den Halt spüren, der von unserer Seele ausgeht, wenn wir mit ihr in Berührung sind.

1 H. D. Thoreau, Walden oder das Leben in den Wäldern, Zürich 1979, S. 98.

2 A. Grün, Gott suchen – sich selbst finden, in: Der Kreis, hrsg. v. Egbert-Gymnasium u.a., Münsterschwarzach 1992, S. 30.

Getragen von gewohnten Botschaften und dem Chor vieler Stimmen

Peter Modler

Längst gewohnte Botschaften

Manche Geschichten sind nun wirklich uralt. Sie sind schon dermaßen oft erzählt worden, dass man sich fragen muss, ob es noch der Mühe wert ist. Alle Pointen sind doch schon lange bekannt, der Neuigkeitswert hat sich in Nichts aufgelöst, also warum immer noch?

Als ich zu meinem alten Freund – er ist jetzt 82 – komme, liegt er so schwach und zusammengeschrumpft in seinem Bett wie immer in den letzten Wochen. Er ist hier in der Klinik ein Greis geworden, hat eine schwere Operation hinter sich und wartet auf die nächste. Immer wieder lag er mit anderen Kranken im Zimmer, die aber alle vor ihm wieder entlassen wurden, er blieb immer zurück. Jetzt ist er allein im Raum, die Sonne fällt durch das Fenster. Mein Freund steht an der Schwelle zum Tod. Er weiß das, auch wenn er nicht weiter darüber reden will.

Heute ist Karfreitag, niemand sonst besucht ihn. Es ist Nachmittag, die Stunde, zu der überall auf der Welt die Christen an die Kreuzigung des Gottessohns denken. Ich frage meinen Freund, ob der Klinikseelsorger schon da war. Nein. Auch gestern nicht, am Gründonnerstag. Es gibt hier einfach so viele Kranke. Wann er in den nächsten Tagen kommen kann, weiß er auch nicht. Ich habe mir so etwas schon gedacht und eine Bibel mitgebracht. Als ich meinem Freund anbiete, mit ihm zusammen die Leidensgeschichte aus dem Evangelium zu hören, nickt er mir lebhaft zu. Wegen eines Schlaganfalls kann er zur Zeit nicht besonders gut sprechen.

Also fange ich an, die alte Geschichte vorzulesen. Wie Jesus verraten und gefangengenommen wird, sein Verhör vor Pilatus, seine Verurteilung. Mein Freund beginnt, leise zu schnarchen. Schon vor ein paar Minuten war er eingenickt. Ich hatte trotzdem leise weitergelesen. Im Zimmer ist eine entspannte, fast heitere

Stimmung aufgekommen, ein leichter Wind bauscht die Vorhänge, die Vögel singen, der Kranke atmet nun mit tiefen, schweren Zügen, ein Urinbeutel aus Kunststoff liegt friedlich unter dem Bett, durch das Fenster ist der blaue Himmel zu sehen. Ein kleiner, leiser Gottesdienst am Karfreitag.

Mein Freund schlief ein, als er die gewohnten Worte erkannte. Es war wie eine tiefe Zustimmung zu dieser Geschichte, die er nur noch mit seinem ganzen Körper ausdrücken konnte. Ja, das ist das, was ich kenne; ja, dazu gehöre ich; ja, hier bin ich geborgen; ja, hier geht es um das Sterben, aber es ist mir vertraut, es tröstet mich, hier kann ich ohne Angst einschlafen.

Draußen in den Gemeinden wird jetzt überall erzählt, wie Jesus sich auf den letzten Weg macht bis hin zu seinen verzweifelten Worten am Kreuz. Eine gewohnte Geschichte. Altbekannt.

Der Alte in seinem Bett holt die Luft mit tiefen Zügen in seine Lunge, mit leicht geöffnetem Mund, und schläft. Diese Geschichte hat er schon so oft gehört, dass er den Rest weiß, sobald er nur die ersten Sätze vernimmt. Und darum macht es ja auch nichts, wenn er den größten Teil der Handlung verschläft, er ist trotzdem ganz in ihr anwesend. Gerade weil sie so unoriginell daherkommt, nicht ausgeschmückt wird, so gewohnt. Gerade weil er sie so gut kennt, seit so langer Zeit.

Abwechslung, schnelle Kicks, aufregende Einfälle interessieren ihn nun längst nicht mehr. Das ganze atemlose Tamtam von Medien und Moden liegt hinter ihm. Da, wo er jetzt ist, ist er ganz allein unterwegs, und das einzige, was ihm nun noch Halt gibt, ist das Gerüst, an dem sich sein Leben entlang bewegt hat. Auch davon ist nur noch wenig geblieben, ein paar Schlüsselworte, Düfte, Rhythmen, das alles ist nun sehr reduziert worden.

Ein paar Tage später werde ich angerufen, weil es mit meinem Freund zu Ende geht. Meine Frau und ich sitzen an seinem Bett auf der Intensivstation und halten seine Hände. Den Kopf emporgereckt, hat er die Augen geschlossen und atmet flach. Ein Monitor zeigt seinen unregelmäßigen Herzschlag. Ich streichle sein Haar.

Er reagiert nicht mehr. Langsam und leise lese ich ihm den Psalm 18 vor, ein Männerpsalm, Kampf mit den Feinden, Erlösung, Gefahr und Rettung. Als ich fertig bin, werden die Atemzüge weniger. Dann hören sie auf. Schweigen. Mein Freund ist gegangen, und ich weine, weil ich so dankbar bin. Für diesen Abschied, für die Hoffnung, in der er gestorben ist. Ich bin tief im Innern bewegt, dass er und ich dieses Gebet kennen lernen durften, das er als letztes gehört hat.

Wenn eine Glaubenstradition einen Wert hat, dann zeigt er sich hier. Da, wo andere nur einen Schluss, evolutiven Müll, Trostlosigkeit und restlosen Absturz erwarten, pocht sie darauf, dass es eine andere Wirklichkeit gibt: den Aufbruch. Sie bleibt nicht zerschmettert und sprachlos zurück, sondern weiß in diesem Augenblick noch etwas zu sagen – »damit ihr nicht trauert wie die anderen, die keine Hoffnung haben.« (1 Thess 4,13)

Ja, das hat man schon öfter gehört. Aber haben wir dieser Botschaft geglaubt? Und ist sie deshalb weniger wert, weil es so lange dauert, bis bei uns der Groschen fällt?

Der Chor vieler Stimmen

Ich weiß es noch wie gestern. Mein Vater war so plötzlich gestorben, wie das niemand erwartet hatte. Er war noch nicht einmal sechzig geworden. Der Anruf, mit dem mich mein Bruder benachrichtigte, erwischte mich und meine Familie mitten im Urlaub. Wir packten alles zusammen und machten uns geschockt mit unseren Kindern auf den Heimweg. Niemand von meinen Brüdern und auch nicht meine Mutter hatten noch Gelegenheit gehabt, sich von meinem Vater zu verabschieden. Als wir beim Seelenamt in der kleinen Dorfkirche standen, konnten wir vor Trauer kaum sprechen. Die Tränen liefen uns die Wangen herunter, und wir konnten nur schluchzen und uns an der Hand halten.

Den ganzen Gottesdienst hindurch konnten wir kein Gebet mitbeten, keine liturgische Antwort geben, kein Lied mitsingen. Wir brachten vor Schmerz kein Wort heraus. Wir standen in der Bankreihe und sahen alles durch einen Tränenvorhang. Das Herz war uns schwer. Wir konnten nichts sagen. Aber wir konnten hören.

Wir hörten viele Menschen, die wir gar nicht persönlich kannten, traurige und hoffnungsvolle Lieder singen. Wir hörten, wie die richtigen Antworten an der richtigen Stelle gegeben wurden, von einem starken Chor vieler Stimmen. Wir hörten, wie ein Priester, den ich vorher nicht gekannt hatte, über meinen Vater und über sein Leben sprach. Wir hörten von anderen formulierte Gebete, von anderen gespielte Musik, von anderen ausgeteilten Segen. Wir konnten gar nichts von selbst machen. Andere, viele andere, handelten in unserem Namen und gaben uns Trost allein durch ihr Handeln an unserer Stelle. Wir konnten nichts tun – aber wir mussten auch gar nichts tun. Dieses Gefühl war ein tiefer Trost für uns, und ich empfand große Dankbarkeit.

Tradition der Glaubenden. Wo ich nicht mehr kann, weiß sie weiter. Wenn wir keine Worte mehr haben, findet sie welche. Wenn wir nicht selbst handeln können, tut sie es in unserem Interesse und in unserem Namen. Sie gibt uns dann Gebete, die niemand so gerade mal aktuell erfunden hat, sondern Gebete, die schon lange vor mir gesprochen wurden und noch lange nach mir gesprochen werden. Sie entlastet. Sie segnet. Sie beschenkt. Ganz ohne mein Zutun.
Und darin liegt auch das Wohltuende an einem traditionellen Ritus, der nicht von Null an und von jedem Beteiligten völlig neu entwickelt werden muss. Ich brauche mir hier nicht mühsam einen neuen Begründungszusammenhang herzustellen, hier Anleihen machen, dort fremde Versatzstücke holen und dann zu guter Letzt ein künstliches, kopfgesteuertes Etwas konstruieren, das keinerlei archaische Würde besitzt.

Eben so etwas geschieht in den Angeboten »freier Seelsorge« und »freier Zeremonien«, die derzeit in den westlichen Ländern auftauchen und deren Attraktion darin liegt« dass sie gerade nicht mit einer große Religionstradition verbunden sind.[1] Doch ein Ritus ohne Verwurzelung in einer Tradition – sozusagen umgeben vom linden Duft süßer historischer Unschuld – hängt in der Luft. Irgendwann verdorrt er dort auch.

Natürlich geht Prometheus nicht in die Kirche. Aber wer will schon sein Leben lang immer nur angestrengt, stets bewusst, unbedingt originell und kulturell beeindruckend sein müssen? Vor allem in den Situationen, in denen meine Energie am Ende ist, hilft mir eine immer noch höhere intellektuelle Meßlatte überhaupt nicht weiter. Mit der Zeit stellt sich eine Überforderung ein, aus der auf Dauer nichts weiter entsteht als Erstarrung. Grimasse statt Lächeln.

Die Glaubenstradition der Kirche mit ihrer schrundigen, narbigen, widersprüchlichen Geschichte hat zwar tatsächlich weniger mit einer sauber blinkenden Reinheit zu tun, als uns das lieb sein mag. Aber die Tradition entlastet uns von einem Anspruch, der uns überfordern müsste. Wir erhalten eine Tradition, die sich verhält wie ein großer Strom, der unnützes Geröll ebenso am Grund des Stroms abgelagert hat wie Gold und edle Dinge. Aber er bewegt sich vorwärts und bringt lebendiges Wasser.

Pierre Teilhard de Chardin hat auf den wiederholten Rat seiner Freunde, endlich diese Kirche zu verlassen, die ihm das Leben so schwer machte, zu diesem Strom der Tradition gemeint: »Die Kirche stellt eine derart mächtige Strömung dar, derart durchzogen (in der gesamten menschlichen Vergangenheit) von dem, was die Lebenskraft (...) der Seelen ist, – sie verkörpert (trotz vorübergehender und momentaner Engstirnigkeiten) eine derartige Macht, die menschliche Natur harmonisch zu entfalten, dass ich mich untreu fühlte gegenüber dem Leben selbst, wenn ich einen organischen Strom wie diesen zu verlassen versuchte (...). Mir gefällt daran nicht alles gleichermaßen; aber daran ist auch nicht alles entscheidend, und außerhalb seiner sehe ich nichts, was den Neigungen und Hoffnungen mehr entspräche, die ich empfinde.«[2]

1 Vgl. etwa: Der Glaube an die Kraft der Rituale, Badische Zeitung 18.6.2003, S. 24.

2 P. Teilhard de Chardin, Sur mon attitude vis-à-vis de l'Église officielle (5.1.1921), in: Ders., Le coeur de la matière, Paris 1976, S. 136; eigene Übersetzung.

Zeit und Augenblick

Ursula und Wolfgang Gast

Die Zeit: Mehr als im Kalender steht

Ich bin hier. Und ich bin jetzt. Beides zugleich. Aber zwischen dem Hier und dem Jetzt besteht der größte Unterschied. Er fängt damit an, dass wir einen Ort sehen können. Ein Hier (das, was zu ihm gehört) nehmen wir sinnlich wahr. Das Jetzt, die Zeit, können wir nicht sehen. Mit keinem unserer Sinne können wir sie wahrnehmen. Wir sehen nur, was sie angerichtet und hinterlassen hat, wenn sie vergangen ist. Oft sehen wir auch dann – nichts.

Einspruch: Aber natürlich sehen wir die Zeit. Man muss nur auf die Uhr schauen! Das Kalenderblatt abreißen! Ach, wenn es so einfach wäre. Tatsächlich sind unsere vertrauten Zeitmaße und Zeitmesser Erfindungen des menschlichen Ordnungssinns. Der Soziologe Norbert Elias hat die Sachlage beschrieben: Was wir mit Uhren messen, ist nicht »die unsichtbare Zeit, sondern etwas höchst Greifbares, etwa die Länge eines Arbeitstages oder ... das Tempo eines Läufers beim 100-Meter-Lauf«. Die Uhr verwandelt einen (andernfalls) bunten Brei aus Ereignissen in übersichtliche »Geschehensabläufe«. Alles geht seinen Gang, und er ist festgelegt durch »gleichmäßig wiederkehrende Ablaufmuster«. Die Welt erscheint uns darin als Eines-nach-dem-anderen. Zugleich ist die Uhr ein »Mittel der Regulierung (unseres) Verhaltens«; eine Art gesellschaftlicher Befehl, den wir befolgen, um nicht zu sagen: nach dem wir funktionieren. Wer stets unpünktlich ist, wird den Anschluss ans allgemeine Zusammenleben verlieren.

Entsprechend nützlich ist der Kalender. Er lässt uns mit größeren Maßeinheiten (Woche, Monat, Jahr) Ordnung halten. Die abgezählte Folge der Jahre verschafft uns einen Überblick über das eigene Leben ebenso wie über die Geschichte der Menschheit. Leben wird zum Lebenslauf. Der Kalender bändigt die Weltfülle, die uns überliefert ist. Unserer Erinnerung gibt er einen Halt; ohne ihn würde sie traumartig zerfließen.

Uhr und Kalender sind Schemata zur Organisation des Lebens; sie sind so hilfreich wie ein Metermaß, ein Gewicht, ein Messbecher. Aber ganz als »zeitlos« können wir sie doch nicht abtun. Denn sie wenden das Muster des Nacheinander an, das die Philosophie seit jeher mit dem Begriff Zeit verbunden hat. (Zum Beispiel Aristoteles: Zeit als »das Früher und Später in der Bewegung«.) Und sie enthalten zwei geometrische Figuren, die als Symbole der Zeit lesbar sind. Die eine Figur ist der Kreis, die andere ist die Linie. Tag, Woche, Monat, Jahr sind Kreis-Phänomene. In ihrem Ablauf erreichen sie einen Punkt, an dem sie schon zuvor waren. Natürlich kommt dieser heutige Tag, wenn er zu Ende gegangen ist, nicht wieder bei sich an, sondern bei abermals einem beginnenden Tag. Aber als Tag wiederholt er sich. Diese Art Wiederkehr ist ein freundlicher Zug der Zeit (etwas zum »Liebkosen«, im Sinn des Nabokov-Zitats): Die Zeit eröffnet uns ein »Abermals«: eine neue Chance. Zwar tilgt sie am Ende des Tages nicht, was geschah; wir müssen damit fertig werden, wenn es übel für uns ist. Aber das Ende des Heute ist Boden für einen Sprung ins Morgen. Wir können aufbauen auf dem, was an Gutem geblieben ist.

Das andere Zeitsymbol ist die Linie. Sie ist die Rennstrecke der Zeit. Der Punkt, den die Zeit auf ihr durchlief, ist ein für alle Mal vorüber. Wir blicken in das zweite, uns immer wieder erschreckende Gesicht der Zeit: Sie lässt sich weder anhalten noch zurückdrehen. Vergangene Zeit lässt sich nicht noch einmal leben, sie ist auf ewig für uns verloren. Wie sie vergeht, darin unterscheidet sie sich wesentlich vom Ort. Das Hier bleibt uns, als Boden unter den Füßen, der nur durch eine seltene Katastrophe wegbrechen könnte. »Jetzt« ist schon vergangen, wenn wir das Wörtchen ausgesprochen haben.

Diese Flüchtigkeit der Zeit quält uns vor allem. Denn wir sehen unser Leben mit ihr verknüpft – und zugleich mit der Zeit läuft es uns davon. Ein Zusammenhang, gegen den wir aufbegehren! Die Philosophie kann uns daraus nicht befreien. Aber sie bringt uns trotzdem auf einige rettende Gedanken. Sie sagt uns, was wir dem spurlosen Vergehen entgegenzusetzen haben. Und sie zeigt uns die Grenze, von der an unser Widerstand sinnlos ist.

Mit seiner Zeit kommt jeder Mensch auf die Welt. Seine Zeitmenge ist nicht im voraus messbar, man weiß nur, dass sie begrenzt ist; wer will, hole sich aus der Statistik eine unverbindliche Richtzahl (»Lebenserwartung«). Das Zeithaus steht in voller Pracht am Tag der Geburt. Von da an wird es abbröckeln, über die Jahre hin vom Palast der Möglichkeiten zur Elendshütte des »Vorbei«. Ein trauriges Bild, aber realistisch, und doch nur die halbe Wahrheit. Nicht die Zeit ist schuld daran, wenn sie so verfällt, vom Palast zur Hütte, die zuletzt vermodern wird. Es liegt am Besitzer. Jeder Mensch besitzt seine Zeit, und obwohl sie ihn allmählich verlässt, bleibt sie ihm: in anderer Gestalt.

Zu »nichts« wird meine Zeit nur, wenn und soweit ich sie ins nichts laufen lasse. Denn ich habe die Chance, die an sich unsichtbare Zeit umzuwandeln in etwas Sichtbares, greifbar Wirkliches. Ich wehre mich gegen das Verschwinden, den Abbau meiner Zeit, indem ich mein Lebenswerk aufbaue. Wir »ver-dingen« oder »ver-körpern« die Zeit. Dem Künstler wird sie zum Kunstwerk, dem Paar wird sie zum Kind, jedem Menschen zur Erinnerung an das vollbrachte Seine.

Meine Zeit vergeht. Ich will nicht mit ihr spurlos verschwinden, als wäre ich nie da gewesen, und setze allerlei Werke dagegen. Doch auch sie sind vergänglich. Ich hoffe trotzdem, sie mögen mich an Haltbarkeit übertreffen. – Ein Mensch will sich in die Zeit hinein verlängern. Er will Zukunft besetzen und besitzen über das Maß seiner Lebensjahre hinaus. Für dieses Ziel arbeitet er eifrig, verbissen; bis (vielleicht) mit den Jahren die Weisheit des Sisyphus in ihm heranreift. Wie töricht, sich an einen unerfüllbaren Wunsch zu versklaven. Der Zeit kann ich mein Dasein nicht dauerhaft, nur für eine Weile abtrotzen. Dies will ich sinnvoll tun. Sinnvoll ist, wir vollbringen unsere Werke zur eigenen Schöpferfreude und füreinander. Für die Gegenwart. Und wenn wir darüber hinaus denken, können wir das Vollbrachte ohnehin nur in seine eigene Zukunft entlassen.

Der Augenblick: Die kurze Ewigkeit

Wir leben *jetzt.* Aber »jetzt« ist schon vorüber, wenn das Wörtchen ausgesprochen ist. Diese Flüchtigkeit quält uns, wir wehren uns dagegen, indem wir Werke in die Welt setzen. Die entflohene Zeit, gut genutzt, lässt Spuren unseres Tuns zurück. Oder wenigstens ein Foto, das einen Zeitpunkt festhalten soll, bevor er unwiederbringlich entgleitet. Dass wir nur eine armselige Gedächtnisstütze erbeuten, entmutigt uns bei der bisweilen gierigen Knipserei nicht. Die Zeit zu verdinglichen ist eine unserer Methoden, um ihrer habhaft zu werden. Doch wir versuchen unser Glück bei ihr oder mit ihr auch anders. Wenn es gelänge, die Zeit zu unterbrechen? Sie zu dehnen? Aus ihrem Zug auszusteigen? Das Jetzt ist für uns nicht nur der Inbegriff des Flüchtigen, Unfasslichen. Wir halten uns auch an ihm fest, wenn wir uns von der Zeit frei machen wollen. Das, woran wir uns halten, nennen wir Augenblick. Was dürfen wir vom Augenblick erwarten? Vielerlei; wie die folgenden Beispiele aus Philosophie und Literatur und aus der Wirklichkeit des Erlebens zeigen.

Den Augenblick der Wahrheit erreichen ...

»Er hat zwei Gegner: Der erste bedrängt ihn von hinten, vom Ursprung her. Der zweite verwehrt ihm den Weg nach vorn ...« Franz Kafka stellt (in der so beginnenden Parabel) einen Menschen vor, der eingezwängt lebt. Von rückwärts bedrängt ihn seine Vergangenheit, die nach Fortsetzung und Konsequenzen verlangt. Vor ihm baut sich die Zukunft mit Hindernissen auf. Der Mensch kämpft alltäglich gegen beide Kräfte an. Aber er hat einen Traum: Nämlich, »dass er einmal in einem unbewachten Augenblick – dazu gehört allerdings eine Nacht, so finster wie noch keine war – aus der Kampflinie ausspringt ...«. Dann mögen beide Gegner direkt aufeinanderprallen und er zum »Richter« über sie »erhoben« sein. Ein Mensch sehnt sich danach, aus seiner Lebensbahn herauszuspringen. Nicht auf Dauer, doch wenigstens für einen nachtlangen Augenblick. Und auch nicht, um sich ins Dunkle davonzuschleichen. Vielmehr, um von außen klar zu erkennen: Was in meinem Leben ist schwach, faul, den Einsatz nicht wert, und wo liegt das Sinnvolle für mich? Er wünscht sich Erleuchtung über sich selbst.

Für einen Augenblick schweben ...
»Über mir der blaue Himmel, in ihm ganz hoch oben ein rüttelnder Raubvogel. Das war Glück.« Eine Autorin erzählt in einer Illustrierten über glückliche Momente in ihrem Leben. Wir können uns gut in das Bild einfühlen: Wie die Seele sich an den Vogel hängt, sich emportragen lässt ... Es ist ein anderes Glück als jenes, das uns die Philosophen lehren. Sie denken an einen dauernden Zustand: an eine glückliche Grundstimmung des Lebens. Wir sollten unsere Wünsche mit dem Erreichbaren versöhnen, statt glücklos dem Unerreichbaren hinterherzujagen. Der glückliche Augenblick dagegen ist ekstatisch: Ich hebe vom Boden ab, frei von Alltagslast; schwerelos gleite ich über alles Irdische hin. Freilich, auch dieses Glück lässt sich kaum erjagen. Es bietet sich dem Achtsamen an, als ein Geschenk.

Für einen Augenblick innehalten ...
Ein Mensch sagt von sich, er habe seinen Rhythmus, liebe den Wechsel. Also zum Beispiel: Arbeit, Vergnügen, Schlaf, Arbeit, Vergnügen, Schlaf, immer so weiter. Wer sich nur so wahrnimmt, versäumt etwas »Wunderbares«. Platon klärt uns darüber auf (im Buch »Parmenides«): Dieses Wunderbare ist der Augenblick zwischen den Ereignissen; ein Moment, als würde darin die Zeit den Atem anhalten. Bei Platon wird diskutiert über die Frage, wie zwei einander entgegengesetzte Zustände ineinander übergehen. Die exemplarische Antwort: »Nicht aus der Ruhe geht etwas, während es noch ruht, in die Bewegung über, noch aus der Bewegung, während es sich noch bewegt, in die Ruhe über.« Sondern: »Der Augenblick, dieses wunderbare Etwas, liegt zwischen der Bewegung und der Ruhe, keiner Zeit angehörig.«

Das »wunderbare Etwas« können wir wahrnehmen und auch ausdehnen. In ihm finden wir das sichere Gefühl, dass jetzt eine Tätigkeit abgeschlossen ist. Und wir erleben die Freude des nächsten Anfangs. Dazwischen aber hat das Ich eine gute Gelegenheit, sich zu sammeln (eine Arbeit des Eros).

Einen Augenblick der reinen Gegenwart erleben ...

Ein Mensch wünscht sich, sein pures Dasein zu spüren. Nicht das Glück der hoch fliegenden Seele; nicht den Augenblick des sich sammelnden Ich. Nur: die reine Existenz hart an der Grenze zwischen dem Sein und dem Nichtsein. Der Wunsch erfüllt sich nachmittags am Strand.

Am Meeresrand liege ich, ins Rauschen der Wellen gebettet, ohne suchenden Gedanken, der etwas festhalten wollte (dieses Bild zum Beispiel); ich spüre, wie unter meinem Körper die Erde sich dreht, fort von mir; ich spüre, dass ich ein Kosmos bin, ein Wesen aus rotierenden Planeten, von Strahlen durchzogen; aber nichts hält mich noch länger zusammen, ich dehne mich aus, zerfalle – und bin mir in diesem Verlorengehen am stärksten gegenwärtig.

Im Nachdenken die Zeit aufheben ...

»Ich ergreife die forteilende Natur in ihrem Fluge, und halte sie einen Augenblick an, fasse den gegenwärtigen Moment fest ins Auge, und denke nach über ihn!« Der Philosoph Johann Gottlieb Fichte zeigt uns, wie wir ein Ereignis dem Zeitfluss entreißen können: durch unser Denken.

Etwas hat sich ereignet; hat seine Zeitlang gedauert; jetzt ist es vorüber. Aber ich habe genau hingeschaut. Deshalb erinnere ich mich gut an Einzelheiten. Und ich bewege, was da war, im Kopf hin und her: Wie war dies oder jenes genau? Warum geschah es? Warum so und nicht anders? Was bedeutet es? Denkend halte ich fest, was draußen in der »forteilenden Natur« *so* nicht mehr stattfindet. Das Denken gibt den Ereignissen eine neue Zeitdimension: Sie sind und bleiben Gegenwart.

Denkend (er)lösen wir, was uns lieb und teuer ist, aus der Zeit. Wer nachdenkt, macht auch sich selbst vom Zeitfluss frei. Mit einem Risiko, auf das Fichte hinweist: »Aber die Natur eilt fort in ihrer steten Verwandlung: und indes ich noch rede über den aufgefassten Moment, ist er entflohen, und alles hat sich verändert.« Der Kopf kann leicht den Anschluss an das Draußen verlieren.

Blitz aus heiterem Himmel ...
In fünf Beispielen ist uns der Augenblick günstig erschienen: als Ziel einer Sehnsucht; Glücksbringer; sinnvoll und freundlich. Aber er kann auch anders: Paris, 1. Juni 1938. Ein Regenguss. Der Dichter Ödön von Horváth stellt sich unter einen schützenden Baum. Der Blitz fährt in den Baum, Äste zersplittern, erschlagen den Menschen. Ein Augenblick genügt für die vollständige Vernichtung.

Über das Jetzt hinaus ist uns nichts garantiert. Unsere Pläne schmieden wir auf Verdacht und Hoffnung. Mehr Gewissheit unterstellen wir, um nicht am unerträglichen »Vielleicht« zugrunde zu gehen: ein Trick des Selbsterhaltungstriebs. Jedoch auch eine philosophische Lehre ziehen wir daraus: Das Jetzt ist kostbar – darum nutze, lebe es!

Über die Sehnsucht

Johanna Domek

Schon jetzt – noch nicht
Immerzu leben wir als Mensch in der Spannung zwischen dem »schon jetzt« und dem »noch nicht«. Nur in seltenen Augenblicken erfahren wir diese beiden Pole in ganz und gar geglückter Einheit. Diese Spannung gut auszuhalten und das ganze Leben hindurch zuzulassen ist oft nicht so leicht. Immer wieder gleiten wir ab in unlebendige Spannungslosigkeit (die nichts mit musevoller Entspannung gemein hat) oder in krampfhafte Verspannung. Das scheint grundsätzlich nicht vermeidbar. Wichtig wäre aber, wohin

sich in all dem ein Mensch orientiert, wo einer beheimatet ist, wie die Grundmelodie und der Grundrhythmus eines Lebens sind. Meist hören wir dabei selbst nicht die Melodie, die da über unsere ausgespannten Lebenssaiten zwischen »schon jetzt – noch nicht« klingt und zittert.

Schon jetzt – noch nicht! Durch alle Alters- und Lebensphasen zieht sich das durch, von Kindheit an. Schon jetzt kann ich mit dem Fahrrad fahren, aber Wettrennen gewinne ich noch nicht. Schon jetzt kann ich Auto fahren, aber einen eigenen Wagen habe ich noch nicht. Schon jetzt spiele ich Saxophon, aber für ein Spielen in der Band reicht es noch nicht. Schon jetzt habe ich eine Lehrstelle, aber ob ich danach übernommen werde, weiß ich noch nicht. Schon jetzt habe ich eine gute Arbeit gefunden, aber sie erfüllt mich noch nicht ganz. Schon jetzt hat mein Leben seine Richtung, aber ich halte sie noch nicht immer treu ein. Schon jetzt kann ich mein Leben, Denken und Fühlen ausdrücken, ein Bild malen, ein Gedicht schreiben. Aber das Bild das alles enthält, habe ich noch nicht gemalt, das Wort, das alles sagt oder alle offenen Fragen beantwortet, habe ich noch nie sagen können. Schon jetzt habe ich den Mann/die Frau meines Lebens gefunden, aber es gelingt mir noch immer nicht, ihm/ihr täglich meine Liebe wirklich zuteil werden zu lassen.

Für mich als Christin und für Christen allgemein heißt das auch: Schon jetzt sind wir durch Christus ganz erlöst, aber praktisch leben wir noch nicht ganz erlöst. Schon jetzt umgibt uns Gottes liebende Gegenwart, aber wir nehmen sie oft noch nicht wahr und auf. Schon jetzt leben wir Gemeinschaft aus Gott, aber oft sind wir einander in den Formen unseres gemeinsamen Lebens noch nicht einfach zugewandt. Schon jetzt wissen wir um das Wichtige und Wesentliche, aber wir lassen unser Herz noch viele Male nicht vom Unwichtigen und Unwesentlichen los. Schon jetzt hat Christus unsere lahmen Beine geheilt, aber wir laufen oft noch mehr auf Krücken statt auf den eigenen, geheilten Füßen und Beinen. Schon jetzt hat Christi Liebe unsere blinden Augen berührt, aber wir haben sie seinem Licht noch nicht wirklich weit geöffnet und blinzeln erst ins Leben. Schon jetzt hat Gott uns gefunden und wir seine Spur, und dennoch suchen wir ihn.

»Schon jetzt – noch nicht!« in den zahllosen Variationen alltäglich, grundsätzlich oder praktisch, diffus oder konkret, hintergründig oder offensichtlich. Alles in allem keine Kleinigkeit. Immer wieder ertappe ich mich dabei, dass ich gegen diese lebenslange, bleibende Spannung von »schon jetzt – noch nicht« ankämpfe und sie abzuschütteln versuche. Das geht uns in verschiedenem Maß wohl allen so. Die Tendenz, Spannungen aufzulösen, statt sie durchzutragen, ist weit verbreitet. Aber von einer ungespannten Sehne fliegt der Pfeil nicht weit, auf einer ungespannten Saite klingt der Ton nicht klar. Lernen wir geduldig zu werden, ohne je die lebendige Sehnsucht nach der Erfüllung großer Verheißungen und nach Ganzheit zu verleugnen.

Benedikt schreibt in seiner Ordensregel, Kapitel 7, Vers 27 mit den Worten des 14. und des 53. Psalms: »Der Herr blickt vom Himmel herab auf die Menschen, ob noch ein Verständiger da ist, der Gott sucht.« Gott sucht den Suchenden (vgl. auch Regel Benedikts Prolog 14) und schaut nach ihm aus, und dann wird er ihn fragen und einladen, wie es in Vers 15 heißt: »Wer ist der Mensch, der das Leben liebt und gute Tage zu sehen wünscht?« Das Wort von der »Gottsuche«, das in der mönchischen Tradition so wichtig ist, lässt diese menschliche Spannungseinheit, dieses spannende Leben besonders deutlich hervortreten. Dieses Wort erzählt von der Sehnsucht nach Gott in allem, durch alles hindurch und über alles hinaus, mit der unser ganzes menschliches Wesen auf den Ruf der Liebe Gottes antwortet.

Gott sucht den Menschen und schenkt ihm die Sehnsucht. Oft finden wir seine Nähe und Gegenwart nicht oder nicht genug, nicht hinreichend, aber in Gottes liebendem Sprach-Schatz gibt es nirgends die Redewendung, mit der Menschen aus verschiedenen und gewiss teilweise berechtigten Gründen Zutritt und Raum verwehren: »Du hast hier nichts zu suchen!« Bei Gott haben wir immer etwas »zu suchen«, er lädt uns ja ein dazu. Er hat uns das Kapital der Sehnsucht geschenkt, das wir Menschen so häufig für die Billigangebote auf dem Markt der Welt verschleudern.

Was immer wir suchen, ahnen wir schon, kennen wir in irgendeiner Weise oder wenigstens doch irgendeiner Möglichkeit schon jetzt, doch wir haben es noch nicht ganz gefunden, oder es ist vorüber – oder sogar verlorengegangen. Wir wissen darum in der Tiefe unserer Seele, in den stillen Kammern der Erinnerung, wie die Vögel, die – wenn es Herbst wird – sich sammeln und losziehen, der inneren Spur nach – und folgsam fliegen durch alles Wetter und Wehe, Jahr für Jahr. Urkraft, die das Leben bewegt, Spannung: schon jetzt – noch nicht. Noch nicht – schon jetzt: Sehnsucht, die weit fliegen lässt und treibt.

Aufrichtig den eigenen Weg gehen – im Umgang mit Gottes Schöpfung

Die Entdeckung der Zeit als Ort Gottes – oder: Gott als Schöpfer

Georg Steins

Wo wohnt Gott? So haben die Menschen immer wieder gefragt, weil sie ihre Götter erreichen wollen. Die Antwort der Bibel auf diese Frage ist höchst originell, denn sie besteht nicht in der Angabe räumlicher Koordinaten, sondern lenkt den Blick weg von der Kategorie des Raumes, mit der wir gewöhnlich die Frage nach einem Ort verbinden, auf die Kategorie der Zeit. Die Originalität dieser Antwort hat uns alle – ob wir uns ausdrücklich zum Christentum bekennen oder nicht – immer schon geprägt; sie bestimmt seit 2500 Jahren das Lebensgefühl zahlreicher Menschen in unserem Kulturkreis.

»Im Anfang schuf Gott Himmel und Erde; die Erde aber war wüst und wirr, Finsternis lag über der Urflut, und Gottes Geist schwebte über dem Wasser. Gott sprach: Es werde Licht! Und es wurde Licht ...« (Gen 1,1–3) Mit diesen Worten (hier nach der katholischen Einheitsübersetzung) beginnt die sogenannte Schöpfungsgeschichte der Bibel. Ein gewichtiger Text in gemessener, feierlicher Sprache, der wie kaum ein anderer Bibeltext die Weltgeschichte bewegt hat. Aber es ist schon seltsam: Der Streit der letzten 200 Jahre um die Bedeutung und Wahrheit dieses missverständlich als »Schöpfungsbericht« bezeichneten Textes angesichts der modernen Naturwissenschaft war lange einfach blind für die Besonderheiten dieser biblischen Erzählung. Zum Glück ist der Streit gegenwärtig abgeflaut, weil man eingesehen hat, dass es viele unterschiedliche Arten des Sprechens über die Welt gibt. So besteht die Möglichkeit, die Eigenart dieses biblischen Sprechens von Gott und Welt genauer wahrzunehmen.

Hier wird – und das kann gar nicht deutlich genug betont werden – keine Naturgeschichte geschrieben, kein Schöpfungsprotokoll abgeliefert. Wie alle Schöpfungserzählungen Ägyptens und Mesopotamiens entwirft der Text ein Weltbild, das nicht über Naturvorgänge informieren oder diese erklären will, sondern das Orientierung geben will, indem aus der Perspektive des Menschen die grundlegenden Ordnungen, das heißt die lebensbestimmenden Unterscheidungen und die lebenstragenden Wertsetzungen, entfaltet werden. Wer Verlässliches über die Weltentstehung erfahren will, findet in den Lehrbüchern der Astrophysik und der Biologie reichlich Auskunft. Die Bibel will uns auf anderes aufmerksam machen, das nicht weniger bedeutsam für uns ist. Diejenige Ordnung, die das Hauptanliegen dieser Schöpfungsgeschichte ist, wird jedoch leicht übersehen. Die Geschichte erzählt nicht nur das Schöpfungsgeschehen in einer chronologischen Abfolge, gegliedert nach Tagen. Vielmehr wird die Ordnung der Zeit selbst zum Inhalt des Schöpfungsgeschehens. Das ist in hohem Maße erstaunlich und unterscheidet diesen biblischen Text von den anderen Schöpfungstexten der Bibel und von Schöpfungstexten aus dem Umfeld Israels.

Es lohnt sich, den vermeintlich bekannten Anfangstext der Bibel noch einmal genauer anzuschauen, um die Bedeutung dieser Ordnung der Zeit zu erkennen: Das Schöpfungsgeschehen setzt ein mit der Erschaffung des Lichts. Dem tödlichen Zustand, der mit den Grausen erweckenden Signalwörtern von »Wüste«, »Finsternis« und »(Chaos-)Wasser« zur Vorstellung gebracht wird, tritt Gott mit dem Aufrufen des Lichts entgegen. Das ist die grundlegende Schöpfungstat, weil sie dem tödlichen Chaos die Grenzen weist. Der Sieg des Lichts wird zum Ursprung der Welt als eines geordneten Zusammenhangs. Mit dem Licht tritt die erste Unterscheidung auf, beginnt der Aufbau von Strukturen. Dass damit schon das Wichtigste »passiert« ist, deutet der Text an, indem er sogleich davon spricht, dass das Licht von Gott gebilligt wird: »Und Gott sah das Licht, wie gut es war.« An dieser Stelle wird das Licht also ausdrücklich genannt; es heißt nicht pauschal »Gott sah, dass es gut war«. »Gut« meint immer auch »schön« und »lebensvoll« und »lebensförderlich« – bezeichnet also das Gegenteil von Wüste und Tod.

Der Gegensatz von Licht und Finsternis wird im nächsten Schritt als Differenz von Tag und Nacht ausgelegt. Damit ist die Zeitgröße »ein Tag« eingerichtet. Das Geschehen der Schöpfung beginnt also mit der Schaffung einer Zeiteinheit. »Die Schöpfung beginnt nicht mit der Scheidung des Weltraumes, sondern mit der von Tag und Nacht als der Grundordnung der Zeit« (Claus Westermann). Die Ordnung der Zeit wird in der Sicht des ersten Schöpfungsberichtes zur grundlegenden Ordnung, der die Erschaffung der Lebensräume Himmel, Festland und Wasser und ihre Ausstattung nachgesetzt und eingeschrieben wird.

Worauf zielt diese auffällige und ganz und gar ungewöhnliche Betonung der Zeit? Im Gang der biblischen Erzählung kommt die Antwort nach und nach zum Vorschein. Um das Ergebnis vorwegnehmend anzudeuten: Die biblischen Erzählungen gestalten das Verhältnis von Gott und Mensch in neuer, bisher nicht da gewesener Weise. Gott erhält einen neuen Wohnsitz. Sein besonderer Ort ist von nun an die Zeit. Hier ist er ab sofort zu finden.

»Gott und Zeit« – dieses Thema der ersten Zeilen der Heiligen Schrift wird durchgehalten bis zum Ende dieses voluminösen Bibel-Buches, bis zum letzten Wort des Neuen Testaments – »Komm, Herr Jesus« –, der flehentlichen Bitte um ein Ende des Wartens auf Sinn, Erfüllung, Erlösung.

Die Schöpfung ist nicht zu Ende mit der Erschaffung des Menschen als Frau und Mann am sechsten Schöpfungstag. Die christliche Tradition hat oft nur vom »Sechs-Tage-Werk« gesprochen und den Menschen als Krone der Schöpfung gefeiert. Dabei hat sie den springenden Punkt des ersten Textes der Bibel vielfach glatt übergangen und so mit dazu beigetragen, dass sich der Mensch nicht selten allzu viel herausgenommen hat – mit katastrophalen Folgen, die seit einigen Jahrzehnten zum Beispiel die Ökologiedebatte aufgezeigt hat. An die sechs Schöpfungstage schließt sich ein Abschnitt zum siebten Tag an, der mit gewichtigen und etwas umständlichen Worten diesen Tag von den vorangegangenen abhebt: »Gott vollendete am siebten Tag sein Werk, das er gemacht hatte, und er ruhte am siebten Tag von all seinem Werk, das er gemacht hatte. Und Gott segnete den siebten Tag und heiligte ihn, denn an ihm ruhte er von all seinem Werk, das Gott geschaffen hatte, indem er es machte.« (Gen 2,2–3)

Den meisten sind diese Texte schon aus Kindertagen so vertraut, dass die naheliegende Frage sich nicht stellt: Was kann es für einen Sinn haben, dass hinausgehend über die Erschaffung von Himmel und Erde und aller Lebewesen von noch einer Sache die Rede ist? Es ist mit den sechs Tagen doch eigentlich alles da. Man sollte meinen, die Schöpfung sei mit dem sechsten Tag abgeschlossen, fertig.

Der siebte Tag kennt kein weiteres Werk Gottes, das den zuvor erzählten Schöpfungswerken entspricht, sondern berichtet das Vollenden der Arbeit Gottes und das Aufhören Gottes mit all seiner

Arbeit. Die Vollendung fällt also nicht zusammen mit der Beendigung der Arbeit, sondern ist – seltsam genug – ein Vorgang eigener Art. An diesem siebten Tag geschieht nichts mehr, dafür geschieht aber etwas mit diesem Tag, das mit den Worten »Segnen« und »Heiligen« beschrieben wird. Das heißt: Der Tag wird herausgehoben, gerade dadurch, dass nichts gemacht wird.

Man könnte meinen, das sei alles nichts Besonderes, hier werde einfach das bekannte Wochenschema in einem uranfänglichen Geschehen verankert und so als für alle Zeit verbindlich vorgestellt. Das ist zwar richtig, beantwortet aber nicht die Frage nach dem positiven Gehalt, die Frage nach dem Sinn der Unterscheidung zwischen den Tagen des Arbeitens und der geheiligten Zeit der Vollendung. Am Ende der Schöpfungsgeschichte wird nicht allein, wie oft gesagt wird, die Einsetzung des Sabbats als vorgeschriebenem Ruhetag berichtet. Der siebte Tag ist der geheiligte Tag. Er repräsentiert mit der Heiligung der Zeit etwas Neues, das fortan das Leben in der Zeit bestimmen soll: Nicht im gestaltlosen Einerlei der Abfolge immer gleicher Tage, sondern im Rhythmus des schöpferischen Wirken Gottes vollzieht sich das Leben der Geschöpfe, das Leben der Menschen, die ihr Ziel in nichts Geringerem als eben dem Heiligen selbst finden. Die Zeit wird unterschieden, die Tage haben eine unterschiedliche Qualität.

Die aktuelle Diskussion um den Sonntag als Tag gemeinsamer Arbeitsruhe lässt oft nicht ahnen, wie ernst dieses Thema ist, wenn die Frage vorherrscht, ob wir uns den Sonntag als »Luxusgut« (rein wirtschaftlich betrachtet) leisten können und sollen. Aus biblischer Perspektive geht es nicht nur um die gesellschaftliche Regelung von Arbeits- und Freizeit, die so oder so sinnvoll geschehen kann, sondern um Gott und seine Beziehung zum Menschen. Die gesellschaftliche Regelung der Zeit ist nicht zuerst und vor allem eine ökonomische und tarifpolitische Frage. Im Deutungshorizont des biblischen Schöpfungsberichtes wird dieses Problem der qualitativen Unterscheidung von Zeit als Gottesfrage entschlüsselt.

Wir leben – ob kirchlich gebunden oder nicht – vermittelt durch unsere westliche Kultur in den hier eröffneten Horizonten so, wie wir in der Hülle der Atemluft leben, die wir in der Regel auch nicht zum Thema machen. Die Weichenstellung im Verständnis von Gott und Mensch, die hier geschehen ist, wird erst im Nachdenken und Vergleichen bewusst: Gott und Mensch sind von nun an grundlegend zeitlich bestimmt, und ihre Begegnung geschieht in der auf Vollendung ausgerichteten Zeit. Jedes Mal, wenn der siebte Tag wieder an der Reihe ist, wird das Ziel der menschlichen Geschichte in den Fluss der Zeit schon hereingeholt. So wird in einem weiteren Text der fünf Bücher Mose (einige Kapitel später) der siebte Tag erkannt als »Zwischen-Zeichen«, theologisch gesprochen als »Sakrament«, das Mensch und Gott zusammenführt: »Und es sollen beobachten die Kinder Israels den Sabbat, den Sabbat zu halten bei ihren Generationen als immerwährenden Bund. Zwischen mir und den Kindern Israels sei er als ein Zeichen für ewig, dass JHWH in sechs Tagen gemacht den Himmel und die Erde, und am siebten Tag aufgehört und Atem geschöpft/gefeiert hat.« (Ex 31,16–17)

Die Schöpfungsgeschichte erzählt nicht, wie alles geworden ist. Ihr geht es nicht um die Beschreibung und Erklärung natürlicher Vorgänge, sie hat ein genaueres Interesse: Sie will Sinn stiften, indem sie eine soziale Einrichtung wie die Unterscheidung von Arbeit und Nicht-Arbeit aufnimmt und sozusagen nach oben hin, das heißt auf Gott hin, öffnet. Vollendung liegt nicht im Machen, Sinn liegt im Darüber hinaus. Die Ordnung des Tuns ist eingelassen in eine andere, eine höhere Ordnung. Diese aber existiert nicht als Über- und Unterordnung der Lebewesen, als Ordnung der Macht, sondern als Ordnung der Zeit für alle.

In den gegenwärtigen Gefährdungen auch der letzten Freiräume der Welt und des menschlichen Lebens durch einen wildgewordenen Kapitalismus kann eine Ahnung für das kritische Potential eines solchen Entwurfs aufkommen. Theologisch gesprochen: Gott schafft einen Raum der Begegnung jenseits der Verfügungsmacht des Menschen. So lässt er sein. Wie trist und trostlos wäre es wohl ohne den Schein des Lichts, das in der strukturierten Zeit für alle aufscheint. Ist dieser Gott, der uns über die Zeit so nahe kommt, überflüssig? Welches Gut wäre so groß, dass es ihn ersetzen könnte? Und können wir auf das Versprechen und die Möglichkeit, die in der gegliederten Zeit für alle liegt, verzichten? Wohin führt unser »Machen«, wenn es nicht mehr umfangen ist von einer Ordnung des Sein-Lassens?

Leben im Rhythmus der Schöpfung

Alois Seuferling, Anselm Grün

Das rechte Maß hat Benedikt auch im Auge, wenn er den Tagesablauf der Mönche ordnet und vorschreibt. Benedikt übernimmt dabei die Tradition des Mönchtums, dass die Mönche noch vor Sonnenaufgang aufstehen, um in der nächtlichen Vigil vor Gott zu wachen und zu beten. Aber Benedikt ordnet sowohl die Gebetszeiten als auch die Zeiten für die Arbeit maßvoll und vor allem so, dass sie dem natürlichen Rhythmus des Menschen entsprechen. Das Wort Rhythmus hat eine ähnliche Bedeutung wie mensura: die gleiche Abmessung, das Ebenmaß, die richtige Proportion. Es kommt von »rythmizo«, was soviel heißt wie: in ein Zeit- und Ebenmaß bringen, gehörig ordnen.

Der Zeitrhythmus, der das Leben der Mönche ordnet, ist eine Ordnung der Natur. Die Mönche leben ihren Tag im Einklang mit der Natur und ihrem Rhythmus. Gerhard Vescovi, ein Kurarzt, hat in einem Vortrag herausgearbeitet, dass der benediktinische Tageslauf dem Biorhythmus des Menschen entspricht. Jeder Mensch trägt in sich einen Biorhythmus. Er hat Stunden, in denen er hellwach ist, und Stunden, in denen seine Spannkraft nachlässt. Es hat wenig Sinn, gegen seinen inneren Rhythmus zu leben. Viele versuchen, ihrem Leben einen anderen Rhythmus aufzuzwingen, als ihrer Natur entspricht. Sie halten sich mit Kaffee und Zigaretten wach. Doch damit treiben sie Raubbau an ihrer Natur.

Gesund lebt der Mensch nur, wenn er seinen eigenen Rhythmus erkennt und danach lebt.

Benedikt ordnet den Tag nach den römischen Horen. Hora ist die Stunde. Bei den Griechen sind die Horen Göttinnen, die das Jahr begleiten und ihm »Blüte, Wachstum und Frucht schenken.«[1] Hesiod nennt drei Horen und versteht sie als Töchter des Zeus: »Eunomia, Dike und Eirene – Regelmaß, Recht und Friede, oder: Wohlverteilung, Gleichheit und Einigkeit.«[2] Die Horen verbürgen die regelmäßige Wiederkehr von Blütezeit und Reifezeit, und sie sorgen beim Menschen für Regel und Gleichmaß, für Ordnung und Frieden. Für die Griechen bedeutet das Wort »horaios« (was den Horen entspricht) zugleich »schön«. Was zur rechten Zeit geschieht, ist schön und gut. »Alles Unmäßige, Übertriebene, Chaotische und Ungeheuerliche ist aoros, entspricht nicht den Horen, ist hässlich und widerwärtig.«[3]

Die Hymnen der einzelnen Horen preisen Gott immer wieder dafür, dass er »dem Tag die Zeiten setzt« und dadurch »dem öden Einerlei wehrt«. Der Schöpfer aller Dinge ordnet die Zeit, damit sie Vorgeschmack der Ewigkeit werde. Man spürt diesen hymnischen Ausdrücken ihre Verwandtschaft zur griechischen Mythologie an, die die Horen zu den Göttinnen des Wachsens und Reifens zählt. Demeter, die eigentliche Fruchtbarkeitsgöttin, ist für die Griechen zugleich die »Bringerin der Horen«. So ist eine Spiritualität, die die einzelnen Horen in ihrer je eigenen Qualität berücksichtigt, eine typische Schöpfungsspiritualität.

Die frühen Christen verbinden die griechische Fruchtbarkeitsspiritualität mit dem »Jahr des Heiles«, wie Lukas es im Leben Jesu beschreibt. Daher hat jede Stunde eine eigene Beziehung zum Heilswerk Jesu Christi. Die Vigilien, die Nachtwachen, erinnern uns an den Hahn, der uns weckt, ein Bild für Christus, der uns vom Schlafe auferweckt. Die beginnende Morgenröte ist Zeichen für die Auferstehung Jesu. Da singen die Mönche die Laudes, das Lob des Auferstandenen. Die Terz ist die Stunde, da der Heilige Geist über die Jünger kommt. Die Sext erinnert an die Aufrichtung des Kreuzes, die Non an den Tod Jesu am Kreuz. Die zwölfte Stunde ist die Stunde des Abendlobes, der Vesper. Da wird Christus gepriesen, der in unseren Herzen ein ewiges Licht anzündet, das auch in der Finsternis der Nacht noch in unseren Herzen leuchtet. Die Komplet als letzte Gebetszeit vollendet den Tag und übergibt ihn in Gottes Hände.

Jede Gebetszeit entspricht in ihren Hymnen und Psalmen der je verschiedenen Qualität der jeweiligen Hore. Aber Benedikt ordnet auch den ganzen Tag im Wechsel zwischen Gebet und Arbeit, zwischen Meditation und Rekreation (Erholung) so, dass es dem inneren Rhythmus des Menschen entspricht. Da werden die frühen Morgenstunden für das Gebet und die Meditation genommen. Das sind seit jeher die für die Meditation geeignetsten Stunden. Da alles noch still ist, da der Tag noch frisch ist, kann der Mensch am ungestörtesten eintauchen in die Gegenwart Gottes. Die Meditation ist wie eine Quelle, aus der der Mönch trinken kann, um mit seiner inneren Quelle in Berührung zu kommen, die nie versiegt, weil es eine göttliche Quelle ist. Da erfährt der Mönch Gott als den ewig Jungen, der unverbraucht und unvergänglich in uns und um uns herum alles immer wieder erneuert.

Dann folgen die Stunden der Arbeit. Am Vormittag ist dafür die geeigneteste Zeit. Immer wieder wird die Arbeit von kurzen Gebetszeiten unterbrochen. Aber die Gebetszeiten nehmen auch auf den Arbeitsrhythmus Rücksicht. Wer auf dem Feld arbeitet, der muss nicht in das Kloster zurückkehren, um dort zu beten, sondern er soll es auf freiem Feld tun. Benedikt berücksichtigt in seiner Tagesordnung die je eigenen Verhältnisse im Sommer und Winter. Im Sommer wird länger gearbeitet, im Winter ist dagegen mehr Zeit für Lesung und Meditation. Das entspricht auch der inneren Stimmung des Menschen, der im Sommer extravertierter und im Winter introvertierter ist. Der Mönch wird nicht zum Knecht einer Ordnung, die ihm übergestülpt wird, vielmehr wird er eingebettet in den Rhythmus des Tages. So kann er ein Gespür entwickeln für die Eigenart jeder Stunde.

In der Frühe bekommt er ein Gespür für das Unverbrauchte und Frische des Tages. In der Mittagshitze reflektiert der Hymnus der Mittagshore, dass sich im Miteinander durch die täglichen Reibereien hitzige Gefühle in das Herz einschleichen und in ihm hochkochen. Daher brauchen wir mittags die Kühlung unseres erhitzten Herzens durch das Gebet, das uns als heilsame Unterbrechung der Arbeit eine Atempause schenkt. Der Nachmittag hat eine eigene Qualität. Da spürt der Mensch seine Müdigkeit. Der beginnende Abend eignet sich wieder zum Gotteslob. Da kann der Mönch dankbar auf sein Tagewerk zurückschauen und Gott den Schöpfer preisen für die Wundertaten seiner Schöpfung. Und zu Beginn der Nacht betet der Mönch, dass Gott ihn im Schlafe behüten möge, dass er seine heiligen Engel senden möge, dass sie im Traum zu ihm sprechen. Die Tagesordnung des heiligen Benedikt will den Mönch dazu führen, dass er sich einlässt in den Rhythmus der Natur mit ihren verschiedenen Jahreszeiten und des Tages mit der jeder Stunde eigenen Qualität und Stimmung.

Es gibt nicht nur die mechanischen Uhren, sondern auch Uhren, die in uns sind und unserem Organismus eine Zeitstruktur geben. Die heutige Medizin nennt sie biologische Uhren. »Sie bestimmen die in Rhythmen und Zeitphasen ablaufenden Lebensvorgänge des Körpers und der Seele in der Einheit unseres Leibes.«[4] Diese inneren Uhren sind vom Rhythmus des Kosmos abhängig. Menschlicher Lebensrhythmus und kosmischer Rhythmus sind bei Benedikt noch im Einklang miteinander. Unsere körperliche und seelische Gesundheit hängt davon ab, dass wir im Einklang mit dem biologischen und kosmischen Rhythmus leben. Nach Ludwig Klages ist der Rhythmus »die Urerscheinung des Lebens«. Und Nietzsche weiß: »Nicht nur der Schritt der Füße, auch die Seele selber geht dem Takte nach.« Benedikt hat das gewusst. Er hat das ganze Leben der Mönche rhythmisiert, und zwar nach dem Rhythmus, der dem Kosmos innewohnt. Vescovi meint, Benedikt habe eine »rhythmisierte Tagesordnung geschaffen, die einer genialen intuitiven Antizipation heutiger wissenschaftlich erarbeiteter

Erkenntnisse in wesentlichen Grundzügen entspricht.«[5] Untersuchungen in den USA haben ergeben, dass Menschen, die in einer geschlossenen Religionsgemeinschaft nach einem ganz bestimmten Rhythmus leben, gesünder und länger leben als arhythmisch Lebende. »Wo Glaube und Gebet den Rhythmus des Lebens, das heißt den Rhythmus des Tages, der Woche und des Jahres prägen, ... da findet der Mensch zu seiner Identität und Integrität und zu sozialer Harmonie, zu seinem Heil.«[6]

Die Schöpfungsspiritualität des heiligen Benedikt zeigt sich ferner in der Ritualisierung des Lebens. Alles hat seine Form, das Gebet, die Mahlzeiten, die Arbeit, die Rekreation. Der Wochendienst der Küche zum Beispiel wird mit einem ganz bestimmten Ritual begonnen und beschlossen. »Wer den Wochendienst beendet, und wer ihn antritt, wäscht allen die Füße. Die Geräte seines Dienstes gibt er dem Cellerar zurück, und zwar in sauberem und gutem Zustand. Ebenso übergibt sie der Cellerar dem, der den Dienst antritt.« (Regel Benedikts 35,9–11) Auch wenn wir diese Rituale heute so nicht mehr praktizieren, zeigen sie uns etwas Wesentliches für das Gelingen unseres Lebens auf. Wenn das Leben ritualisiert wird, leuchtet der Sinn auf, der hinter allem steht. Und die Ritualisierung führt dazu, dass wir uns in unserem Lebensrhythmus daheim fühlen, dass es unserem Leib und unserer Seele gut tut. Wir sind geborgen im Rhythmus der Zeit und in einer gesunden Form des Lebens.

Die Riten betreffen einmal den sorgsamen Umgang mit den Dingen, dann aber auch die Beziehung zu den Mitmenschen. Die Fußwaschung war in der frühen Kirche oft als Sakrament angesehen worden, weil sie von Christus selbst vorgemacht worden war. In der Fußwaschung wird deutlich, worum es bei jedem Dienst geht, dass wir uns zu den Wunden der Menschen hinabbeugen und sie reinigen, damit sie ausheilen. Jeder Dienst will den Menschen aufrichten und heilen. Die spirituelle Bedeutung des Dienstes wird auch sichtbar, wenn Benedikt den Tischdiener am Ende seines wöchentlichen Dienstes sprechen lässt: »›Gepriesen bist du, Herr, unser Gott, du hast mir geholfen und mich getröstet.‹ Hat er den Vers dreimal gesprochen, erhält er den Segen zum Abschluss des Dienstes. Wer den Dienst antritt, spricht anschließend: ›O Gott, komm mir zu Hilfe, Herr, eile, mir zu helfen‹.« (Regel Benedikts 35,16f)

Es geht im Dienst darum, Menschen zu trösten, indem man ihnen beisteht. Und der Dienst wird mit den gleichen Worten begonnen, mit denen die Mönche jede Gebetszeit anfangen. Die Arbeit hat genauso Gebetscharakter. In ihr geht es darum, dass wir füreinander zum Segen werden, indem wir einander dienen. Die Riten zu Beginn und zum Abschluss der Wochendienste zeigen das innerste Geheimnis der Schöpfungsspiritualität auf, dass wir Menschen füreinander Quelle des Segens sein dürfen.

Vom Segen spricht Benedikt sehr häufig. »Benedicere« meint: gut reden, Gutes sagen, segnen, mit der Fülle des göttlichen Segens einander beschenken. Wenn ein Mensch für einen anderen zum Segen werden darf, dann spürt er in sich Dankbarkeit. Er wird sich nicht selber entwerten, sondern Gott für seinen Wert danken. Aus der Theologie des Segens spricht wieder das optimistische Menschenbild Benedikts. Die Schöpfungsspiritualität sieht den Menschen in seiner göttlichen Würde. Der Mensch wird für seinen Bruder und seine Schwester immer wieder zum Engel, der aufrichtet, beschenkt und begleitet.

Wir haben heute wieder ein neues Verständnis für heilende Rituale entdeckt. Ich erlebe immer wieder gerade Frauen, die mit der Erlösungsspiritualität nichts mehr anfangen können, die sich schwer tun, die alte Kreuzestheologie nachzuvollziehen, die so sehr die Sühne für unsere Sünden betont. Solche Frauen finden in der Schöpfungsspiritualität einen neuen Zugang zum Christentum. Sie spüren, dass die christlichen Feste ja einen kosmischen Hintergrund haben. Karfreitag und Ostern sind dann für sie nicht in erster Linie die Feier des unsere Schuld sühnenden Todes Christi am Kreuz und seiner Auferweckung durch Gott, sondern die Feier von Tod und Auferstehung, wie sie auch in der Natur sichtbar werden.

Das Kreuz ist für sie ein Symbol für das Sterben, das sie in ihrem Leben und in der Natur immer wieder erfahren. Und die Auferstehung wird zum Bild für die aufblühende Natur und Zeichen der Hoffnung, dass auch mitten in ihrer Leere und in ihrer Starre neues Leben aufkeimt, dass Gott in ihnen einen neuen Anfang setzt, die Fesseln zerreißt, die sie vom Leben abhalten.

Es geht nicht darum, die Erlösung, die Christus uns geschenkt hat, durch solche schöpfungstheologischen Bilder zu vernachlässigen, sondern in ihm auch die kosmische Dimension zu entdecken. Das wäre heute für viele Menschen ein neuer Zugang, um auch das Geheimnis der Erlösung zu verstehen, wie sie in Jesus Christus geschehen ist. Es ist ja nicht nur die Erlösung des sündigen Menschen, sondern genauso die Erlösung der Schöpfung, die »bis zum heutigen Tag seufzt und in Geburtswehen liegt«, die sehnsüchtig »auf das Offenbarwerden der Söhne Gottes« wartet. (Röm 8,19 und 22) Erlösung heißt für die griechische Theologie vor allem, dass Jesus Christus den Menschen wunderbar erneuert hat. Der Mensch ist durch die Sünde entstellt worden. Er war sich selbst und der Welt entfremdet. Er hat an sich vorbei gelebt. Jesus hat ihn durch seine Predigt, durch seine heilende Tätigkeit und durch die Überwindung des Todes wieder in seiner ursprünglichen Schönheit und Würde hergestellt.

1 A. Löhr, Abend und Morgen ein Tag, Regensburg 1955, S. 20.
2 Ebd., S. 20f.
3 Ebd., S. 23.
4 G. Vescovi, Lebensrhythmus – Gebetsrhythmus. Die Zeitstruktur des Menschen zwischen Heil und Unheil, unveröffentlichtes Manuskript, ohne Jahr, S. 5.
5 Ebd., S. 29.
6 Ebd., S. 34.

Wer ist der Mensch, der Lust hat am Leben?

Meinrad Dufner

»Wer ist der Mensch, der Lust hat am Leben?« – Diese Frage stammt nicht vom Buchdeckel eines hedonistischen Bestsellers, sie stammt aus der Vorrede der Regel des heiligen Benedikt, dem Begründer des abendländischen Mönchtums. Warum ist die Lust am Leben so wichtig? Weil Gott selber die Lust zum Leben ist. Wie sonst hätte aus seiner Schöpferkraft jene Vielfalt fließen können, die der Kosmos uns zeigt: Wie sonst wäre aus seinem Muttersein alles geboren, was wir Materie nennen? Ein Asket kann Gott nicht gewesen sein. Er hätte die Welt nicht mit so viel Farbe, mit den verlockenden Düften, mit einer dauernden Musik bis in die Stille hinein, angefüllt. Genuss und Genießen hat er geschaffen, denn die Freude am Sein ist ja nicht eine gedachte. Sie ist ein guter Rotwein, der den Mund mit Würze spült. Sie ist ein Brot, das so lustvoll duftet, wie menschlicher Leib es tun kann. Sie ist ein Umarmen, in dem ich mich gebe und geschenkt bekomme, dass ich bin. Die Lust am Dasein ist da sein, hörbar, fühlbar, wirklich, denn sie wirkt.

Diese Vielfalt von Dasein, von Lust an ihm, ist gegeben. Ich brauche sie nicht zu erjagen, erobern, verdienen oder erst schaffen. Der Gott, der geschaffen hat, hat ein erweckendes Ja zu allem gesagt. Er ist nicht einer von jenen Puritanern, die fast alles abschneiden müssen, weil sie fürchten, es verdunkele ihnen Gott. Wie denn auch? Wenn gesündigt wurde durch das sich Verlieren an Dingen und Lust, ist auch gesündigt worden durch das Verachten der Dinge und der Lust. Die Armut des heiligen Franz war eine lustvolle Hochzeit mit Frau Armut. Sie war das Fest im Jetzt und Hier und eine Freude am Überfluss und Mangel, eine Nacktheit dem Leben und dem Tod gegenüber.

Lust am Leben ist eine schöpferische Haltung. Sie macht aus allem etwas und lässt alles auch etwas sein. Nicht aus Verneinung leben, nicht aus dem Problem, nicht aus dem Verzicht, wohl aber aus der Freiheit zu allem! Für den schöpferischen Menschen ist sogar jede Panne eine Gelegenheit, Neues zu versuchen. Zwar ist aller Kosmos mit Gesetzen durchwoben. Aber es sind lebende Gesetze, die allemal dem Erstarren im Tod davonlaufen. Wenn etwas derart nicht mehr geht, bahnt sich das Leben einen anderen Weg, sucht andere Gestalt und versucht sich anders neu.

Der Gott, der geschaffen hat, ist auch der Gott, der immerzu verwandeln lässt. Ja das sich Verwandeln scheint das Dauerspiel der Schöpfung zu sein. Es geht nicht darum, sich im Leben zu »vernichtigen«. Es geht darum, sich auszutauschen und zu verwandeln, wir nennen das Hingabe oder Liebe. Es geht um stete Neuschöpfung. Daher kann ein Kreuz nie Endstation sein. Es ist allemal die Durchgangsform zu einem Ostermorgen. Wir haben die Rede vom Vatergott mit seinen ewigen Gesetzen ein wenig zu bürgerlich statisch verkommen lassen. Dabei blieb der Geist Gott, der Werdende und sich Wandelnde, der Beleber und Erneuerer auf der Strecke.

Benediktinische Schöpfungsspiritualität

Alois Seuferling, Anselm Grün

Achtsamkeit und Aufmerksamkeit

Das geistliche Leben, das der benediktinischen Schöpfungsspiritualität entspricht, besteht vor allem in der Achtsamkeit, im aufmerksamen Umgang mit der Schöpfung, mit den Dingen, mit den Menschen, im aufmerksamen Horchen auf Gott in allen Dingen. Wer achtsam lebt, der lebt in Beziehung mit sich selbst, mit der Schöpfung, mit Gott und mit den Menschen. Die eigentliche Krankheit unserer Zeit ist die Beziehungslosigkeit. Weil die Menschen die Beziehung zu sich und zur Schöpfung verloren haben, schlittern sie von einer Beziehung zur anderen, nur um sich überhaupt spüren zu können. Wenn ich aber die Beziehung zu einem Menschen brauche, um mit mir in Beziehung zu kommen, dann benutze ich einen Menschen, dann beute ich ihn aus und überfordere ihn mit meiner Beziehungslosigkeit. Weil viele nicht mehr in Beziehung zu den Dingen sind, gehen sie brutal mit ihnen um. Sie benutzen sie nur für die eigenen Zwecke, sie beuten sie aus, sie zerstören sie. Diese Beziehungslosigkeit beobachten wir heute bei vielen jungen Menschen. Die Lehrer in den Schulen können ein Lied davon singen, wie die Schüler mit der Einrichtung der Klassenzimmer achtlos umgehen. Das ist nicht Bosheit, sondern Ausdruck ihrer Beziehungslosigkeit.

Die Beziehungslosigkeit führt noch zu einem anderen heute weit verbreiteten Phänomen: zur Ruhelosigkeit. Weil man nicht in Beziehung ist mit sich selbst, weil man nicht im Augenblick lebt, braucht man immer größere Anreize, um sich überhaupt noch zu spüren. Man muss dann möglichst weit weg in den Urlaub fahren, möglichst riskante Sportarten treiben, um überhaupt Leben zu erfahren. Wer mit sich in Beziehung ist, der spürt bei einem einfachen Waldspaziergang intensiv das Leben. Er ist in Beziehung zur Natur, er riecht den eigenartigen Duft des Holzes, des Waldbodens, der Blumen. Er hört die Vögel zwitschern und die vielen Insekten herumschwirren. Er atmet das Leben ein und hat darin alles, wonach er sich sehnt. Er lebt in Beziehung zu den Bäumen, spricht mit ihnen, spürt ihre Ausstrahlung. Er fühlt sich als Teil der Schöpfung, geborgen, getragen, wertvoll, lebendig.

Geistliches Leben ist für Benedikt ein Leben der Achtsamkeit und eine Einübung in die Beziehungsfähigkeit, in die Beziehung zu sich selbst, zu Gott, zur Schöpfung und zum Menschen. Die Kunst des geistlichen Lebens besteht darin, den Weg der Achtsamkeit zu gehen, um ein Gespür zu entwickeln für Gott. Achtsam sein heißt: aufmerken auf das, was ist. Das deutsche Wort »acht« heißt von seiner indogermanischen Wurzel »ok« her: »nachdenken, überlegen«. Ich mache mir bewusst, was ist. Ich lebe nicht in den Tag hinein, sondern denke über das nach, was ich tue, was mir begegnet. Achtsamkeit heißt auch: aufwachen, die Wirklichkeit so sehen, wie sie ist.

Wir verbinden mit Achtsamkeit oft Behutsamkeit und haben den Eindruck, dass es etwas Sanftes und Zärtliches ist. Aber Achtsamkeit kann auch mit Erschrecken zu/;tun haben. Manchmal haben wir uns durch unsere eigenen Illusionen von der Wirklichkeit so eingelullt, dass wir erschrecken müssen, um aufzuwachen. Gott – so sagen uns die Religionspsychologen – ist nicht nur der Liebliche und Zärtliche, sondern immer auch der, vor dem ich erschrecke. Gott ist zugleich das »Tremendum et Fascinosum«. Wer Gott erfährt, wird davon angezogen und ist von ihm fasziniert (Fascinum = Bezauberung), aber er erschrickt auch (Tremor = Zittern, Schrecken). Meistens gehen wir an Gott achtlos vorüber. Die Achtsamkeit ist eine Einübung in die faszinierende, aber zugleich auch erschreckende Wirklichkeit Gottes. Gott ist auch der, der einem in die Knochen fahren kann. Das hat Hiob erlebt, als Gott ihm die Größe der Schöpfung vor Augen führte. Da blieb ihm nichts anderes übrig, als in die Knie zu sinken und zu bekennen, dass er bisher Gott nur vom Hörensagen kenne, dass er ihn in der Schöpfung aber wirklich erlebt habe. »Vom Hörensagen nur hatte ich von dir vernommen; jetzt aber hat mein Auge dich geschaut. Darum widerrufe ich und atme auf, in Staub und Asche.« (Hiob 42,5)

In der Bibel ist die erste Reaktion des Menschen auf die Begegnung mit Gott immer das Erschrecken, das Niederfallen. Und Gott muss sich den Menschen immer wieder offenbaren mit einem: »Fürchte dich nicht. Hab keine Angst.« Die gleiche Erfahrung haben die Jünger in der Begegnung mit Jesus gemacht. Wenn sie ihn erlebten als den Messias, als den, der Wunden heilt oder dem See und den Winden gebietet, dann fallen sie vor ihm nieder und bekommen Angst.

Im Neuen Testament ist es vor allem der Grieche Lukas, der immer wieder vom Erschrecken vor Gott spricht. Die Furcht Gottes ist die normale Reaktion des Menschen auf die Nähe Gottes. Furcht Gottes hat nichts mit Angst zu tun, sondern sie meint: bis in die Knochen von Gott berührt werden. So wird Zacharias von

Furcht befallen, als er den Engel des Herrn erblickt. (Lk 1,12) Und alle erschrecken, als Zacharias wieder sprechen kann. (Lk 1,64) Die Hirten fürchten sich sehr, als ihnen die Engel die Botschaft von der Geburt des Messias verkünden. Ihre Furcht gibt ihrer Freude die Tiefe und Intensität. Petrus fällt vor Jesus nieder und fühlt sich als sündiger Mensch. (Lk 5,8)

Und nach der Heilung des Gelähmten geraten alle außer sich und sagen voller Furcht: »Heute haben wir etwas Unglaubliches gesehen.« (Lk 5,26) Im Griechischen heißt es hier: ekstasis. Das bedeutet, aus sich herausgerissen werden, aus dem Schlaf der Alltäglichkeit gerissen werden und offen werden für das Geheimnis Gottes. Alle wurden von Furcht ergriffen, als Jesus den Jüngling von Nain auferweckte. (Lk 7,16) Und als Jesus den Besessenen von Gerasa heilte, da packte alle große Furcht. (Lk 8,37)

Gotteserfahrung – so weiß es der Grieche Lukas hat mit Erschrecken zu tun und zugleich mit Faszination. Gott ist eine Macht, die den Menschen ergreift und packt. Das gilt auch für die Erfahrung Jesu Christi: Immer wenn die Jünger ihn erleben, überkommt sie Furcht. Furcht ist die Voraussetzung, dass sie die Andersartigkeit Jesu, dass sie seine Göttlichkeit wahrnehmen, dass sie über sein Geheimnis staunen.

Benedikt versteht das Mönchsein als die Einübung in die Gotteserfahrung, Achtgeben auf Gottes Gegenwart. In seiner Regel spricht Benedikt immer wieder von der Gegenwart Gottes, in der wir leben sollen. Er versteht geistliches Leben als Achtgeben auf den gegenwärtigen Gott. Das wird vor allem im Prolog sichtbar: »Stehen wir also endlich einmal auf, da uns die Schrift mit den Worten weckt: Die Stunde ist gekommen, aufzustehen vom Schlaf. Öffnen wir unsere Augen dem göttlichen Licht, und hören wir mit aufgeschreckten Ohren, was uns die göttliche Stimme jeden Tag mahnend zuruft: Heute, wenn ihr seine Stimme hört, verhärtet eure Herzen nicht!« (Regel Benedikts Prolog 8–10)

Geistliches Leben heißt Aufwachen vom Schlaf. Der indische Jesuit de Mello meint, viele Menschen würden schlafen. Sie machen sich Illusionen über sich und ihr Leben und leben in diesem Schlaf ihrer Illusionen. Sie meinen, ihr Leben bestünde nur aus Arbeit, Beziehungen, Erfolg und Misserfolg, Wohlbefinden, gesichertem Dasein. Mönchsein ist keine Flucht vor der Wirklichkeit, sondern ein Aufwachen zur Wirklichkeit. Die eigentliche Wirklichkeit ist Gott. Mönchsein ist daher ein Aufwachen zu Gott hin, ein Ernstnehmen seiner Wirklichkeit.

Die Achtsamkeit wird bei Benedikt immer wieder mit dem Wort »custodire« ausgedrückt. Custodire heißt: acht geben, wachen, bewusst wahrnehmen. Im vierten Kapitel fordert Benedikt die Mönche auf, jederzeit das eigene Tun und Lassen zu überwachen. (Regel Benedikts 4,48) Sie sollen achtsam sein in ihrem Handeln und sich nicht einfach treiben lassen. Genauso achtsam soll der Mönch auch mit seiner Zunge umgehen: »Seine Zunge vor schlechten und unanständigen Reden hüten (custodire).« (Regel Benedikts 4,51) Das Schweigen ist eine Einübung in die Wachsamkeit. Daher beginnt Benedikt das Kapitel über das Schweigen: »Wir wollen tun, was der Prophet sagt: Ich sagte: Ich will auf meine Wege achten (custodire), damit ich nicht sündige mit meiner Zunge. Ich stellte an meinen Mund eine Wache (custodiam).« (Regel Benedikts 6,1) Das Bild des Wächters war im Mönchtum beliebt. Evagrius gebraucht das Bild des Türhüters, der jeden Gedanken untersucht, der in das Haus des Geistes eintreten möchte, und ihn befragt, ob er zum Hausherrn gehört oder ob er ein Eindringling ist, der sich unberechtigterweise einschleichen möchte. Der Türhüter weist alle unpassenden Gedanken ab, damit wir wirklich Herr in unserem Hause bleiben, damit wir es selbst bewohnen und damit Gott in unserem Hause wohnen mag.

Custodire heißt nicht kontrollieren, sondern wach sein, achtsam und aufmerksam leben, um den gegenwärtigen Gott wissen, um das Geheimnis Gottes, das uns in allem entgegenleuchtet. Der Mönch soll seine Gedanken und Gefühle nicht mit Gewalt kontrollieren. Denn dann werden sie ihm sicher außer Kontrolle geraten. Aber er soll vor dem Haus seines Herzens wachen und genau darauf achten, welche Gedanken in sein Haus eintreten wollen, ob sie ihm gut tun oder nicht. Und er soll darauf achten, auf welche Energie ihn seine Gedanken und Gefühle hinweisen wollen, was in ihm zum Leben kommen möchte.

Das Kapitel über die Demut spricht immer wieder von dieser Achtsamkeit. Man kann dieses längste und für die benediktinische Spiritualität wohl wichtigste Kapitel verschieden interpretieren. Eine mögliche Interpretation sieht es als einen Weg der Einübung in die Achtsamkeit und in die Beziehungsfähigkeit.

Die erste Stufe der Demut besteht darin, dass man sich Gott stets mit Ehrfurcht vor Augen hält und sich davor hütet, ihn zu vergessen. (Regel Benedikts 7,10) Wenn die Augen des Herrn über Gute und Böse wachen, dann »müssen wir uns stets in acht nehmen, damit Gott uns nicht zu irgend einer Stunde – wie der Prophet im Psalm sagt – abtrünnig und verdorben sieht.« (Regel Benedikts 7,29) Alles, was wir tun und denken, geschieht vor den Augen Gottes. Geistlich leben heißt, im Bewusstsein des gegenwärtigen Gottes leben, vor den Augen Gottes leben, der mich wohlwollend und liebend anschaut, der mich aber auch durchschaut, vor dem ich nichts verbergen kann. Der Mönch ist einer, der bewusst vor und mit Gott leben will, der die Wirklichkeit Gottes ernst nimmt.

Es geht Benedikt nicht um irgendwelche asketischen Leistungen, sondern um das Ernstnehmen Gottes. Gott – so sagt uns die erste Stufe der Demut – ist immer da. In allem sind wir auf ihn bezogen. Gott ist in unserem Denken, in unserem Sehnen, in unseren Leidenschaften, in unserem Willen und in unserem Begehren. In allem sind wir vor Gott und auf Gott bezogen. Daher sollen wir uns davor hüten, uns in die Privatgemächer unserer Gedanken und Emotionen zurückzuziehen, in die wir niemanden eintreten lassen. Gott wohnt schon in allem Räumen unseres inneren Hauses, noch bevor wir unser Haus richtig bewohnen. Daher leben wir nur dann angemessen, wenn wir diesen Gott in uns nicht vergessen, sondern auf seine Gegenwart achten, in allem auf Gott bezogen sind.

In der zweiten Demutsstufe geht es darum, dass wir in unserem Willen nicht der Willkür folgen und nach Lust und Laune handeln, sondern uns von Gottes Willen leiten lassen. Gottes Willen wird uns nicht von außen übergestülpt, sondern er bringt uns in Berührung mit dem, was wir in der Tiefe des Herzens eigentlich wollen. Er bringt uns in Beziehung zu uns selbst und zu unserer inneren Wahrheit.

Die dritte Stufe verweist uns auf das Horchen und Gehorchen. Im Horchen sind wir ganz und gar auf Gott bezogen, gerade auch in Situationen, die uns Gott zu verdunkeln scheinen, wie es uns die vierte Stufe in drastischen Bildern beschreibt. Gerade im Unrecht, im Unverstandensein sollen wir nicht davonlaufen, sondern dranbleiben, bei uns bleiben, in Beziehung bleiben zu unserem eigentlichen Kern. Dann, so sagt Benedikt, werden wir »salvus« sein: ganz sein, heil sein. (Regel Benedikts 7,36) Nichts, weder Feuer noch Wasser, weder Unrecht noch irgendeine Bedrängnis kann uns aus der Beziehung zu Gott herausreißen. Nichts kann »uns scheiden von der Liebe Gottes, die in Christus Jesus ist, unserem Herrn.« (Röm 8,39)

Die fünfte Stufe besteht darin, dass ich alles, was in mir hochkommt, alle Gedanken und Gefühle, alle Leidenschaften und Bedürfnisse, dem geistlichen Vater sage. Ich laufe vor mir und meiner Wahrheit nicht davon. Indem ich offenbare, was in mir ist, bleibe ich in Beziehung zu mir selbst und komme mit meiner innersten Wirklichkeit auch in eine tiefe Beziehung zu einem anderen Menschen.

Die sechste Stufe zeigt, dass wir auch in der Leere und Banalität der alltäglichen Tretmühle in Beziehung bleiben können zu Gott und zu uns selbst. Mir hat in solchen Situationen, in denen alles leer und öde erscheint, in denen ich keine Energie in mir spüre, schon oft das Wort geholfen, das Benedikt uns vorschlägt: »Wie ein Lasttier bin ich vor dir geworden und bin doch immer bei dir.« (Regel Benedikts 7,50) Auch solche Phasen der Lustlosigkeit können mich nicht aus der Beziehung zu Gott herausreißen.

Die siebte Stufe führt mich in die Erfahrung ein, dass selbst mein Versagen mich nicht von Gott trennen kann. Viele laufen vor sich selbst davon, wenn etwas schief läuft. Benedikt ermuntert uns, auch dann, wenn wir auf die Nase gefallen sind, in Beziehung zu uns und zu Gott zu bleiben. Als Hilfe für solches Bleiben bietet er den Psalmvers zur Meditation an: »Es ist gut für mich, dass du mich gebeugt hast, damit ich deine Gebote lerne.« (Regel Benedikts 7,54) Dann werde ich auch in meinem Versagen Gott erfahren können.

Die achte Stufe scheint auf den ersten Blick eine Reduzierung menschlicher Kreativität zu verlangen. Der Mönch soll nur tun, »wozu die gemeinsame Regel des Klosters und das Beispiel der Älteren mahnen.« (Regel Benedikts 7,55) Aber es geht hier darum, sich nicht durch äußere Dinge interessant zu machen und durch die Sucht nach Neuigkeiten aus der Beziehung zur Wirklichkeit herauszufallen. Der Verzicht auf äußere Effekthascherei bringt uns vielmehr in Beziehung zur eigentlichen Wirklichkeit, zu dem, was uns im Tiefsten ausmacht, zur wahren Quelle des göttlichen Geistes, die in uns sprudelt.

Die neunte und zehnte Stufe verdeutlichen das durch den Verzicht auf viele Worte und auf lautes Lachen. In der Schweigsamkeit bleiben wir in Beziehung zum Geheimnis Gottes und seiner Schöpfung, während wir im Vielreden und im lauten Lachen oft genug vor uns selbst davonlaufen. Die elfte Stufe lädt uns ein, »humiliter cum gravitate« wenige Worte zu reden. Man könnte das so übersetzen: Der Mönch soll beim Sprechen in Beziehung bleiben zur Erde, zur Schöpfung und mit dem Schöpfer. Gravitas meint immer das Gespür für den gegenwärtigen Gott. Das macht ihn weise, sapiens, dann schmeckt er überall und in allem Gott.

In der zwölften Stufe soll der Mönch das Gespür für den gegenwärtigen Gott auch in seinem Leib ausdrücken. Heute wissen wir, dass wir an der Leibhaltung erkennen können, ob ein Mensch mit sich selbst und mit Gott und mit den Dingen in Beziehung ist, ob er in seiner Mitte ist oder aber herausgefallen in die Zerstreuung, in die Formlosigkeit. Diese Beziehung zu Gott soll der Mönch in allem durchhalten: »beim Gottesdienst, im Oratorium, im Kloster, im Garten, unterwegs, auf dem Feld, wo immer er sitzt, geht oder steht.« (Regel Benedikts 7,63)

Als Ziel des Demutsweges gibt Benedikt an, dass wir Gottes Weisung nicht mehr aus Furcht, sondern »ganz mühelos und natürlich und wie aus Gewohnheit ... aus Liebe zu Christus« (Regel Benedikts 7,68f) befolgen (custodire), dass wir von innen heraus achtsam sind für Gottes Impulse, die er uns in den leisen Regungen unseres Herzens täglich gibt. Die zwölf Stufen des spirituellen Übungsweges sollen uns zur vollkommenen Liebe zu Gott führen, zu einem Zusammenwachsen mit Gott (consuetudo = zusammenwohnen). Wenn wir in der Liebe mit Christus in unserem Herzen zusammenwohnen, dann sind wir in Berührung mit uns selbst, und dann haben wir Lust an der Tugend (dilectatione virtutum), dann sind wir voll Freude darüber, dass unser Leben »taugt« (= Tugend) und gelingt, dann wächst das richtige Verhalten aus uns selbst. Wir brauchen uns nicht dazu zu zwingen, das Gebot Christi zu erfüllen, sondern wir sind auf unserem Übungsweg mit ihm zusammengewachsen. Wir sind neu geworden, vom Geist Christi erfüllt. Wir sind in Beziehung zu unserem Herzen gekommen und darin zu Gott, der in uns wohnt. Und wir haben durch Gott eine neue Beziehung zum Menschen und zur Schöpfung gewonnen.

Wenn Benedikt Spiritualität vor allem als Achtsamkeit versteht, dann führt er uns zu einer Haltung der inneren Freiheit. In der Begleitung beobachte ich immer wieder Menschen, die geistliches Leben vor allem als Leistung missverstehen. Sie meinen, sie müssten vor Gott etwas leisten, sie müssten viele fromme Übungen machen, viel beten und alle ihre Fehler mehr und mehr besiegen. Ein so verstandenes geistliches Leben ist sehr anstrengend. Und viele fühlen sich schnell überfordert.

Spiritualität als Achtsamkeit will uns nicht überfordern, sie will uns vielmehr die Kunst lehren, intensiv zu leben, sie will uns zur »Lust am Leben« einladen. Wer ganz im Augenblick lebt, der kann ihn ganz kosten, genießen, für den wird die Erfahrung Gottes zugleich zur Erfahrung des vollen Lebens, des Lebens in Fülle. Wer dagegen sein geistliches Leben vor allem als Leistung versteht, die er vor Gott und vor sich und seinem schlechten Gewissen vollbringen muss, für den wird seine Frömmigkeit oft genug zur Verhinderung von Leben. Er lebt nicht wirklich, sondern er flüchtet sich in sein religiöses Tun wie in einen Lebensersatz. So bekommt er weder Geschmack an Gott noch an sich und seinem Leben.

Für Benedikt geht es darum, in der Schule des Herrn die Lust am Leben zu lernen. Christus selbst ruft uns zu: »Wer hat Lust am Leben?« Und Benedikt sagt von dieser uns zum Leben einladenden Stimme Christi: »Was könnte angenehmer klingen, liebe Brüder, als diese Stimme des Herrn, der uns einlädt? Seht, in seiner Güte zeigt uns der Herr den Weg zum Leben.« (Regel Benedikts Prolog 19f)

Achtsamkeit kann Benedikt auch beschreiben als Achtgeben auf sein Leben (custodire): So versteht er die Fastenzeit als Zeit, in der wir uns bewusst einüben in diese Achtsamkeit. So rät er uns, »dass alle miteinander, wenigstens in diesen Tagen der Fastenzeit ihr Leben in lauterer Reinheit bewahren (custodire).« (Regel Benedikts 49,2)

Reinheit des Herzens, »puritas cordis«, ist das Ziel des spirituellen Weges nach Cassian, dem Schüler des Evagrius Ponticus, dem Benedikt in seiner spirituellen Lehre großenteils folgt. Reinheit des Herzens meint, dass der Mönch ganz und gar für Gott durchlässig ist, lauter, transparent, in allem auf Gott bezogen und von Gott durchdrungen. Die Fastenzeit ist eine Zeit, in der der Mönch bewusster und wacher leben, in der er sich in die innere Freiheit einüben soll. Achtsamkeit und Freiheit gehören zusammen. Wer achtsam lebt, wer wach ist, der ist auch frei, der lässt sich nicht von anderen bestimmen, der ist im Sinne des heiligen Paulus nicht mehr Sklave der Sünde oder des Gesetzes, nicht mehr abhängig von irgendwelchen inneren oder äußeren Erwartungen. Er ist vielmehr frei, »eleutheros«, das heißt, er kann gehen, wohin er möchte. Und er wird die »libertas« erfahren, das heißt, dass er über sich selbst verfügt, anstatt dass von anderen über ihn verfügt wird.

Freiheit und Einssein, das sind die beiden wichtigsten Ziele eines achtsamen Lebens. Das sind auch die beiden tiefsten Sehnsüchte des Menschen, auf die Benedikt mit seiner Regel eine Antwort geben möchte. Der Mönch soll aufwachen aus dem Schlaf der Unfreiheit, um wach und achtsam zu leben. Und er soll heimkehren aus der Zerstreuung und Entfremdung zu Gott, bei dem er wahrhaft daheim sein kann, bei dem er erst ganz zu dem werden kann, der er von Gott her ist. Er soll eins werden mit sich selbst, mit seinem wahren Wesen, und zugleich auch eins werden mit Gott, mit den Menschen und mit der Schöpfung. Die Aufmerksamkeit und Achtsamkeit beschreiben die Kunst, im Augenblick zu sein, eins zu sein mit sich selbst, eins zu sein mit dem, was ich gerade tue, mit dem, was ich gerade berühre, womit ich umgehe. Diese Sehnsucht nach Einssein war gerade für die Griechen charakteristisch.

Die Griechen erlebten die Not des Menschen in der Zerrissenheit, im Hin und Her gezerrt werden zwischen den verschiedenen Bedürfnissen und Emotionen. Der Mensch fühlt so viele Wünsche und Gedanken in sich, die oft beziehungslos Nebeneinander liegen. Er kann sie nicht zusammenbinden. So fühlt er sich zerrissen, zerteilt, gespalten. Das ist nicht nur die Erfahrung der Griechen, sondern auch die Erfahrung des heutigen Menschen. Er fühlt sich zerrissen. Und in seiner Zerrissenheit zerreißt er auch die Welt um sich herum.

Die Heilung der Zerrissenheit des einzelnen Menschen heilt auch seine Beziehung zur Welt. Sie ist ein Beitrag zum nachhaltigen Umweltschutz. Denn wenn Umweltschutz nur als moralisches Postulat verkündet wird, wird er sich nicht durchsetzen. Denn wir werden dann immer hin- und hergerissen von der Einsicht, die Umwelt zu schonen, und von unserem Bedürfnis, alles für uns zu benutzen. Nur wenn der Mensch aus seiner Zerrissenheit zum Einssein findet, wird er auch mit der Schöpfung eins sein. Dann wird sein ökologisches Handeln nicht Beruhigung seines schlechten

Gewissens sein, sondern Ausdruck seiner Einheit mit allem. Wenn wir mit unserem Umweltschutz nur unser schlechtes Gewissen beruhigen, werden wir auf Dauer die Schöpfung nicht bewahren. Nur wenn wir aus innerer Freiheit und aus der Erfahrung des Einsseins heraus handeln, wird es für uns und für die Welt zum Segen gereichen.

Der Weg aus der Zerrissenheit ist der Weg der Achtsamkeit. Er besteht darin, ganz im Augenblick zu sein, ganz in der Gebärde zu sein, ganz im Atem, ganz in den Sinnen. Wenn ich ganz in meinem Leib, in meinen Sinnen bin und so durch die Natur gehe, dann fühle ich mich mit allem eins, mit der Schöpfung und darin mit Gott und mit allen Menschen, die Teil dieser wunderbaren und geheimnisvollen Schöpfung sind. In der Achtsamkeit geht es darum, alles Widerstreitende in mir und um mich herum zu verbinden. Für Nikolaus von Cues ist Gott die »coincidentia oppositorum«, das Zusammenfallen der Gegensätze. Ohne Gott bekommen wir die Gegensätze in uns und in unserer Welt nicht zusammen. Aber in Gott fallen sie zusammen. Für Nikolaus von Cues ist daher die Erfahrung des Gottes als der coincidentia oppositorum die Voraussetzung, dass wir die Gegensätze dieser Welt miteinander verbinden. Die Achtsamkeit ist der Weg, die Einheit von Vergangenheit, Gegenwart und Zukunft, die Einheit von Gott und Mensch und von Mensch und Schöpfung zu erfahren. Die Achtsamkeit ist die Kunst der reinen Präsenz. Wenn ich ganz gegenwärtig bin, ganz im Augenblick, dann bin ich mit allem eins. Dann wird der achtsame Umgang mit der Schöpfung Ausdruck meiner Erfahrung, der Erfahrung des ganz und gar Gegenwärtigseins.

Der steinige Weg zur Schöpfungsspiritualität

Benedikts Schöpfungsspiritualität geht nicht am Kreuz vorbei. Der Weg zur Bejahung der Schöpfung und zum behutsamen Umgang mit ihr verlangt auch den Verzicht auf manche Bedürfnisse. Und er verlangt die ständige Reinigung. Immer wieder wird unser Herz verunreinigt durch die Emotionen, die bei Verletzungen und Kränkungen in uns auftauchen. Das verunreinigte Herz zieht alles Negative um sich herum an sich und wird auch die Umgebung mit seiner Unklarheit eintrüben. Benedikt weiß darum, dass wir immer wieder der Vergebung bedürfen, der Reinigung von allen Trübungen, die das ursprüngliche Bild Gottes in uns verstellen.

Benedikt beschreibt in seiner Regel keine heile Welt. Er rechnet mit den täglichen Konflikten und Reibereien innerhalb der Gemeinschaft. Davon zeugen die Strafkapitel, in denen er dem Abt einschärft, dass er gerade um die Brüder Sorge zu tragen habe, die gefehlt haben, die innerlich verletzt sind und daher auch die Ordnung ständig verletzen. Und davon zeugt auch die Anweisung, dass der Abt am Ende der Laudes und Vesper jeweils das Vaterunser laut vorbetet, »dass es alle hören können, wegen der Spannungen, die gelegentlich wie Dornen auftreten. Dadurch, dass sie im Gebet selber versprechen: Vergib uns, wie auch wir vergeben, sind sie gehalten, sich von solchen Fehlern zu reinigen.« (Regel Benedikts 13,12f) Es braucht immer wieder die gegenseitige Vergebung, um in der Gemeinschaft menschlich miteinander leben zu können. Sonst gibt es einen Emotionsbrei in der Gemeinschaft, der das klare Miteinander verhindert.

Benedikt weiß darum, dass der Verwandlungsweg des Mönches mühsam ist. Die Welt ist durch die Sünde geprägt. In der Sünde haben wir uns von Gott, vom Ursprung aller Schöpfung, entfernt. Der Verwandlungsweg ist daher ein Weg des Gehorsams. Und dieser Weg ist mühevoll. So schreibt Benedikt im Prolog: »So wirst du durch mühevollen Gehorsam (per oboedientiae laborem) zu dem heimkehren, von dem du dich in trägem Ungehorsam entfernt hast.« (Regel Benedikts Prolog 2)

Damit ist ein wichtiges Thema benediktinischer Spiritualität angesprochen. Wir sind aus der Beziehung zu Gott herausgefallen. Wir haben nicht auf Gott gehört und waren ihm daher nicht zugehörig. Wir waren vielmehr Sklaven unserer Unachtsamkeit, unserer Leidenschaften, unserer Sünde. Der Gehorsam ist der Weg, wieder aus der Beziehung zu Gott heraus zu leben. Der Gehorsam ist der Weg der Heimkehr. Die Entfremdung hat uns herausfallen lassen aus der Beziehung zu Gott und damit auch aus der Beziehung zu uns selbst. Wir waren uns selbst entfremdet. Andere haben über uns bestimmt. Der Weg des Gehorsams will uns dazu führen, uns wieder von Gott bestimmen zu lassen. Erst wenn wir auf Gott horchend Gott gehören, gehören wir auch wieder uns selbst, sind wir wahrhaft frei. Dieser Weg aus der Unfreiheit in die Freiheit, aus dem Ungehorsam zum Gehorsam kostet Mühe und führt durch das Leid hindurch.

Benedikt beschreibt die Mühe des geistlichen Lebens als Kampf, als »militia Christi«, als Kriegsdienst dem wahren König gegenüber. Sechsmal spricht er in seiner Regel vom Kriegsdienst, den wir Christus, dem König, leisten sollen. Die Regel ist das Gesetz, nach dem wir kämpfen sollen. Die vorzüglichste Waffe bei diesem Kriegsdienst ist der Gehorsam. Die andere Waffe ist die Entschiedenheit, die Bereitschaft, gegen die bösen Gedanken zu kämpfen. Nur der wird im Hause Gottes leben können, der »den Bösen, den Teufel, der ihm etwas einflüstert, samt den Einflüsterungen aus dem Blickfeld seines Herzens vertreibt und zunichte macht; wer solche Teufelskinder von Gedanken packt und an Christus zerschmettert.« (Regel Benedikts Prolog 28)

Benedikt will den Mönch in der Kunst des christlichen Kriegsdienstes unterweisen. Dabei will er nichts Hartes anordnen. »Wird aber aus einem angemessenen Grund zur Läuterung von Fehlern und zur Erhaltung der Liebe eine etwas strengere Forderung gestellt, sollst du nicht, von plötzlicher Angst verwirrt, vor dem Weg des Heils zurückschrecken, der am Anfang nicht anders als eng sein kann.« (Regel Benedikts Prolog 47f) Wenn Benedikt streng wird, dann nicht, weil er ein strenges Gottesbild hat, sondern weil er weiß, dass die Reinigung des Menschen auch weh tun kann. Sie fordert den ganzen Menschen heraus, sich dem Prozess der Läuterung und Reinigung zu unterwerfen.

Dreimal spricht Benedikt vom engen Weg und verweist damit auf das Wort Jesu in der Bergpredigt. (vgl. Mt 7,13f) Der breite

Weg ist der Weg, den die Masse geht, den man halt geht, weil ihn alle gehen. Der enge Weg ist der Weg des Gehorsams, auf dem ich auf Gottes Stimme horche, die in mir selbst erklingt. Der enge Weg meint, dass es nicht genügt, nur die Gebote zu erfüllen oder sich nur mit der Regel zufriedenzugeben. Vielmehr muss ich meinen ureigensten Weg gehen. Ich muss das einmalige Leben leben, so wie es Gott nur für mich zugedacht hat. Diesen einzigartigen Weg zu erhorchen, kostet Mühe. Und er verlangt eine klare Entscheidung. Den breiten Weg gehen wir, ohne uns je für irgend etwas entschieden zu haben.

Für Benedikt ist der enge Weg der Weg aus der inneren Unordnung in die Ordnung, aus dem Ungehorsam in den Gehorsam, aus der Unklarheit in die Klarheit, aus der Trübung in die Reinheit, aus der Fremde in die Heimat. Er führt über leidvolle Schmerzen. Daher lädt Benedikt den Mönch ein, am Leiden Christi teilzunehmen. Nur so wird er auch an seinem Reiche Anteil erhalten, nur so wird er die wahre Freiheit erreichen: »So wollen wir nie von seinen Unterweisungen lassen, sondern im Kloster bis zum Tod in seiner Lehre verharren und in Geduld am Leiden Christi teilnehmen, damit wir auch verdienen, an seinem Reiche teilzuhaben.« (Regel Benedikts Prolog 50) Benedikt greift hier das Bild des Mönches als Märtyrer auf. Nachdem das Christentum Staatsreligion geworden und als solche in seiner spirituellen Kraft geschwächt worden ist, verstanden sich die Mönche als die Nachfolger der Märtyrer. Sie sterben zwar nicht den gewaltsamen Tod für Christus, aber wie die Märtyrer sind sie der Welt gekreuzigt und wollen mit ihrer ganzen Existenz Zeugnis für Christus ablegen. Die Welt hat keine Macht mehr über sie. Und so sind sie wahrhaft frei und durchlässig für Jesus Christus. In ihrer klaren Ausstrahlung werden sie zu Zeugen für Christus.

Der Mönch sucht sich nicht das Leiden. Er ist nicht masochistisch. Aber er rechnet damit, dass Schwierigkeiten zum Leben dazugehören. Und dann weicht er nicht aus, sondern stellt sich ihnen. Denn er weiß, dass er die Probleme überwinden kann in der Kraft

Jesu Christi und dass er darin in besonderer Weise Christus begegnen wird. Das Aushalten hat ein Ziel: die Verwandlung. So zitiert Benedikt bei seiner Beschreibung, wie der Mönch mit den täglichen Konflikten, ja mit Unrecht von Seiten seiner Brüder umgehen soll, den Psalm 66: »Du hast, o Gott, uns geprüft und uns im Feuer geläutert wie man Silber läutert im Feuer. Du brachtest uns in schwere Bedrängnis und legtest uns eine drückende Last auf die Schulter.« (Regel Benedikts 7,40) Das Leiden läutert uns. Es ist ein Verwandlungsprozess, in dem das Silber in uns in seinem wahren Glanz aufleuchten kann und gereinigt wird von allem, was seinen Glanz verdunkelt. Im Psalm 66 heißt es weiter: »Wir gingen durch Feuer und Wasser. Doch du hast uns in die Freiheit hinausgeführt.« (Ps 66,12) Das Ziel des Aushaltens von Schmerzen ist die Freiheit, in die Gott uns hinausführt. Wer ständig vor jedem Schmerz davonläuft, der ist nicht frei. Er wird getrieben von der Angst vor dem Schmerz. Wer sich dagegen den Schmerzen stellt, die das Leben mit sich bringt, der erfährt eine tiefe innere Freiheit.

Für Matthew Fox gehört das Zulassen des Schmerzes zur Schöpfungsspiritualität. Wenn wir den Schmerz nicht zulassen, wird er uns wie ein Alptraum verfolgen. Wir sollen den Schmerz nicht suchen. Aber wenn er uns einholt, sollen wir durch ihn hindurchgehen. Der Schmerz will uns entleeren, für Gott öffnen. Das kann er nur, wenn wir uns mit ihm aussöhnen, wenn wir in ihn eintreten und uns mit ihm anfreunden. Wenn wir vor ihm davonlaufen, werden wir anderen und uns selbst Leid zufügen. Wenn wir die Verletzungen unserer Lebensgeschichte nicht anschauen und uns damit versöhnen, sind wir dazu verdammt, entweder andere oder uns selbst ständig zu verletzen. Die Annahme des Schmerzes hilft dagegen, den anderen zu verstehen und unser Leid mit ihm zu teilen. Anstatt weiter zu verletzen, kann dann von uns eine heilende Wirkung ausgehen.[1]

Benedikt rechnet mit dem Leiden, das durch die täglichen Konflikte einer Gemeinschaft entsteht. Er rechnet mit dem Leiden, das durch Obere geschehen kann, wenn sie nicht sensibel genug für ihre Mönche sind. Und er weiß, dass die eigene menschliche Struktur mir der je eigenen Lebensgeschichte, mit den Verletzungen, die jeder als Kind schon mitbekommen hat, Leiden mit sich bringt. Wer sich seinem Menschsein stellt und wer den Weg der Achtsamkeit und des Gehorsams gehen will, der begegnet seinen inneren Blockaden, seinen Verletzungen, seinen Ängsten, seinem Festhalten wollen. So wird es ein schmerzlicher Weg sein, der ihn mehr und mehr von seinen Fesseln befreit und ihn durchlässig werden lässt für Gott.

Zu dem Leid, das notwendigerweise mit unserer menschlichen Existenz verbunden ist, gehören vor allem Kränkung und ungerechte Behandlung. Benedikt rät den Mönchen: »Auch erfüllen sie das Gebot des Herrn, selbst bei Kränkung und ungerechter Behandlung, kraft der Geduld, mit der sie auf die eine Backe geschlagen, auch die andere hinhalten, um ein Hemd bestohlen, auch den Mantel lassen, gezwungen, eine Meile mitzugehen, zwei Meilen gehen. Mit dem Apostel Paulus ertragen sie falsche Brüder, erdulden Verfolgung und segnen, die ihnen fluchen.« (Regel Benedikts 7,42f)

Hier kann nur die Gesinnung Jesu helfen, mit den Verletzungen fertig zu werden, die uns verletzte Brüder und Schwestern täglich zufügen. So zitiert Benedikt hier die Bergpredigt. In ihr zeigt uns Jesus einen Weg, den Riss, der durch die menschliche Gesellschaft geht, durch Liebe zu heilen. Dieser Weg ist gerade heute von neuer Aktualität. Denn wir erfahren zur Genüge, wie Gewalt Gegengewalt erzeugt und in einem Teufelskreis von gegenseitiger Feindschaft mündet. Da braucht es die Haltung der Bergpredigt, die Benedikt seinen Mönchen empfiehlt. Aber wer sich auf diesen Weg Jesu einlässt, wird wie Jesus dem Kreuz begegnen, dem Kreuz der Einsamkeit und Verlassenheit, dem Kreuz des Schmerzes und der Verspottung.

Für C. G. Jung hängt die Zukunft unserer Welt davon ab, wie wir mit dem Problem des Leids umgehen. Jung meint, der Osten würde das Problem des Leidens dadurch lösen, dass er die Berührung mit der Welt aufgibt. Dann ginge ihn das Leid nichts mehr an. Der Westen würde das Leid durch Drogen verdrängen. Doch der einzig mögliche Weg ist, durch das Leiden hindurchzugehen und es zu bestehen. Und Jung meinte in einem Gespräch mit einem evangelischen Theologen, das würden wir von Christus lernen. Dabei zeigte er auf das Kreuz, das in seinem Arbeitszimmer hing. Wenn wir das Leid ausklammern, wenn Leiden unzumutbar wird für den Menschen, dann wird die Gesellschaft brutal. Dann wird sie leidende Menschen »entsorgen«. Aber damit verweigert sie den Reifungsweg, den jeder einzelne und den die menschliche Gemeinschaft miteinander gehen muss, um in dieser Welt menschenwürdig leben zu können.

Benedikt fordert uns auf, wir sollten die segnen, die uns fluchen. Indem wir Gutes über sie sagen, sollen wir das Böse, das sie zum Fluch treibt, verwandeln. Darum geht es Benedikt in seiner Schöpfungsspiritualität, dass wir das Unrecht in die göttliche Gerechtigkeit verwandeln, das Böse in das Gute, den Schmerz in die Liebe, den Fluch in den Segen, die Dunkelheit des menschlichen Herzens in das Licht göttlicher Herrlichkeit. Der Verwandlungsweg ist für uns schmerzlich, aber er führt auch zu einem neuen Miteinander in der menschlichen Gemeinschaft. Ja, er wird auch unsere Beziehung zur Schöpfung verwandeln. Er wird die göttliche Liebe in die dunklen Bereiche der Schöpfung eindringen lassen.

Die Verwandlung der dunklen Bereiche unserer Welt hat Benedikt auch im Blick, wenn er häufig vom geduldigen Ertragen spricht. Zu den Werkzeugen der geistlichen Kunst gehört es: »Kein Unrecht tun, aber erlittenes Unrecht mit Geduld ertragen (patienter sufferre).« (Regel Benedikts 4,30) Die Gemeinschaft soll gerade die schwierigen und unzufriedenen Kranken »mit Geduld ertragen.« (Regel Benedikts 36,5) Dem Novizen soll der Eintritt ins klösterliche Leben nicht leicht gemacht werden. Er soll erst geprüft werden, ob er »die Schwierigkeiten des Eintritts mit Geduld erträgt (patienter portare).« (Regel Benedikts 58,3)

Im Vermächtnis an seine Mönche, im 72. Kapitel, fordert Benedikt nochmals: »Ihre körperlichen oder charakterlichen Schwächen sollen sie gegenseitig mit großer Geduld ertragen (patientissime tolerent).« (Regel Benedikts 72,5) Die Schwächen der Brüder zu tragen bedeutet, den anderen trotz seiner Fehler und Schwächen gelten zu lassen, ihm den Raum zu gewähren, den er für sich selbst braucht. Benedikt bezieht sich hier auf den Brief an die Epheser 4,2. Für Heinrich Schlier bedeutet diese Forderung »die Befreiung des menschlichen Verhältnisses von einem zerstörenden Moralismus.«[2]

Anstatt einander zu richten, sollen sich die Brüder tragen, sich einander gelten lassen, einander akzeptieren. Es geht nicht um das resignierende Ertragen von etwas, das man halt nicht ändern kann, sondern das Tragen, das etwas Neues ermöglicht, das die Schwächen durch Geduld und Liebe verwandelt. Wenn wir einander ständig ändern wollen, kann sich nichts verwandeln. Denn wenn ich mich nur akzeptiert fühle, wenn ich anders werde, dann werde ich mich auf mich selbst zurückziehen. Wenn ich aber mit meinen Fehlern und Schwächen von der Gemeinschaft getragen werde, kann sich in mir etwas wandeln. Wenn die Schwächen sein dürfen, dann werde ich nicht mehr auf sie fixiert sein, dann können sich meine Wunden in Perlen und meine Schwächen in Stärken wandeln. Eine Gesellschaft kann nur bestehen, wenn sie auch die Schwachen trägt. Das gilt für die Gesellschaft im ganzen, aber auch für jede Gruppe, für jede Firma und jede Gemeinschaft.

Benedikt fordert den gleichen behutsamen und achtsamen Umgang gegenüber der Schöpfung, die wir hegen und pflegen sollen, damit sie in ihrer Schönheit aufblühen kann, auch gegenüber den Brüdern, die wir tragen müssen, damit in ihnen das Gute wachsen kann. Benedikt geht es nicht um asketische Leistungen, sondern um das geduldige Ausharren bei sich selbst, das immer auch ein Ausleiden mit sich Bringt, und um das geduldige Ertragen des Nächsten, das uns in die Gemeinschaft mit den Leiden Christi führen wird. Zur Schöpfungsspiritualität gehört auch, dass wir Ja sagen zu der Passion, die notwendigerweise mit unserer menschlichen Existenz verbunden ist. Denn wer zu sich selbst mit seinen Fehlern und Schwächen Ja sagt, der spürt sehr schnell, dass er Ja sagt zum Kreuz, dass er Ja sagt zu den Gegensätzen, die er in sich vorfindet und denen er nicht ausweichen kann. Das geduldige Ausharren im Kloster mit seiner konkreten Lebensform wird die Zerrissenheit des Mönches mehr und mehr verwandeln und ihn zur Einheit mit sich selbst, mit Gott, mit den Menschen und mit der Schöpfung führen.

1 M. Fox, Der Große Segen. Umarmt von der Schöpfung, München 1991, S. 162ff.

2 H. Schlier, Der Brief an die Epheser, Düsseldorf 1957, S. 184.

Quellenangaben *(Angabe in Reihenfolge der Texte im Buch)*

Johanna Domek »*Wo unsere Schwächen liegen, da liegen auch unsere Stärken*«, aus: Johanna Domek »Gott führt uns hinaus ins Weite« (Münsterschwarzacher Kleinschriften, Band 41)

Reinhard Abeln, Anton Kner »*Sagen Sie ja zu sich selbst!*«
aus: R. Abeln, A. Kner »Wie werde ich fertig mit meinem Alter?«
(Münsterschwarzacher Kleinschriften, Band 66)

Anselm Grün »*Sich selbst Freund sein*«
aus: Anselm Grün »Ich wünsch' dir einen Freund«

Anselm Grün »*Glauben als Weg zum wahren Selbst*«
aus: Anselm Grün »Dimensionen des Glaubens«
(Münsterschwarzacher Kleinschriften, Band 39)

Bertold Ulsamer »*Sorge dich um deinen Nächsten so wie um dich selbst*«
aus: Bertold Ulsamer »Zum Helfen geboren?«
(Münsterschwarzacher Kleinschriften, Band 144)

Meinrad Dufner, Anselm Grün »*Der Dialog mit meinen Gedanken und Gefühlen*«, aus: M. Dufner, A. Grün »Spiritualität von unten«
(Münsterschwarzacher Kleinschriften, Band 82)

Mauritius Wilde »*Das Geheimnis des anderen*«
aus: Mauritius Wilde »Ich verstehe dich nicht«
(Münsterschwarzacher Kleinschriften, Band 84)

Anselm Grün »*Den Bruder und die Schwester lieben*«
aus: Anselm Grün »Glauben als Umdeuten«
(Münsterschwarzacher Kleinschriften, Band 32)

Lothar Kuld »*Mitleid zeigen und Barmherzigkeit tun*«
aus: Lothar Kuld »Compassion – Raus aus der Ego-Falle«
(Münsterschwarzacher Kleinschriften, Band 138)

Alois Seuferling, Anselm Grün »*Ehrfurcht vor den Menschen*«
aus: A. Seuferling, A. Grün »Benediktinische Schöpfungsspiritualität«
(Münsterschwarzacher Kleinschriften, Band 100)

Fidelis Ruppert, Anselm Grün »*Dem Nächsten vergeben*«
aus: Fidelis Ruppert, Anselm Grün »Christus im Bruder«
(Münsterschwarzacher Kleinschriften, Band 3)

Domitilla Veith »*Selig die Barmherzigen, denn sie werden Barmherzigkeit finden*«, aus: Máire Hickey, Hubert Luthe »Selig bist du«
(Münsterschwarzacher Kleinschriften, Band 135)

Peter Abel *»Gott neu finden«*
aus: Peter Abel »Neuanfang in der Lebensmitte«
(Münsterschwarzacher Kleinschriften, Band 139)

Fidelis Ruppert, Anselm Grün *»Die Notwendigkeit der Arbeit für das geistliche Leben«*, aus: F. Ruppert, A. Grün »Bete und Arbeite«
(Münsterschwarzacher Kleinschriften, Band 17)

Guido Kreppold *»Die Einsamkeit und die Suche nach Gott«*
aus: Guido Kreppold »Esoterik – Die vergessene Herausforderung«
(Münsterschwarzacher Kleinschriften, Band 129)

Johanna Domek *»Wie lange noch ...?«*
aus: Johanna Domek »Befreiungen«

Anselm Grün *»Die Wahrheit wird euch freimachen«*
aus: Anselm Grün »Wege zur Freiheit«
(Münsterschwarzacher Kleinschriften, Band 102)

Margareta Gruber *»Die Ohnmacht des Menschensohns«*
aus: M. Gruber, G. Steins »Mit Gott fangen die Schwierigkeiten erst an«
(Münsterschwarzacher Kleinschriften, Band 147)

Guido Kreppold *»Glaubenskrise – Versagen oder Gnade?«*
aus: Guido Kreppold »Krisen – Wendezeiten im Leben«
(Münsterschwarzacher Kleinschriften, Band 103)

Irmgard und Peter Abel *»In Gottes Gegenwart leben«*
aus: Irmgard und Peter Abel »Familienleben«
(Münsterschwarzacher Kleinschriften, Band 104)

Anselm Grün *»Gotteserfahrung und Selbsterfahrung«*
aus: Anselm Grün »Wenn du Gott erfahren willst«

Georg Braulik *»Wenn Gott uns tröstet«*
aus: Georg Braulik »Zivilisation der Liebe«
(Münsterschwarzacher Kleinschriften, Band 110)

Basilius Doppelfeld *»Der treue Gott«*
aus: Basilius Doppelfeld »Loslassen und neu anfangen«
(Münsterschwarzacher Kleinschriften, Band 124)

Christa Carina Kokol *»Wie hilft Gott?«*
aus: Christa Carina Kokol »Wie bist du, Gott?«
(Münsterschwarzacher Kleinschriften, Band 117)

Klaus-Stefan Krieger *»Gottes Gewalt gegen unserer Gewalt«*
aus: Klaus-Stefan Krieger »Gewalt in der Bibel«
(Münsterschwarzacher Kleinschriften, Band 134)

Pierre Stutz »*Vertrauen, auch wenn es Nacht ist*«
aus: Pierre Stutz »Licht in dunkelster Nacht«
(Münsterschwarzacher Kleinschriften, Band 126)

Wunibald Müller »*Sich im Beten Gott überlassen*«
aus: Wunibald Müller »Dein Weg aus der Angst«
(Münsterschwarzacher Kleinschriften, Band 140)

Alfred Läpple »*Gott erhört mich nicht?*«
aus: Alfred Läpple »Der überraschende Gott«
(Münsterschwarzacher Kleinschriften, Band 132)

Anselm Grün »*Das Gespräch mit Gott*«
aus: Anselm Grün »Gebet als Begegnung«
(Münsterschwarzacher Kleinschriften, Band 60)

Reinhard Abeln, Anton Kner »*Gebet – Atem der Seele*«
aus: Reinhard Abeln, Anton Kner »Das Geschenk der Geborgenheit«

Reinhard Abeln, Anton Kner »*Beten macht menschlich*«
aus: Reinhard Abeln, Anton Kner »Was im Leben wichtig ist«

Karin Johne »*Gebet in der Gemeinschaft und Kontemplation*«
aus: Karin Johne »Wortgebet und Schweigegebet«
(Münsterschwarzacher Kleinschriften, Band 98)

Anselm Grün »*Chorgebet und Kontemplation bei Benedikt*«
aus: Anselm Grün »Chorgebet und Kontemplation«
(Münsterschwarzacher Kleinschriften, Band 50)

Wunibald Müller »*Aufgehoben im See der Zeit*«
aus: Wunibald Müller »Meine Seele weint«
(Münsterschwarzacher Kleinschriften, Band 73)

Anselm Grün »*Gebet, Meditation und Schweigen*«
aus: Anselm Grün »Damit mein Leben Freiheit atmet«

Meinrad Dufner »*Mit dem Leib beten*«
aus: Meinrad Dufner »Christliche Meditation«

Irmgard und Peter Abel »*Vom Umgang mit den Dingen*«
aus: Irmgard und Peter Abel »Familienleben«
(Münsterschwarzacher Kleinschriften, Band 104)

Gerhard Riedl, Anselm Grün »*Mystik und Eros in der Familie*«
aus: Gerhard Riedl, Anselm Grün »Mystik und Eros«
(Münsterschwarzacher Kleinschriften, Band 76)

Anselm Grün »*Gotteserfahrung in alltäglichen Erlebnissen*«
aus: Anselm Grün »Wenn du Gott erfahren willst«

Meinrad Dufner »*Sonntag – Heilige Zeit*«
aus: Meinrad Dufner »Christliche Meditation«

Wunibald Müller »*Einfluss auf die Gestaltung des Tages nehmen*«
aus: Wunibald Müller »Gönne dich dir selbst«

Peter Modler »*Getragen von längst gewohnten Botschaften und dem Chor vieler Stimmen*«, aus: Peter Modler »Lebenskraft Tradition« (Münsterschwarzacher Kleinschriften, Band 146)

Ursula und Wolfgang Gast »*Zeit und Augenblick*«
aus: Ursula und Wolfgang Gast »Glücklich sein mit Sisyphus«

Johanna Domek »*Über die Sehnsucht*«
aus: Johanna Domek »Die Sehnsucht weiß mehr«
(Münsterschwarzacher Kleinschriften, Band 133)

Georg Steins »*Die Entdeckung der Zeit als Ort Gottes*«
aus: M. Gruber, G. Steins »Mit Gott fangen die Schwierigkeiten erst an«
(Münsterschwarzacher Kleinschriften, Band 147)

Alois Seuferling, Anselm Grün »*Leben im Rhythmus der Schöpfung*«
aus: A. Seuferling, A. Grün »Benediktinische Schöpfungsspiritualität«
(Münsterschwarzacher Kleinschriften, Band 100)

Meinrad Dufner »*Wer ist der Mensch, der Lust hat am Leben?*«
aus: Meinrad Dufner »Schöpferisch sein«
(Münsterschwarzacher Kleinschriften, Band 136)

Alois Seuferling, Anselm Grün »*Benediktinische Schöpfungsspiritualität*«, aus: A. Seuferling, A. Grün »Benediktinische Schöpfungsspiritualität« (Münsterschwarzacher Kleinschriften, Band 100)

Die Autoren

Peter Abel – Dr. theol., geb. 1960, verheiratet mit I. Abel, Familienvater von drei Kindern, Diplompädagoge, M.A. und Dozent für Pastoraltheologie an der Fachschule für kirchlichen Gemeindedienst Hildesheim.

Irmgard Abel – Dipl. theol., verheiratet mit P. Abel, tätig in der seelsorglichen Begleitung, Lehrbeauftragte an der Fachschule für kirchlichen Gemeindedienst Hildesheim.

Reinhard Abeln – Dr. phil., geb. 1938, Familienvater, studierte Philosophie, Psychologie, Pädagogik und Anthropologie, seit 1970 Journalist in der Kirchenpresse und Referent in der Erwachsenenbildung.

P. Georg Braulik OSB – Prof. Dr. theol., geb. 1941, seit 1959 Benediktiner der Abtei zu den Schotten in Wien, Professor für Exegese des Alten Testaments an der Universität Wien.

Sr. Johanna Domek OSB – geb. 1954, seit 1986 Priorin des Benediktinerinnenklosters von der Ewigen Anbetung in Köln-Raderberg.

P. Basilius Doppelfeld OSB – Dr. theol., geb. 1943 in Belgien, seit 1963 Mönch in Münsterschwarzach, vier Jahre lang als Missionar in Tansania tätig, bis 2002 Missionsprokurator, heute im Priorat Damme.

P. Meinrad Dufner OSB – geb. 1946, seit 1966 Mönch, Studium der Philosophie und Theologie, Tätigkeiten in Kloster und Schule, Künstler und spiritueller Begleiter im Recollectiohaus Münsterschwarzach.

Ursula Gast – verheiratet mit W. Gast, Übersetzerin und Publizistin.

Wolfgang Gast – Dr. habil. iur. utr., verheiratet mit U. Gast, seit 1981 Professor an der Universität Mannheim, freier Publizist und Schriftsteller.

Sr. Margareta Gruber OFM – Dr. theol., geb. 1961, seit 1983 Franziskanerin im Kloster Sießen, Studium der Theologie in Tübingen, Jerusalem und Frankfurt, im Kloster Mitarbeiterin in Jugend- und Exerzitienarbeit.

P. Anselm Grün OSB – Dr. theol., geb. 1945, seit 1965 Mönch, Studium der Philosophie, Theologie und Betriebswirtschaft, Cellerar von Münsterschwarzach, einer der meistgelesenen christlichen Autoren der Gegenwart.

Äbtissin Máire Hickey OSB – geb. 1938 in Dublin, Studium der alten Sprachen in England, seit 1975 Benediktinerin, seit 1983 Äbtissin der Abtei St. Scholastika in Dinklage.

Karin Johne – evangelische Pfarrerin, Studium der Theologie, geistliche Begleiterin, Leitung von Meditationskursen, Autorin zu Themen der Meditation und Exerzitien.

Msgr. Anton Kner (1911–2002) – Gemeindepfarrer, Krankenhausseelsorger, Leiter von Exerzitienkursen und Besinnungstagen.

Christa Carina Kokol – geb. 1953, philosophische und graphische Studien, am Referat für pfarrliche Öffentlichkeitsarbeit in der Diözese Graz-Seckau, Studium der Theologie, Seminarleiterin und Autorin.

P. Guido Kreppold OFMCap – Dipl. Psych., geb. 1939, geschätzter spiritueller Begleiter und Kursleiter.

Klaus-Stefan Krieger – Dr. theol., Referent für Öffentlichkeitsarbeit im Erzbistum Bamberg, Referent in der Erwachsenenbildung.

Lothar Kuld – Dr. theol. habil., geb. 1950, Professor für Katholische Theologie und Religionspädagogik an der Pädagogischen Hochschule in Karlsruhe, Mitbegründer des Projektes »Compassion«.

Alfred Läpple – Prof. Dr. theol., geb. 1915, Studium der Philosophie, Pädagogik, Psychologie, Theologie und Kunstgeschichte, Priester, Religionslehrer, Autor und Professor an der Universität Salzburg.

Hubert Luthe – Dr. theol., geb. 1927, Studium der Philosophie und Theologie, 1991–2002 Bischof von Essen.

Peter Modler – Dr. theol., geb. 1955, verschiedene Managementpositionen in der Medienwirtschaft, Unternehmensberater.

Wunibald Müller – Dr. theol., geb. 1950, Diplom-Psychologe und Psychotherapeut, Gründer und Leiter des therapeutisch-spirituellen Zentrums Recollectiohaus in Münsterschwarzach.

Gerhard Riedl – geb. 1950, verheiratet und Familienvater von fünf Kindern, Berater in Ehe-, Familien- und Lebensfragen, geistlicher Begleiter.

Abt Fidelis Ruppert OSB – Dr. theol., geb. 1938, seit 1959 Mönch in Müsterschwarzach, Studium der Theologie, zahlreiche Tätigkeiten im Kloster, seit 1982 Abt von Münsterschwarzach.

P. Alois Seuferling OSB – geb. 1931, Priester und Mönch von Münsterschwarzach, seit über 40 Jahren in Korea.

Georg Steins – Prof. Dr. theol. habil., geb. 1959, Studium der Theologie und Philosophie, seit 2002 Professor an der Universität Osnabrück.

Pierre Stutz – geb. 1953 in der Schweiz, Studium der Theologie, Jugendseelsorger und Dozent an der Theologischen Fakultät in Luzern, Gründung eines offenen Klosters, spiritueller Begleiter und Autor.

Bertold Ulsamer – Dr. jur., Diplompsychologe, Psychotherapeut, Jurist und Bestsellerautor, seit 1995 Seminare mit Familienaufstellungen und Fortbildungen in mehreren Ländern.

Äbtissin Domitilla Veith OSB – geb. 1928, Studium der Germanistik und Anglistik, Eintritt in die Abtei Frauenwörth am Chiemsee, Schul- und Internatsleiterin, seit 1980 Äbtissin des Klosters.

P. Mauritius Wilde OSB – Dr. theol., geb. 1965, Priester, seit 1985 Mönch in Münsterschwarzach, Autor, Seminarleiter, seit 1999 Leiter des Vier-Türme-Verlages, seit 2005 Geschäftsführer der Vier-Türme GmbH.